논리 × 술 글쓰기

논리 × 술 글쓰기

이종석 지음

한국문화사

논리 논술 글쓰기

1판 1쇄 발행　2021년 5월 24일

지 은 이 ｜ 이종석
펴 낸 이 ｜ 김진수
펴 낸 곳 ｜ 한국문화사
등　　록 ｜ 제1994-9호
주　　소 ｜ 서울시 성동구 아차산로49, 404호(성수동1가, 서울숲코오롱디지털타워3차)
전　　화 ｜ 02-464-7708
팩　　스 ｜ 02-499-0846
이 메 일 ｜ hkm7708@hanmail.net
홈페이지 ｜ http://hph.co.kr

ISBN　979-11-6685-029-5　93800

· 이 책의 내용은 저작권법에 따라 보호받고 있습니다.
· 잘못된 책은 구매처에서 바꾸어 드립니다.
· 책값은 뒤표지에 있습니다.

머리말

이 책은 『논리와 논술』의 증보·개정판이다. 초판 출판을 위해 나름대로 최선을 다했다고 하지만 시간 등 여러 가지 문제 때문에 제한된 상황이었고 결국 아쉬움이 남았다. 정식 인쇄를 넘기고 나서 불과 몇 시간 만에 오타를 찾아냈던 기억도 난다. 막상 인쇄를 넘기고 나면 그러한 문제점이 더 잘 보이는 것 같다는 느낌을 받기도 하는데 계속 보완하면 된다고 생각하면서 스스로 위안거리로 삼았고 눈에 띄는 대로 고쳤다.

이렇게 소극적으로 고치는 것 이외에 『논리·논술·글쓰기』로 제목 자체도 확대하기로 했다. 특정 사안에 관해 주장하는 글을 논술이라고 하겠지만 사회적, 경제적 문제 등에 국한하는 것을 좁은 의미의 논술이라고 한다면 각종 감상 등의 영역까지 확대되는 것을 넓은 의미의 논술이라고 할 수 있다. 2판에서 넓은 의미의 논술에 더 확대하여 조금이라도 흥미도를 높이고자 했다. 그러한 의도에서 '글쓰기'라는 용어를 추가했다. 따지고 보면 논술도 글쓰기의 한 분야이다.

논리, 논증의 이론을 실제 논술, 글쓰기에 알기 쉽게 적용하는 것은 오랜 기간 고민해온 문제이다. 기존처럼 논리, 논증 따로 실제 논술, 글쓰기 따로 두고 자연스럽게 적응하도록 하는 것이 더 좋은지 아니면 따로 단원을 준비해서 처리해야 하는지 검토했다. 교재 전반적으로 다뤄질 수 있는 점이기는 하지만 따로 한 단원을 통해서 다루도록 했다.

다른 분야도 마찬가지겠지만 논술, 글쓰기에 있어서 완성은 없다고 생각한다. 적어도 특정 시점에는 전국민적인 관심사가 수년이 지나면 더 이상 별로 관심사가 아닌 일도 있다. 어떤 상황이 문제라고 주장하거나 또는 문제의 해결 방안을 찾는 논술, 글쓰기의 중요한 주제였던 것이 수년 후에 문제가 해결되면 더 이상 주제가 될 수 없다. 이렇게 되도록 최신의 예시, 정보가 들어가도록 유지할 필요가 있다.

최신의 정보로 유지할 필요가 있는 것과 마찬가지로 동서 고전에 관한 관심도 유지할 필요가 있고 논술, 글쓰기와 연결되도록 할 필요도 있다. 2000년 이상 예전의 자료이고 우리나라 자료도 아니라서 시간과 공간의 차이가 있어서 오늘날의 우리에게 직접적으로 연결될 것이 적다고 생각하기 쉽고 어떤 면으로는 맞다고 할 수 있다. 오늘날의 문제를 해결하기 위해서 무조건 고전부터 볼 필요는 없고 고전에 모든 답이 다 들어있다고 할 수는 없다. 그러나 고전에서 우리에게 도움이 될 만한 단서는 있다고 할 수 있다. 고전은 단순히 지나간 시대의 유산만이 아니라 새롭게 하기 위한 원동력이 될 수 있다.

특정 분야에 국한하지 않고 다양한 분야에 관심을 두고 계속 나아가려고 노력할 필요가 있다. 세상에 정보의 수명이 짧아져 가고 유행이 빨리 바뀐다고들 하는데 그럴수록 논술, 글쓰기가 더 기민하게 대응할 필요가 있다. 그런 만큼 현시점에서 마무리하는 것일 뿐이고 곧 다음을 생각해야 한다. 하나가 마무리되면 바로 새로운 변화의 앞에 놓여있다고 생각한다. 이번 작업을 통해 자신을 잠시 돌아보고 점검해보는 기회로 삼았다.

수정, 보완의 방향을 잡아가는 데에 도움을 받았다. 다만 코로나19 시대를 맞아 모이는 일에 대한 제한이 크기 때문에 충분한 기회를 얻지 못했다는 것은 아쉬움이라고 하겠다. 코로나19가 곧 끝날 것도 같다는 생각이 들면서도 실제로는 전혀 끝날 기미가 없던 2020년을 보이고 당장에야 끝나지 않겠지만 그래도 확실히 대유행이 약화되기야 하겠지 하는 희망으로 2021년을 보내고 있는데 더 좋은 때가 되면 더 많이 배우고 많이 보완할 수 있으리라 생각한다.

꾸준히 읽고 열심히 읽고 다양하게 생각하고, 원리를 이해하며, 효과적으로 말하기와 듣기를 위해 도움을 주시고, 국어, 수학, 사회 각 분야에서 열심히 활동하시고 좋은 생각을 하게 해주시고 정보를 제공해 주신 홍명자, 이해중, 이경은, 오정선 선생님께 감사드린다. 맞춤법 등 수정, 보완에 도움을 주신 임석규 교수, 예술에 관해 감상의 경험을 쌓아 조금이라도 수준을 높이도록 도움을 주신 차유종 교수, 계속 격려해주신 정소연 교수, 임재욱 교수께 감사드린다. 이번 학기에 온라인으로 만나고 있는 이진규, 김환성, 임수성, 이재욱, 한수민, 안희경, 임재민 학생에게도 감사의 마음을 전한다.

2021년 3월 24일 이종석

차례

머리말　5

1장 논술의 이해　9

1. 논술의 개관　10
1.1. 논술의 특징　10
1.2. 논술의 적용/쓰기　19

2. 논리와 개념　30
2.1. 논리　30
2.2. 개념　43

3. 논증　60
3.1. 명제와 논증　60
3.2. 직접논증과 간접논증　63
3.3. 오류론　75
3.4. 논증의 평가와 비판적 사고　82
기타 유의사항　105

2장 논술의 실제　111

1. 예술과 논술　112
1.1. 시와 노래　113

1.2. 소설	123
1.3. 영화	134
2. 언론과 논술	147
2.1. 기사	147
2.2. 방송비평	152
2.3. 칼럼	159
3. 인문과 논술	166
3.1. 성선설과 성악설	166
3.2. 마음의 평화	182
4. 사회와 논술	195
4.1. 이상적 정치와 현실적 정치	195
4.2. 다른 문화 보기	219
5. 자연과 논술	229
5.1. 이기적 유전자	229
5.2. 한국고전과 자연	243

3장 보충 및 종합문제   261

부록   270
참고문헌   277
찾아보기   278

1장 논술의 이해

1. 논술의 개관

1.1. 논술의 특징

보통 '논술'이라고 하면 시험이 떠오른다고 해도 과언이 아닐 것이다. 현재도 대학 입시를 포함해 논술이 포함되는 시험이 있으니 논술은 통과해야 할 대상으로 인식되는 경향이 있고 단순히 익혀야 할 기술의 차원에서 인식되기도 한다. 그러한 기술 획득을 위한 논술 공부는 외우기 공부로 인식되기도 하고 그래서 논술 자체가 부정적으로 인식되기도 한다. 그런데 시험을 위한 논술은 사실 논술의 범위 중 일부라고 해야 할 것이다.

시험을 위한 논술의 범위를 넓혀 살펴보자면 일반적으로 논술이라면 어떤 대상, 사안에 대해 자신의 의견을 포함한 글쓰기라고 하겠다. 본서의 제목에 논리, 논술, 글쓰기의 세 단어가 들어있는데 간단히 '논술이란 논리를 이용한 글쓰기이다.'라는 표현으로 정리해볼 수 있다. 즉 단순한 설명이 아닌 의견, 주장이 담긴 글로 확대해볼 수 있다. 위에 서술한 논술 이외에 사설, 칼럼, 각종 감상문, 서평 등도 포함된다. 감상문, 서평 등은 단순히 사실만 설명하거나 특별히 근거 없이 느낌을 나열하는 차원이 아니라 근거를 갖추어 의견을 제시하는 차원이라면 포함된다. 본서에서 이러한 다양한 논술을 다룰 예정이다.

논리, 논증에 관한 많은 용어가 영어를 포함한 서양 언어로 되어있어서 논리, 논증은 서양적이라고 생각하기 쉽다. 그런데 동아시아에서 책문(策問)과 대책(對策)은 논술의 문제와 답안의 성격이 있다고 하겠다. 책문과 대책은 과거시험 또는 임금이 신하에게 글을 지어 바치게 하는 문제를 내는 방식으로 사용되어 지금도 여러 사람의 문집에 남아있는데 정두경(鄭斗卿, 1597~1673), 『동명집』(東溟集)의 대책 예를 들어본다.

책문: 왕이 묻는다. 병가(兵家)의 이기는 도구로 자기 장기(長技)가 있으면 그 나은 바로 그 모자란 바를 공격한 연후에 능히 그 효과를 거둘 수 있고 그렇지 않으면 아길 수 없다. (중략) 생각건대 우리나라는 남북으로 적을 접하여 싸우고 지키는 대책을 강구함은 평소에 있다. 성지(城池)가 깊고 견고하지 않음이 아니고 기계가 정교하고 예리하지 않음이 아닌데 임진왜란에 공격을 당해 기울어지고 엎어졌고 정묘호란에 오랑캐 말이 깊이 들어왔으니 이는 아직 장기를 얻지 못함인가? 강궁(强弓)과 건마(健馬)와 화포와 병선(兵船)과 갑옷과 방패와 칼과 창은 왜이(倭夷)와 호로(胡虜)의 나은 바가 같지 않고 우리는 겸하였는데 오히려 능히 그 단점을 제어하지 못했으니 어찌 된 일인가? 기예(技藝)의 외에 특별히 이기는 요체가 있지 않은가? 유학자라 병법을 모르면 유학자가 될 수 없으니 각각 품은 바를 말하고 아직 배우지 못했다고 말하지 말라.

대책: 대책을 올립니다. 저는 예전에 중니(仲尼)가 자로(子路)에게 일러 말하기를 "아는 것을 안다고 하고 모르는 것을 모른다고 하는 것이 아는 것이다."라고 하고, 또 말하기를 "군자는 그 알지 못하는 바에 대개 침묵하라."라고 하였으니 그러한즉 알지 못하는 것을 안다고 하는 것은 대개 성인이 크게 경계하는 바입니다. 지금 집사선생께서 국가의 일 많은 때를 만나 병가를 만전하게 하는 대책을 생각하여 초야의 선비가 이기는 수단을 논하는 것을 비천하다고 여기지 않고 온전히 이기는 요체를 물었습니다. (중략) 적이 이르는데 천하의 재주는 장기가 있고 단기(短技)가 있는데 장기로 가히 단기를 이길 수 있고 단기로 장기를 대적할 수 없습니다. 만물이 다 그러한데 병가는 심합니다. 예로부터 지금까지 승자가 하나가 아니고 패자 또한 하나가 아닌데 장기로 단기를 공격하여 패한 자는 아직 없습니다. 또한 단기로 장기를 공격하여 이긴 자도 아직 없습니다. 이런 까닭에 병가에 아직 서로 교전하지 않아도 반드시 먼저 그 장단을 헤아려 어떤 재주는 우리의 장기고 저들의 단기고 어떤 재주는 저들의 장기고 우리의 단기라고 합니다. 우리 장기인데 저들 또한 장기이면 곧 승부는 아직 가히 알 수 없고 우리 단기인데 저들 또한 단기이면 승부는 또한 가히 알 수 없습니다. 우리의 장기인 바인데 저들은 단기이고 저들이 장기인데 우리가 단기이면 곧 한 번 이기고 한 번 집니다. 우리의 장기

가 저들의 그것보다 많고 단기가 저들의 그것보다 적으면 곧 우리가 많이 이기고 저들의 장기가 우리의 그것보다 많고 단기가 우리의 그것보다 적으면 저들이 많이 이깁니다. 우리가 다 장기고 저들이 다 단기면 우리가 백전백승이고 저들이 다 장기고 우리가 다 단기면 저들이 백전백승입니다. 제가 이에 보면 양측 군대가 서로 만나는 것을 기다리지 않아도 승부는 결정됩니다. 전승의 길은 비록 여러 가지라 같지 않으나 우리의 장점으로 남의 단점을 공격하는 데에 지나지 않을 뿐입니다. 병가에 장기는 또한 중합니다. (중략) 비록 그런데 형세가 혹 장기가 단기에 지는 자가 있고 단기인데 장기를 이기는 자가 있으니 어찌 된 일입니까? 그 까닭을 가히 알 수 있습니다. 아아 어찌 유독 병가의 재주만 장단이 있습니까. 대저 장수 또한 있습니다. 장수는 근본이고 재주는 말단입니다. 진실로 근본이 없으며 한갓 말단으로 승리를 얻는다면 이 몇 재주는 다 헛된 재주일 뿐입니다. (중략) 우리가 모욕당한 까닭은 사람에 있지 재주에 있지 않습니다. 진실로 능히 간성(干城)의 인재를 얻어 곤임(閫任, 병마를 다스리는 임무)을 위임하면 곧 반드시 사졸과 더불어 고락을 함께하여 사력을 얻을 것입니다. 우리가 깨진(패했다는 의미로 보인다) 까닭은 사람이 달아난 것 때문이고 사람이 달아난 것은 그 상관을 싫어하여 죽으려 하지 않기 때문입니다. 진실로 죽음을 피하려 하지 않으면 이는 천하의 정병(精兵)입니다. 그러한즉 맨주먹으로 적을 막을 수 있고 몽둥이를 이용하여 갑옷 입은 적을 때릴 수 있습니다. (중략) 세상에 사람이 없지 않은데 임금이 구하시지 않는 것을 근심할 뿐입니다. (중략) 오호, 승리의 요체는 장수에 지나지 않는데 오히려 그다음일 뿐이고 최고는 임금에게 있습니다. 손자가 말하기를 "군주는 누가 도가 있는가, 장군은 누가 능력이 있는가"라고 했는데 먼저 군주의 도가 있음을 묻고 다음으로 장군의 능력 있음을 물었으니 손자 같은 자가 가히 근본을 안다고 이를 수 있습니다. 대개 일찍이 논했는데 장기는 좋은 장수와 같지 못하고 좋은 장수는 어진 임금과 같지 못합니다. (중략) 『시경』(詩經)에 "곤직(袞職, 임금의 직책)에 허물이 있으면 중산보(仲山甫)가 돕는다."라고 하니 곤직을 돕는 것은 집사의 일 아닙니까? 집사께서는 유념하시기 바랍니다. 삼가 대책을 올립니다.

중간에 생략된 부분이 있는데 주로 중국의 고사를 들어 근거로 삼는 부분들이다. 문제에 해당하는 책문은 생략된 부분이 몇 줄 되는데 오늘날 흔히 볼 수 있는 논술 시험 문제와 비교해서 특별히 길다고 할 수는 없을 것이다. 답안에 해당하는 대책문은 생략된 부분이 없는, 한국고전종합DB(http://db.itkc.or.kr)의 번역문 기준으로 공백을 포함해서 9112자이니 오늘날 논술 문제와 비교해서는 긴 편이다. 대책문에 사서오경(四書五經)과 중국 고사 등을 근거로 들어 설득력을 높이려 하고 있다. 그 외에 이 책문과 대책만 해당하는 사항은 아닌데 일반적인 한문으로 특성으로 문단 나누기는 특별히 되어 있지 않다.

문제에서 기본 설정을 해두고 그러한 설정에 의해서 논의 진행을 요구한다고 하겠는데 이 책문에서 싸워 이기려면 자신의 장점으로 상대의 단점을 공략해야 하는데 일본과 여진의 장점이 각각 있는데 우리는 그들의 장점을 모두 갖고도 임진왜란, 정묘호란의 해를 입은 이유를 논하라는 문제로 파악된다. 정두경은 일단 장점으로 단점을 공략해서 이긴다는 것은 인정했다. 그러면서도 우리가 쉽게 물리치지 못한 이유로 일차적으로 장수의 문제, 근본적으로 왕의 문제를 지적했다. 기본적으로 왕이 어진 정치를 하고 좋은 장수를 뽑아 군사를 따르게 하지 못했기 때문이라고 정리해볼 수 있다. 현대적 관점에서 보자면 우리가 일본과 여진의 장점을 모두 가졌는데도 쉽게 격퇴하지 못했다는 설정에 대해 충분히 의심해볼 수 있다. 당시 우리나라가 일본, 여진과 비교해서 병력, 무기 체계 등 객관적으로 유리한 조건을 활용하지 못했다고 보기 어려운 측면이 있기 때문이다.

이렇게 특별히 논술에 가까운 글 형식 이외에도 논술적 성격으로 파악될 수 있는 글도 많다. 이익(李瀷, 1681~1763)의 『성호사설』(星湖僿說) 권12 <인사문>(人事文) 중 <제노문>(祭奴文)을 들어본다. 역시 원문에 문단 나누기가 되어 있지 않아 필자가 편의상 문단을 나누고 문단 번호를 추가하였다.

[1] 우리나라 종과 주인의 구분과 군신의 의리를 비교하면 같다. 임금이 신하에게 벼슬자리로 귀하게 하고 녹봉으로 길러준 은혜가 이미 크니 보답하려고 노력할 것을 생각하지 않는다면 잘못이다. 주인이 종에게 춥고 배고픔을 면하지 못하

게 하고 고역에 편중되게 하고 화나면 형벌이 있고 기뻐도 상은 없고 조금 잘못이 있으면 충성스럽지 않다고 꾸짖으니 무엇 때문인가? [2] 사람이 신하 됨에 마음으로 진실로 경모하고 어깻죽지를 밀치고 나아가 영예와 이익을 거두는데 좋은 이와 같지 않아 도망치고 숨을 땅이 없으니 우러러 매여 있다. 신하가 임금을 섬기는 것은 남을 위해 힘을 다하고 계책을 세우는 것이 지나지 않는데 종이 주인을 섬기는 것은 도탄에 드나들고 채찍을 맞고 욕을 당하는 것이 다반사이니 실제로 원수이다. [3] 그런데 임금 상(喪)에 신하는 머리를 풀지 않는데 종은 반드시 머리를 푸는데 한결같이 처자식과 같이 한다. 신하가 죽으면 임금이 조문하고 제물을 보내는 예가 있는데 종이 죽으면 주인은 한 번도 슬퍼하지 않고 술 뿌리는 데에도 미치지 못하니 무엇 때문인가? [4] 내 전장(田莊)에 관(管)이라는 종이 있었는데 죽은 지 수년이었다. 우연히 지나다 물으니 묘에 제를 지내지 않은 지 오래됐다기에 이에 제문을 짓는다. [5] "모월 모일에 성호일인(星湖逸人)은 죽은 종 모(某)의 묘에 제문 쓴다. 오호, 나라의 옛 풍속에 종과 주인의 구분을 군신에 비교했다. 그런데 임금이 어질면 신하가 반드시 보답하는 것이 마땅한데 주인이 박하고 종에게 충성을 바란다면 어찌 이치에 맞겠는가. 너는 평생 부지런히 수고하며 위를 섬겼으니 나는 실로 힘입은 것이 많은데 어찌 차마 잊겠는가. 너에게 자식이 있는데 불초하여 내 일찍이 훈계했는데 지금은 과연 몰락하여 떠나 무덤에 제사 지내지 않으니 너는 죽고 무덤에 풀은 거칠고 더러운데 물 뿌리고 제거할 것을 생각하지 않는다. 살아서 이미 수고했고 귀신이 항상 굶주리니 어찌 슬프지 않은가? 내 우연히 여기를 지나다가 이 때문에 측은히 여기고 불쌍히 여겨 간략히 떡과 과일을 갖추어 네 외손을 시켜 주관하여 술을 붓게 하고 간략히 몇 마디 말을 적어 사르고 무덤가에서 이르니 너는 비록 문자를 해독하지 못하나 귀신의 이치는 느껴서 통하는데 정성이 있으면 반드시 깨달으니 너는 흠향하라." [6] 이 일을 다른 사람이 본다면 반드시 나에게 비웃음이 미칠 것이다. 그러나 인정이 이에 있으니 옳을 것이다.

제목 <제노문>을 풀이하면 <종의 제문> 정도가 되겠으니 '제문'에 특별히 주장이 담기지 않을 것 같다고 하겠는데 잘 읽어보면 제문 외에 군신관계와 주종관계를 분석하여 아주 명시적으로 드러내지 않았다고 해도 주장을 나타냈다고 하겠다. [1]부터 [6] 까지 총 여섯 문단 중에 실제의 제문은 [5]이고 [4]는 제문을 쓰기 위한 배경 설명이다. [1]은 문제 제기 성격이고 [6]에서 자기 행동이 옳을 것이라고 강조하고 있다. [2]와 [3] 은 제기한 문제를 상세하게 다루었다고 하겠다.

　[1]에서 군신관계와 주종관계를 같은 것처럼 생각하지만 신하는 왕을 통해 대가를 얻거나 영예를 누리는데 종은 주인에게 일방적으로 봉사만 하고 제대로 대가를 받지 못하면서 비난의 대상이나 되는 현실을 지적했다. [2]에서 종은 신하만큼 혜택을 얻지도 못하면서 처벌의 대상이나 되니 실제로는 원수라고 했다. [3]에서 신하가 죽으면 왕이 조문을 하기도 하는데 종이 죽으면 조문을 하지 않는다고 해서 [2]에 이어서 군신관계와 주종관계가 다름을 지적했다. [4]에서 자신의 토지에서 일하다 죽은 종의 무덤은 사실상 버려진 채로 방치되어 있다고 해서 간단히 제문을 짓고 제를 지내줄 필요성을 드러냈다. [5]에서 수고하다가 죽은 종을 위로하는 차원에서 제문을 지었다. [6]에서 당시 관점에서 보면 죽은 종을 위해 제문을 쓰다니 별 우스운 행동을 다 한다고 남들이 충분히 지적할 수 있을 것이고 이익 자신도 그러한 가능성을 인정하면서도 인간의 도리를 생각하니 자신의 행동이 옳을 것이라고 하면서 마무리한다.

　윗글에서 주제가 [6]이라고 생각해볼 수 있다. 주제문 찾아 밑줄 긋는 공부를 한다면 [6]에 그어야 하는가 생각할 수 있다. 군신관계든 주종관계든 상관을 위해 노력했다는 점에서 같으니 죽은 신하를 추모한다면 죽은 종도 추모해야 한다는 주장이 담겨 있다고 할 수 있다. 그런데 이렇게만 보고 넘기기에는 뭔가 남은 것이 있다고 생각할 수 있다. 왜냐하면 죽은 종을 위해 제문을 짓고 제를 지내주는 것이 아무것도 안 하는 것보다 분명히 나은 일이지만 이미 당사자는 죽고 없기 때문에 한계가 있다고 하겠다. 죽은 뒤에 예를 갖춰주는 것보다야 살아서 더 잘해주는 것이 더 낫기 때문이다. 그러므로 이미 죽은 종이니 제문을 짓고 제라도 지내줄 뿐이고 실제로 앞에서 거론했던 군신관계와 주종관계의 현실적 차이를 없애거나 줄여야 한다는 것을 궁극적인 주장으로 보아야 할 것이다. 사실상 주인을 위해 봉사하는 의무만 있는 것으로 보이는 종도 인간이라는 기준에서 평소에 좀 더 제대로 대우받아야 한다고 정리해볼 수 있다. 이렇게 죽은 종의 제문을 쓰는 진행을 통해 주장을 담았다고 하겠다.

특별히 주장이 강하게 담기지 않은 역사 서술을 통해서도 살펴볼 여지가 있는데 『삼국유사』(三國遺事) 권2 <기이>(紀異) 2 <무왕>(武王) 부분을 들어본다.

> 무왕(주석: 고본에 무강(武康)이라고 했는데 잘못이다. 백제에 무강이 없다)
> 　제30대 무왕은 이름이 장(璋)이다. 어머니는 과부로 수도 남쪽 못가에 집을 짓고 살았는데 못의 용과 통하여 낳았다. 어려서 서동(薯童)이라고 이름을 지었는데 재능과 도량을 헤아리기 어려웠다. 항상 마[薯]를 캐어 팔아 생업으로 남아서 나라 사람들이 그것으로 인해 이름을 지었다. 신라 진평왕(眞平王)의 셋째 공주 선화(善花, 주석: 일설에는 선화(善化))가 아름다워 견줄만한 사람이 없다고 들어 머리를 깎고 (신라) 수도로 왔다. 마로써 마을 아이들에게 먹이니 아이들이 친하게 여기고 따랐다. 이에 노래를 지어 아이들을 꾀어 부르게 하니 "선화공주님은/ 남몰래 혼인해두고/ 서동방을/ 밤에 몰래 안고 간다."라고 하였다. 아이들 노래가 수도에 가득해져 궁궐에 전달되니 백관이 힘을 다해 간하여 공주를 먼 곳에 귀양 보내게 했다. 장차 떠나려 하는데 왕후가 순금 한 말로 주어 보냈다. 공주가 장차 귀양 가는 곳에 이르는데 서동이 길에서 나와 절하며 장차 모시고 가려고 하였다. 공주는 비록 그 내력을 알지 못했으니 우연히 믿고 기뻐하여 이로 인하여 함께 가다가 몰래 (정을) 통했다. 연후에 서동의 이름을 알고 아이들 노래의 영험함을 믿었다. 함께 백제에 이르러 모후가 준 금을 꺼내 장차 생계를 꾀하려 하니 서동이 크게 웃으며 이르기를 "이는 무슨 물건입니까?"라고 했다. 공주가 말하기를 "이는 황금입니다. 가히 백 년의 부에 이를 수 있습니다."라고 했다. 서동이 말하기를 "내가 어려서부터 마를 캐던 땅에 진흙처럼 쌓여 있습니다."라고 했다. 공주가 듣고 크게 놀라 말하기를 "이는 천하의 지극한 보배인데 그대는 지금 금이 있는 곳을 안다면 이 보배를 부모님 계신 궁전에 보내면 어떻겠습니까?"라고 하니 서동이 말하기를 "좋습니다."라고 했다. 이에 금을 모아서 언덕처럼 쌓아서 용화산 사자사(師子寺) 지명법사(知命法師)에게 가서 금을 보낼 방법을 물었다. 법사가 말하기를 "내가 신통력으로 보낼 수 있으니 금을 갖고 오십시오."라고 했다. 공주가 글을 지어 금과 아울러 사자사 앞에 두니 법사가 신통력으로 하룻밤에 신라 궁중에 보내 두었다. 진

평왕이 그 신비한 변화를 기이하다고 여기고 존경하기를 더욱 많이 하고 항상 편지를 전해서 안부를 물었다. 서동은 이로 인해 인심을 얻어 왕위에 올랐다. 하루는 왕과 부인이 사자사로 행차하려 용화산 아래 큰 못가에 이르렀는데 미륵삼존이 못 가운데에서 나와 수레를 머무르게 하고 공경하였다. 부인이 왕에게 말하기를 "모름지기 이 땅에 큰 가람을 세우는 것이 진실로 바라는 바입니다."라고 하니 왕이 허락하였다. 지명법사 머무는 곳에 이르러 못을 메우는 일을 물으니 신력으로 하룻밤에 산을 무너뜨리고 못을 메워 평지를 만들었다. 이에 미륵삼회(彌勒三會, 필자 주: 미륵불이 세 번 설법한다는 뜻인데 미륵삼존의 오기로 보기도 함)를 본받아 전각, 탑, 회랑 각 세 곳을 짓고 미륵사라고 이름을 내려주었다(주석: 『국사』(國史)에는 왕흥사(王興寺)라고 한다). 진평왕이 여러 장인을 파견하여 도왔고 지금도 그 절이 있다(주석: 『삼국사』(三國史)에서 이는 법왕의 아들이라고 했는데 여기 전하기는 혼자 사는 여자의 아들이라고 하니 확실하지 않다).

그런데 2009년 미륵사지 서석탑(西石塔) 해체복원 과정에서 탑 내부에 사리를 봉안한 기록이 발견되었는데 보통 <금제사리봉안기>(金製舍利奉安記)라고 불리는데 총 네 문단으로 볼 수 있는데 두 번째 문단의 해석은 다음과 같다.

우리 백제 왕후는 좌평(佐平) 사택적덕(沙宅積德)의 따님으로 매우 오랜 세월[曠劫]에 선인(善因)을 심어 금생(今生)에 뛰어난 과보[勝報]를 받아 만민을 어루만져 보살피는[撫育] 삼보(三寶)의 동량(棟梁)이어서 능히 삼가 깨끗한 재물[淨財]을 바치어 가람을 지어 세우고 기해년(己亥年, 필자 주: 639년) 정월 이십 구일에 사리를 받들어 맞이했다.

정리해 보면 『삼국유사』에는 미륵사를 건축한 주체가 선화공주인데 <금제사리봉안기>에는 주체가 당시 무왕의 왕비인 사택적덕의 딸로 되어있다. 더 나아가 선화공주가 과연 무왕의 왕비가 맞는가 하는 의문도 들 수 있다. 서로 다른 서술을 통해 일단 몇 가지 가능성을 생각해볼 수 있다.

① 설화는 설화일 뿐이고 역사는 아니다.

일단 <금제사리봉안기>의 서술이 더 믿을만하다고 할 수 있다. 시기적으로도 미륵사 창건 당시 서술로 보이고 설화적으로 해석될 여지가 적은데『삼국유사』서술 자체가 설화적 성격도 보이고 또 시기적으로도 <금제사리봉안기>보다도 수백 년 지났기 때문이다. 예를 들어 지명법사가 금을 신통력으로 신라로 보냈다거나 하룻밤 사이에 못을 메웠다든가 하는 내용은 종교적 감동을 줄 수는 있겠지만 사실 그대로의 서술인지는 의문의 여지가 있다.『삼국유사』서술은 설화를 그대로 옮겨적었을 뿐이라고도 할 수 있다.

② 선화공주 관련한 서술도 어느 정도는 맞을 수 있다.

이러한 가정이 성립하려면 <금제사리봉안기>의 서술이 당대 역사의 전모를 완전히 드러내지는 않을 수 있다는 가정이 성립되어야 한다. 그래야 선화공주가 여전히 미륵사 창건에 주요한 역할을 했다고 볼 수 있기 때문이다. 세부적으로 보면 다시 둘로 나눌 수 있어 보이는데 선화공주가 먼저 왕비가 되었다가 사망했다고 가정해 볼 수 있고 선화공주와 사택적덕의 딸 모두 왕비였다고 가정해 볼 수도 있다. 선화공주의 역할이 <금제사리봉안기>에는 나타나지 않았다고 할 수 있다. 실제로 전주방송(JTV)에서 위에 서술한 가능성을 검토하는 방향으로 사학전공 교수의 인터뷰를 실은 다큐멘터리가 방송된 적 있다. 인터넷 주소는 다음과 같다(그리고 이와 다른 측면인데 서동이 무왕이 아니라 다른 왕이라든 등의 다른 다양한 주장도 있고 이러한 주장을 반영한 다큐멘터리도 방영된 적이 있는데 범위를 확대하면 너무 복잡해지므로 이 자리에서 그 문제까지 다루지는 않는다).

https://jtv.co.kr/2012/?r=home&c=8/403/404&uid=2132509

이렇게 ①, ②의 두 가지 가능성을 검토했는데 둘 중 어느 쪽이 더 설득력이 있는지는 사람마다 다를 수 있겠지만 종합적으로 검토해서 잠정적인 의견을 도출할 수 있다. 선화공주에 관해 자료가 많지 않으며『삼국유사』와 <금제사리봉안기> 서술이 일정

부분 충돌한다고 할 수 있다. 두 기록 모두 미륵사를 창건하는 데 이바지했다는 왕비는 한 명인 것으로 보이는데 역사적 사실로 볼 때 둘 다 완전히 맞기는 어려워 보인다. 현재로서는 탑 내부에 사리를 봉안하면서 함께 넣은 글의 신빙성이 좀 더 높다고 해야 할 것 같다. 사택적덕의 딸 무왕 왕비가 미륵사 창건에 이바지했다고 해야 할 것이다.

그러면 선화공주 서술에 대해 어떻게 받아들여야 할지 의문이 남는다. 선화공주가 무왕의 첫째 왕비라든가, 함께 왕비로 있었다는 가정은 해볼 수 있는데 특별히 근거가 확인되지 않는다. 즉, 앞으로 추가 발굴 등으로 확인되지 않는 한 논쟁의 영역에 남아있을 수 있다고 하겠다. 다만 한 가지 덧붙이자면 만약 미륵사 창건과 선화공주는 무관하며 선화공주 서술은 설화적 서술이라고 해도 선화공주 이야기가 단순히 꾸며낸, 사실과 무관한 이야기일 뿐이라고 하고 말 것은 아니다. 『삼국유사』 서술을 보면 무왕의 즉위 과정에 선화공주가 도움이 되었다고 하겠다. 서술을 보면 마를 캐며 생활하던 인물이 공주를 얻고 금을 보내서 진평왕의 지지를 얻고 인심을 얻어 왕이 되고 이후에 절을 지어 안정적 통치 기반을 닦는 과정을 거친다고 하겠는데 무왕의 정치적 성장을 나타내는 의미가 있다고 하겠다. 또 사랑을 얻기 위한 목적으로 이미 사랑이 이루어졌다는 소문을 퍼뜨리는 방법이 사용되었다는 것도 볼 수 있다. 그러니 그 나름의 의미는 충분히 있다고 하겠다.

1.2. 논술의 적용/쓰기

논술 쓰기는 이후에 종류에 따라 각각 다뤄지지만 여기서 미리 간단히 정리해두고 넘어갈 필요가 있다. 논술 쓰기도 일종의 글쓰기인 만큼 일반적인 원리에서 크게 다를 수는 없다. 그러면서도 논술 쓰기에 더 강조되는 측면 위주로 살펴볼 필요가 있다. 제목, 개요, 구성(처음, 중간, 마무리) 등을 살펴보겠다.

먼저 제목부터 살펴보자면 모든 논술 글쓰기에 제목이 필요한가 생각할 수 있다. 특히 논술 시험에서 제목을 적으라는 명시적인 지시가 없는데 제목을 적을 필요는 없을 것이다. 위에 등장한 대책문에도 특별히 제목이 있지는 않았다. 대학 서술형 기말고사에서 논하라는 유형의 문제도 제목을 적을 일은 별로 없어 보이기는 하다. 그러나 그러한 것은 논술의 범위를 좁힐 때에만 한정될 뿐이다. 설령 제목을 적을 필요가 없어서 적지 않는다고 하더라도 제목을 붙인다면 어떻게 붙일까 생각해볼 필요는 있다.

제목은 일반적으로는 전체의 내용을 요약하는 성격의 간단한 표현이라고 할 수 있다. 약간 더 상세하게 표현하자면 글 전체를 한두 문장 정도로 요약하고 그것을 다시 간단히 표현으로 정리하면 된다고 할 수 있다. 이렇게 제목을 붙이는 것은 대체로 설명하는 글에 더 적합한데 1170년 정중부(鄭仲夫, 1106~1179) 등이 문신들을 죽이고 정권을 잡은 시점부터 1270년 임유무(林惟茂, ?~1270)가 살해될 때까지 각종 정치적 사건을 정리하는 글을 쓰고 제목을 붙인다면 무신정변, 무신의 난 등으로 하면 되지 특별히 인상적인 표현을 쓰려고 애쓸 필요는 없다.

그런데 영화 <기생충>의 감상문 제목을 붙일 때 '기생충 감상문' 또는 '기생충을 보고' 등은 절대 안 되는 것까지는 아니지만 잘 된 제목이라고 보기는 힘들다. 이런 종류의 글에는 자신이 생각하는 작품의 주제 또는 감상의 핵심을 (인상적인) 제목으로 정하는 것이 좋아 보인다. 작품 속 기택이 살인을 저지르고 지하에 기약 없이 숨어 살게 되는 것이 중요하다고 생각한다면 '햇빛을 향하여' 등으로 감상문 제목을 정할 수 있을 것이다. 당연히 감상의 핵심을 다르게 파악한다면 얼마든지 다른 제목도 가능하다. 각종 감상문, 칼럼, 논설 등도 큰 틀에서 보면 이에 해당한다고 하겠다.

핵심을 (인상적인) 제목으로 정하는 방식 외에 궁금증을 유발하는 방식으로 제목을 정하는 것도 가능하다. 설명적인 글에서도 가능하지만, 각종 감상문, 칼럼, 논설 등에서 더 효과적이다. 2021년 1월 1일 『서울신문』 <금요칼럼>의 제목이 '집현전의 반격'이다. 일단 제목만 읽으면 '조선시대 그 집현전인가? 혹시 상징적, 비유적 다른 의미의 제목인가?' '집현전은 긍정적으로 알고 있는데 아닌 적이 있다는 뜻인가?' 등의 각종 궁금증이 유발될 수 있다. 실제로 읽어보면 저자는 조선시대 집현전이 세종의 개혁에 반발하는 일이 있었다는 것을 알려준다. 마지막 문단 일부를 인용해 본다.

> 초기에는 집현전 학사 덕분에 왕이 여러 가지 개혁을 펼쳤으나, 이제 그들의 공격에 밀려 운신의 폭이 확 줄었다. 30년도 못 가서 방패가 창이 된 셈이었다. 어떤

> 제도든 순기능이 역기능으로 바뀌는 것은 시간문제일 수 있으니, 경계할 일이 아닌가.
>
> (https://www.seoul.co.kr/news/newsView.php?id=20210101025018)

단순히 15세기 세종 시대 사건만을 소개하는 것으로는 보이지 않고 그 이상의 의미로 받아들여진다. 좋은 제도를 만들었다고 영원히 잘 될 것이라고 무조건 안심하지 말고 변질될 수 있는 만큼 경계해야 한다는 주장으로 보이는데 제목이 일으킨 궁금증이 글 전체를 통해 조금씩 해소되지만 결국 마지막 부분을 통해서 확실하게 해소된다고 할 수 있다.

기술적인 문제로 제목은 언제 정해야 하는지 궁금할 수 있다. 설명적인 성격의 글 제목은 어차피 설명의 대상이 제목이 되기 때문에 무엇을 쓸까 생각하면서 제목이 동시에 정해질 수 있다. 각종 감상문, 칼럼, 논설 등에서는 반드시 먼저 제목을 정할 필요는 없다. 어느 정도 진행하면서 비로소 제목을 정하는 것도 가능하다. 이러한 글쓰기에 익숙해져 있으면 글이 완성되고 난 후에 마지막으로 정하는 것도 가능하다. 다만, 아주 익숙하지 않을 때 주장이 잘 정리되지 않고 여러 방향으로 향해 독자가 핵심 주장이 무엇인지 알아보기 어려울 수 있다. 그러므로 최종적으로 정리된 표현으로 제목을 정하는 것은 뒤로 미루더라도 임시 제목 정도는 정해두는 것이 좋다.

물론 이미 생각하는 방향을 그대로 나타내는 때에는 처음에 정할 수 있다. 낙태죄 논란의 예를 들면 2019년 헌법재판소의 헌법불합치 결정 이후에 2020년 말까지 형법의 낙태죄 처벌 조항이 고쳐지지 않아 형법의 해당 조항이 무효가 되었지만, 임신 몇 주 등의 기한을 정해놓고 그 이후만 처벌해야 하는지 아니면 처벌 자체를 없애야 하는지 2021년 1월 현재 아직 법적으로 정리되지 않았다. 이 상황에 처벌에 대한 반대 의견으로 논술 글쓰기 제목을 '낙태 처벌에 반대한다'라고 붙일 수 있고 이러한 제목은 구상 단계에서도 정할 수 있다.

한 가지 추가하자면, 제목을 정하는 것을 강조했지만 지나치게 다듬느라 시간과 노력을 들을 필요는 없다. 제목은 독자가 글을 읽고 싶은 느낌이 들게만 하면 일차적 목표는 달성되었다고 하겠다. 실제 내용이 대단하지 않은 것을 제목으로 가릴 수는 없다. 기왕이면 더 인상적인 제목이 좋다는 정도를 벗어나 엄청난 감동, 흥미를 주는 제목을 만드느라 고생할 필요는 없다고 하겠다.

다음으로 개요를 살펴본다. 개요는 다소 긴 글을 요약하는 짧은 글의 의미로 사용하기도 하고 대개 부호를 사용해서 체계화하는 의미로 사용하기도 하는데 여기서는 후자를 가리킨다. 어느 정도 글쓰기에 익숙해지면 특히 짧은 글쓰기에는 잘 사용하지 않는 경향이 있다. 개요도 잘 구성하려면 형식미도 무시할 수 없기에 정교하게 다듬으려면 시간 소모도 생각보다 많을 수 있다. 이런 점에서 불필요하다고 느껴지기도 한다.

이러한 문제에도 불구하고 개요 사용을 통해서 전반적으로 글에서 더 중요한 정보를 더 많이 다루고 덜 중요한 정보는 덜 다루어 처음 계획대로 유지되는 측면이 있다. 그러므로 설령 개요 부호를 사용하지 않더라도 글을 쓸 때 개요를 사용해서 구상할 필요가 있다. 정교하게 개요를 다듬느라고 많은 시간을 소비하지 않을 정도로 개요를 작성하면서 미리 자신의 글을 예상해보고 예상되는 문제점, 반론 등에 대비할 수 있다. '적당히'와 같은 보기에 따라 답답해 보이는 표현이 개요 사용에는 오히려 적절한 표현일 수 있다. 개요를 특별하게 사용하는 방식으로 주요 개념어만 나열하는 방식이 있는데 개요 그 자체가 바로 글쓰기, 말하기 자료가 될 수도 있다. 연설, 강연 등에 종종 사용된다.

개요에서 항목을 정리하는 방식은 수평적 차원과 수직적 차원이 있다. '1.' 뒤에 '2.' 뒤에 '3.'과 같은 것이 수평적 차원이고 '1.' 아래에 '1.1.'과 '1.2.' 등으로 세분화하는 것이 수직적 차원이라고 하겠다. 수평적 차원에서는 순차적으로 진행되는 부분끼리 어색한 것이 없는지 혹시 비약이라고 다른 사람이 느낄 수 있는지 등을 위주로 살펴야 한다. 수직적 차원에서는 항목끼리 서로 겹치는 것이 없는지 또는 서로 모순되는 것이 없는지 주로 살펴야 한다.

마지막으로 구성을 살펴보겠다. 구성은 개요 쓰기와 일부 겹칠 수 있는데 각 부분 쓰기보다 먼저 서술 비율을 살펴야 하겠다. 글의 종류에 따라 차이가 있지만 먼저 전체적인 서술의 양을 결정하고 다음에 융통성을 발휘하면서 각 부분의 서술 비율을 조절할 필요가 있다. 각 부분 서술 비율을 조절한다고 할 때 몇 부분으로 글을 설정해야 하는지 의문이 들 수 있다. 보통 세 부분으로 나누는 데 익숙해져 있다고 하겠는데 글의 종류에 따라 네 부분, 다섯 부분 등으로 다양한 측면이 있다. 그러한 모든 점을 고려해서 다양하게 서술하면 너무 복잡해지니 처음, 중간, 마무리의 세 부분으로 단순화해서 살피는 것이 좋겠다. 즉 다섯 부분이라면 처음, 중간1, 중간2, 중간3, 마무리의 구성으로 볼 수 있으니 중간이 세부적으로 보면 여럿이라고 생각하면 되겠다. 개요를 작성할 때 '1.'부터 '5.'까지 진행된다고 할 때 '1.'은 처음, '2.'는 중간1, '3.'은 중간2, '4.'는 중간3, '5.'는 마무리에 할당된다고 하겠다.

어디 무슨 규정이 있지는 않지만 일단 처음과 마무리를 합해서 중간보다 많은 것은 좋지 않다고 하겠다. 대개 양을 확보하기 위하거나 확실한 주장이 없고 유사한 표현의 반복을 통해 그럴듯하게 보이게 하기 위한 목적의 글쓰기에서 처음과 마무리의 비율이 높은 것을 볼 수 있다. 실제로 논술 시험이라면 비율도 기준으로 정할 수 있어서 구체적으로는 달라질 수 있겠고 절대적 기준이 있을 수는 없지만, 앞에서 제시한 기준에 대해 좀 더 엄격하게 적용해보자면 1/4 이하가 되어야 바람직하다고 하겠다. 이렇게 비율을 염두에 두고 쓰게 되면 처음, 마무리 부분이 너무 길어지지 않도록 관리할 수 있다.

다음으로 부분별로 살펴보겠다. '처음'은 논설적 글에는 '서론'이라고도 한다. 세부적인 성격은 글의 종류에 따라 차이가 있지만 '중간'에 상세하게 다룰 내용과 연결되는 내용을 미리 드러낸다. 처음 부분의 특성은 연결성이라고 하겠다. 세부적으로는 직접적 연결성, 간접적 연결성의 두 가지로 나눠볼 수 있다. 중간에 다룰 내용을 일부 보여주거나 암시해주거나 하는 것을 직접적 연결성이라고 한다. 다만 중간과 연결되도록 해야 한다는 뜻이지 중간과 사실상 같은 내용이 되어도 좋다는 뜻은 아니다. 간접적 연결성은 처음이 중간과 얼핏 보기에는 별로 관계없어 보이지만 전체적인 맥락을 보면 연결성을 느끼게 한다는 뜻이지 처음이 중간과 그냥 무관해도 무방하다는 뜻은 아니다.

중간은 구체적으로 상술하는 부분이다. 가장 비율이 높은 비율인 만큼 대개 여러 문단으로 구성될 가능성이 크다. 어찌 됐든 마무리로 나아가기 때문에 방향성이 가장 큰 특징이라고 하겠다. 진행 방식은 몇 가지가 있을 수 있는데 대체로 순차형과 병렬형을 들 수 있다. 구체적으로는 두 가지가 함께 사용될 수 있다. 순차형은 세부 문단 단위로 볼 때 뒤 문단이 앞 문단의 내용을 이어받아 나아가는 방식이다. 실제로 쓰다 보면 뒤늦게 앞에 적을 것이 생각나는 경우도 흔한데 이럴 때 순서를 바꿔주는 것이 좋다. 병렬형은 앞 내용과 뒤 내용이 직접적으로 연결되지 않는데 나열의 방식에 주로 사용된다고 하겠다. 첫째 원인, 둘째 원인, 셋째 원인으로 세 문단이 진행되면 이 셋은 병렬형의 예시라고 하겠다. 영화 감상문 등을 쓸 때 몇 항목을 뽑아 서술한다면 항목마다 병렬형이라고 하겠다.

  마무리는 정리하는 부분이다. 선명성을 특징으로 한다고 하겠다. 모든 글이 마무리에서 다 선명성을 가질 수는 없을 것이다. 서로 다른 두 주장이 있는데 어느 한쪽이 맞으면 다른 쪽이 반드시 틀린 때가 있다. 그런데 각각을 검토하는 글을 쓴다고 할 때 결정적으로 어디가 맞는지 확신할 수 없을 수도 있다. 이런 때에 무리해서 선명성을 부각하느라 무리하게 어느 쪽이 바르다고 할 필요는 없다. 이런 종류의 일을 제외하면 대개 마무리에서 글쓴이의 주장을 분명히 알 수 있어야 한다. 이미 중간의 진행만으로 주장이 사실상 다 드러났다고 할 때에는 단순히 간단히 줄이는 정도만으로도 마무리가 될 수 있다. 예를 들어 항목별로 나눠 영화 감상문을 쓴다고 할 때, 즉 병렬형이라면 특별히 특정 항목이 주제라고 보기 어려운 일도 많으니 이때는 양을 충실히 갖춰 마무리 부분을 쓰려고 하지 않아도 된다. 일반적으로 논술 시험에서는 더욱 엄정한 형식을 요구하는 일이 많으므로 마무리 부분이 양적, 형식적으로 갖춰질 필요가 있다.

  주장하는 글의 마무리 부분에서 특히 찬반양론 등 첨예한 대립이 있을 때 양비론, 양시론 등의 사용에 유의해야 한다. 종종 우리가 '일리(一理)가 있다'라는 표현을 쓰는데 대개 어느 견해든 일리가 있을 가능성이 있다. 그러므로 논란을 소개할 뿐 자신의 의견은 사실상 없다는 고백의 측면이 있다고 할 수 있다. 양비론이든 양시론이든 대개 문제의 회피 방식이다. 다음으로 생각해 볼 것이 절충론이다. 찬반양론 모두에 일리가 있고 어느 한쪽으로 확실히 정리될 수 없다고 생각할 때 절충론을 생각할 수 있다. 예를 들자면 성매매 찬반양론 외에 특별한 상황에 놓인 사람들만을 위한 제한적 성매매의 허용 주장을 접한 적이 있는데 이러한 것이 절충론의 예다. 절충론이라고 무조건 격이 떨어지는 해결책은 아니다. 다만, 더 좋은 해결책을 놓아두고 문제를 당장 봉합하기 위해서 절충론을 사용하는 것은 아닌지 유의할 필요가 있다.

주제문이든 주제 문단이든 주장이 최종적으로 정리된 것을 언제 준비해야 할까. 상대적으로 쉬운 사안에는 처음, 중간을 거쳐 마지막으로 마무리 부분에 써도 된다. 그런데 길이가 길거나 상대적으로 복잡한 사안에 처음, 중간 부분을 쓸 때 정리된 주장을 생각하는 것도 유보하고 나중에 마무리 부분을 쓸 때 비로소 생각하는 일도 있다. 그렇게 하다 보면 앞에 서술된 것처럼 양비론, 양시론 등으로 그동안 열심히 썼으니 알아서들 판단하라는 글이 되기 쉽다. 문제에 대한 글쓰기는 문제 해결에 일정 부분 책임이 있다.

실제 글의 예를 통해 위에 서술한 사항을 확인해 본다. 정약용(丁若鏞, 1762~1836)의 『다산시문집』(茶山詩文集) 권10 <원목>(原木)의 해석을 들어본다. 원문이 한문인 만큼 원문에서 문단 정리가 특별히 되어있지 않은데 필자가 편의상 나눴다.

목민관(牧民官)은 백성을 위해 있는가, 백성이 목민관을 위해 있는가? 백성은 잡곡과 쌀과 베실[麻絲] 생산하여 그 목민관을 섬기고 백성은 가마를 메고 말을 몰고 따르며 종노릇을 하여 그 목민관을 전송하며 백성은 고혈(膏血)과 진액과 골수를 다하여 그 목민관을 살찌게 하는데 백성이 목민관을 위해 태어났는가? 아니다, 아니다. 목민관은 백성을 위해 있다.

먼 옛날에 백성이 있을 뿐이지 어찌 목민관이 있겠는가? 백성은 만족하며 모여 살았고 한 사람이 이웃과 싸움이 있어서 누구도 해결하지 못하면 어떤 어른이 공평한 말을 잘하니 (그에게로) 나아가 바로잡으면 사방의 이웃이 감동하여 따라 받들어 함께 높여 이름하여 이정(里正)이라고 하였다. 이에 몇 마을의 백성이 마을의 싸움이 있어서 누구도 해결하지 못하면 어떤 어른이 뛰어나고 아는 것이 많아 (그에게) 나아가 바로잡으면 몇 마을이 감동하여 따라 받들어 함께 높이면 이름하여 당정(黨正)이라고 하였다. 몇 당(黨)의 백성이 당의 싸움으로 누구도 해결할 수 없으면 어떤 어른이 어질고 덕이 있어 (그에게) 나아가 바로잡으면 몇 당이 감동하여 따라 이름하여 주장(州長)이라고 하였다. 이에 몇 주의 어른이 한 사람을 받들어 어른으로 삼아 이름하여 국군(國君)이라고 했다. 몇 나라의 군(君)이 한 사람을 받들어 어른으로 삼아 이름하여 방백(方伯)이라고 하였다. 사방의 백(伯)이 한 사람을 받들어 우두머리로 삼아 이름하여 황왕(皇王)이라 하였다. 황왕의 근본은 이정에 기원했고 목민관은 백성을 위해 있었다. 당시에 이정은 백성의 바람에 따라 법을 만들어 당정에게 올리면 당정은 백성의 바람에 따라 법을 만들어 주장에게 올리고 주장은 국군에게 올리고 국군은 황상에게 올리니 그러므로 그 법은 다 백성을 편안하게 했다.

후세에 한 사람이 자신을 세워 황제가 되고 그 아들, 동생, 모시는 사람, 따르는 사람을 봉(封)하여 제후로 삼고 제후는 개인적으로 친한 사람[私人]을 가려 주장을 삼고 주장은 개인적으로 친한 사람을 추천하여 당정, 이정을 삼는다. 이에 황제는 자기 욕심을 따라 법을 만들어 제후에게 주고 제후는 자기 욕심을 따라 법을 만들어 주장에게 주고 주장은 당정에게 주고 당정은 이정에게 준다. 그러므로 그 법은 다 군주는 높이고 백성은 낮추어 아래를 깎아서 위에 붙이니 백성은 목민관을 위해 사는 것과 같다. 지금의 수령은 옛날의 제후이다. 궁실(宮室)이나 가마, 말로 받들고 의복, 음식이 제공되고 좌우의 총애하는 사람들, 모시는 사람, 따르는 사람은 국군에 비한데 그 권능은 족히 사람을 기쁘게 할 수 있고 그 형벌 위세는 족히 사람을 두렵게 할 수 있다. 이에 오만하여 자신을 높이고 태연하여 스스로 즐거워 목민관인 된 것을 잊어버린다. 어떤 한 사람이 다투다가 나아가 바로잡으려 하면 곧 이미 불안해하며 말하기를 "어찌하여 어지럽게 구느냐?"라고 하고 어떤 한 사람이 굶어 죽으면 말하기를 "너 스스로 죽을 뿐이다."라고 하며 잡곡, 쌀, 베실을 생산하여 섬기지 않으면 곧 매질하고 몽둥이질하여 피가 흐르는 것을 본 이후에야 그친다. 날마다 돈 꾸러미를 취하여 세고 일지를 기록하여 협주(夾注)를 쓰고 지우고 돈과 베를 부과하여 논밭과 집을 운영하고 권력 있고 귀한 사람이나 재상에게 뇌물을 보내 훗날의 이익을 바란다.

고로 '백성이 목민관을 위해 있다'라고 하는데 어찌 이치에 닿겠는가? 목민관은 백성을 위해 있다.

내용을 세부적으로 살피자면 문단을 위에 나눠본 것보다 더 많이 나눌 수 있다. 일단 처음, 중간, 마무리 위주로 나눠 살피기 위해 아주 세부적으로 나누지는 않았다. 부분별로 특징을 살펴보자면 처음 부분에 백성이 목민관을 위해 존재하는가, 목민관이 백성을 위해 존재하는가 질문을 던지고 목민관이 백성을 위해 존재한다고 하여 이미 자신이 생각하는 답을 제시하고 있다. 핵심적인 주장이 어느 정도 노출되었다고 하겠다. 현대적인 관점에서는 다소 많이 보여주지 않았는가 생각할 수도 있겠다. 하지만 미리 질문에 대한 답을 제시해서 자신의 주장을 더 분명하게 드러내고 강조했다고 하겠다.

마무리 부분은 먼저 길이 자체가 짧다. 특별히 양을 갖춰 기존의 논의를 정리하면서 주장을 제시하는 방식은 아니다. 이미 처음 부분에서 제시한 목민관이 백성을 위해 있다는 주장을 확인해주는 정도의 서술이라고 하겠다. 처음 부분에 제시한 두 가지 중의 하나인 백성이 목민관을 위해 존재하는 것이 틀렸다고 하여 혹시라도 두 가지 모두 옳다고 할 만한 가능성을 차단했다고 하겠다.

중간 부분은 크게 두 부분으로 정리한 것이 각각 한 문장으로 정리가 가능할 것이다. 옛날에는 목민관 선발, 운영이 상향식이었다. 지금은 목민관 선발, 운영이 하향식이다. 이렇게 두 문장 정도로 정리가 가능할 것이다. 이정, 당정, 주장, 국군, 방백, 황왕의 여섯 단계로 비슷한 문장이 반복되는데 반복이 계속되어 독자가 읽기 지루하다고 여길 수 있는 점을 고려하여 일부 표현은 간단히 한 것을 확인할 수 있다. 예전의 이상적인 모습과 달리 당대의 모습은 목민관은 단순히 민폐를 끼치는 존재라고 하겠다.

정리해볼 때 처음 부분에 목민관과 백성의 관계에 대해 설정하고 주제를 미리 밝히고 중간 부분에 과거에 상향식이었는데 오늘날 하향식이라 목민관 자리의 본래 취지를 잊고 지배하기만 한다고 하였다. 마지막 부분에 목민관은 백성을 위해 존재하는 것이라고 하여 처음에 제시한 주제를 다시 강조했다고 하겠다. 처음 부분에 단계별로 사용되는 용어는 드러내지 않고 방향만 제시하고 중간 부분에 상술하고 마무리 부분에 정리하는 방식이 적용되었다고 하겠다. 앞에서 서술한 처음, 중간, 마무리 부분의 역할을 확인할 수 있다.

추가로 현재 기준으로 일반적 논설문 평가하듯이 평가해보자면 목민관 제도에 대해 과거와 당대의 비교를 통해 제도 운용 초기의 정신으로 돌아가야 한다는 것에 수긍할 수 있으며 당대에 단순히 백성 위에 군림하기만 하는 목민관들에게 성찰의 계기로 삼으라는 목적도 이해할 수 있다. 하지만 혹시 이것만으로는 부족하다고 느낄 수도 있다. 백성에게 군림하면서 부정부패한 목민관을 어떻게 처벌할 것인지에 대해 언급도 없으니 아쉽다고 볼 수도 있을 것이다. 즉 대책이 부족한 결론이 아닌가 생각할 수는 있을 것이다. 이에 대해서는 글의 특성에서 찾아야 할 것이다.

글의 제목이 <원목>인데 한자 '原'으로 시작하는 종류의 특성이 해당 대상의 본질적 특성을 거론하지 현재를 비판하고 적극적으로 대안을 제시하는 글은 아니라고 할 수 있다. 정약용은 <원목> 이외에 <원교>(原敎), <원정>(原政), <원덕>(原德) 등의 글을 남겼는데 모두 글에 등장하는 대상 본질에 대해 밝히는 것을 주목적으로 하며 본질을 밝히는 것을 통해 현실에 적용하는 것은 부차적이라고 할 수 있다. 그러므로 글 자체의 결함이라기보다는 글 특성의 한계라고 할 수 있다. 혹시 당대 정치적 상황 등과 관계가 있어서 그러한 종류의 글을 일부러 선택했는지 등의 의문이 추가로 들 수도 있는데 그러한 의문은 문학 연구의 범주에서 더 살펴야 하는 문제라고 하겠다.

연습문제

다음은 고려 후기의 서술이다.

(1) 이제현(李齊賢, 1287~1367), <역옹패설>(櫟翁稗說)의 일부를 읽고 자신의 의견을 적어 보자.

① 추밀(樞密) 한광연(韓光衍, ?~?)이 집을 고쳐 짓는데 음양(陰陽)에 얽매이지 않았다. 그 이웃 사람이 꿈꾸는데 검은 옷과 갓을 쓴 사람 열 정도 무리가 서 있는데 낯빛이 즐거워하지 않은 것 같고 서로 말하기를, "우리 주인인 공(公)이 늘 새로 일으켜 지을 때마다 우리를 편안히 살지 못하게 하니 어찌할까."라고 하니 "어찌 서로 화를 입히지 않는가."라고 하고 "할 수 없는 것이 아니라 그 청렴함을 중히 여기는 것이다."라고 했다. 그 따르는 자에게 물으니 "한공(韓公) 집안 토지신입니다."라고 했다.

② 어떤 권문세가에서 평민인 줄 알면서 종으로 삼으니 평민은 전법사(典法司)에 고소하였다. 지사사(知司事) 김서(金情, ?~1284)와 동료는 그 원통함을 알았으나 권세를 두려워하여 권문세가에 (유리하게) 판단해주었다. 어떤 사람이 꿈꾸기를 날카로운 칼이

하늘로부터 내려와 같은 관청의 관리들을 마구 베었는데 꿈꾼 다음 날 김(金)은 등창이 발생해서 죽고 한 달이 지나지 않아 그 동료가 다 죽었는데 오직 한 사람만 죽지 않았는데 그 논의에 참여하지 않은 사람이다(원문 주석: 치암(恥菴, 박충좌(朴忠佐, 1287~1349)) 이 이르기를 한 사람은 이행검(李行儉, 1225~1310) 상서(尙書)라고 했다.).

· **도움말**

이제현의 <역옹패설> 서문을 보면 은퇴하고 쉬면서 1342년 작성한 것으로 보인다. 제목에 패설이라고 하는 것처럼 민간에 떠도는 이야기를 기록한 것인데 실제로 문학 평론 성격의 글도 보인다. 꿈의 서술이라 사실 여부 확인이 어려운 측면이 있는데 이러한 서술을 통해 저자가 의도하는 교훈 등을 확인해볼 수 있다.

(2) 아래 ③과 ④는 위 ②에 보이는 사건에 대해 각각 『고려사』(高麗史)와 『고려사절요』(高麗史節要)의 기록이다. 서술을 비교하고 자신의 의견을 적어보자.

③ 『고려사』 충렬왕(忠烈王, 1236~1308) 10년(서기 1284년) 가을 7월 갑오일(甲午日): 전법 판서(典法判書) 김서가 죽었다.

④ 『고려사절요』 충렬왕 갑신(甲申) 10년 가을 7월: 전법판서 김서가 죽었다. 이때 정화원비(貞和院妃)가 왕으로부터 총애를 받는데 평민인 줄 알면서 종으로 삼으니 평민이 전법사에 고소하였는데 왕의 지시가 있어서 정화(貞和)에게 (유리하게) 판단해주라고 독촉하여 명령하니 김서와 동료는 그 원통함을 알지만, 지시를 어길 수 없어서 드디어 종이 되도록 판단했다. 어떤 사람이 꿈꾸니 날카로운 칼이 하늘로부터 내려와 같은 관청의 관리를 마구 베니 다음 날 김서가 등창이 나서 죽었고 그 후에 동료가 서로 이어 죽었는데 오직 낭관(郞官) 이행검은 그 논의에 참여하지 않아 홀로 죽지 않았다.

· **도움말**

③에는 특별한 과정 소개 없이 김서의 죽음이 서술되어 있고 ④에는 사건이 소개되어 있는데 ②와 유사한 측면이 있다. 그런데 서술상 약간의 다른 점이 보이고 결과적으로 강조점이 다르게 보이기도 한다. 이러한 차이점에 주목해서 자신의 생각을 적어보자.

2. 논리와 개념

2.1. 논리

『표준국어대사전』에 '논리'의 개념은 다음과 같다.

> 1. 말이나 글에서 사고나 추리 따위를 이치에 맞게 이끌어 가는 과정이나 원리.
> 2. 사물 속에 있는 이치. 또는 사물끼리의 법칙적인 연관.

이외에도 논리학과 같은 뜻으로도 사용된다고 하는데 지금은 일단 생략한다. 사전적 개념 2는 물리(物理)와 유사한 뜻이니 지금 상세히 거론할 필요는 없다. 결국 중요한 의미 해설은 1이라고 하겠는데 특히 '이치에 맞게'라는 부분이 핵심이라고 하겠다. 당연히 이치에 맞아야 설득력이 있다. "이치가 그렇지 않습니까?"라는 표현이 설득이 필요한 상황에 종종 쓰이는 것을 볼 수 있다. 이러한 것을 전문적으로 논하는 학문 분야가 논리학이다. 그 외에 '경제 논리'라는 등의 표현을 종종 볼 수 있는데 위에 등장하는 사전적 의미와는 다소 차이가 있지만 판단의 기준 정도의 의미로도 사용되는 것을 볼 수 있다.

원칙적으로 논리의 적용 범위는 특별한 제한이 없다고 하겠다. 넓은 의미의 논리 범위에나 들어간다고 하겠지만 방송 프로그램에 종종 등장하는 '짜장면과 짬뽕' 같은 정도에서 선호도를 논하는 글을 쓰는 것 자체도 불가능하지 않다. 짜장면을 더 좋아하는 사람이라면 매우 달지는 않으면서도 은근히 당기는 맛 때문에 좋아하며 짬뽕을 더 좋아하는 사람이라면 그냥 매콤하지 않고 기름기 속에 단맛 때문에 좋아한다고 할 수 있다.

논리를 전문적으로 다루는 분야가 논리학이라고 했지만 사실 모든 학문에도 그 나름의 논리가 있다. 학문에 따라서 완전히 객관적이며 예외 없고 정확하기도 하다. 수학의 경우가 특히 그러하다고 할 수 있는데 이미 증명된 사항은 다른 사항을 증명하는 데 적용된다. 평행선에서 동위각과 엇각의 크기가 같은 것을 증명했다면 이것을 이용해서 삼각형 내각의 합이 180도라는 것을 어렵지 않게 증명할 수 있다. 이것은 평면에서 항상 삼각형 내각의 합이 180도이지 대체로 그렇다는 식이라면 수학적 법칙이라고 할 수 없다.

이렇게 학문에 따라서 완전히 정확할 수도 있지만 많은 경우에 논리는 매우 객관적이며 정확한가 하는 점은 생각해볼 필요가 있다. 논리학 자체야 객관성을 지향하는 학문이지만 현실적으로 우리가 마주치는 논리에 관계된 문제는 다 객관적으로 명확히 하나의 답으로 해결되는 것은 아니다. 어떤 문제에 대해 논란이 있는 것은 거의 인류 역사와 함께 해왔다고 하겠는데 어떤 경우에는 어느 한쪽은 맞는 주장을 하고 다른 한쪽은 틀린 주장을 하거나 때로는 억지를 쓴다고 할 수 있는 때도 있다. 이런 경우는 비록 당시에는 논란이 있더라도 어느 정도 세월이 흐르면 어느 한쪽은 맞고 다른 한쪽은 틀렸다고 사람들이 판단하게 되는 일도 있다. 그러나 언제나 그렇게 맞고 틀리는 것이 판정되는 것은 아니다. 어느 정도 세월이 흘러도 가려지지 않을 수도 있다. 완전히 객관적인 상황이라면 이러한 일이 발생할 리가 없다. 논리와 관련된 우리 문제에 접근한다고 할 때 완전히 객관적일 수는 없다. 다른 예를 들어 본다.

> 옛사람으로 사람을 쓰는 데 뜻을 두는 자는 붕당의 권력에 젖어 드는 조짐을 막으려고 하는데 사람을 쓰는 큰 다스림이 다른 당을 비난하는 것의 얕고 깊음에 따라 쏠리고 물결치고 따라서 다투고 비방하는 것이 풍속이 되어 사람이 어질고 어리석은 것을 살피지 않고 오직 붕우(朋友)를 불러 무리[黨]를 심어 다른 당을 비난하는 것을 일거리로 삼는 것을 심히 염려하기 때문이다. (중략) 근고(近古)의 붕당은 정사와 학문의 다름과 같음에서 나와 바른 것으로 돌아가기를 기다리면 붕당도 없어지는데 뒤에 오는 붕당 논의는 관직의 각 자리에 권력을 다투는 데에 비롯하여 작은 일로 속칭 명색(名色)을 나누어 조정의 벼슬자리 장부에 많고 적음을 세

> 어 승부로 삼고 세상에 서로 혼인하는 데에 간격이 이와 같아 일찍이 마음이 통하지 않는다. 같은 무리면 악한 것은 가리고 선한 것은 고양하고 다른 무리면 털을 불고 티를 찾는다. 본래 한 몸인 만백성이 이러한 분열을 이루도록 하여 질투하여 해치는 마음이 옛날의 붕당에 비해 해가 더욱 깊다. 당초에 조짐을 막는 것이 비록 과한 염려 같지만, 마침내 해로운 바는 지극히 커서 당시에 생각한 바에 더함이 있는데 귀추는 다만 사람을 쓰는 폐단이 갈수록 더욱 심해지는 데 있을 뿐이다.

최한기(崔漢綺, 1803~1879)의 『인정』(人政) 권23 <방붕당점>(坊朋黨漸)의 해석이다. 이 글에서 주로 다루고 있는 것은 붕당정치의 폐단이 크게 드러나기 전에, 즉 조짐이 보일 때 막아야 한다는 내용이라고 할 수 있는데 논리와 관련 있는 측면이 있다. 각종 이권을 놓고 당파의 이익을 대변하는 사고와 행동을 하는 것을 문제점으로 지적했다고 하겠다. 이익을 앞세우는 논리를 만들어 서로 대립한다는 것도 문제지만 윗글을 보면 논리의 적용에도 문제라는 것을 확인할 수 있다. 같은 편이면 (상대적으로 큰) 잘못을 감추고 반대로 다른 편이면 사소한 잘못도 찾아내 규탄한다고 한다. 이상적으로는 당연히 논리가 누구에게든 같은 수준으로 적용되어야 한다. 저자는 당대 문제에 주목했다고 하겠지만 이 글에 등장하는 문제점은 현대사회라고 없는 것 같지는 않다. 각종 이익집단 등에서도 얼마든지 예를 찾을 수 있을 것이다. 이런 갈등 상황에 논리로 각종 문제가 명쾌하게 해결될 것이라고 쉽게 기대할 수 없다.

논리가 절대적, 객관적이지 않은 하나의 예를 더 들어본다. 2016년 10월 13일 『헤럴드경제』의 <"유부녀, 직장에서 남편 성씨 써라" 日 법원 판결> 기사이다. 요약하면 다음과 같다. 2013년 결혼한 30대 여성 교사가 일본 민법 제750조에서 규정하고 있는 부부가 서로 다른 성을 쓰지 못한다는 조항에도 불구하고 자신은 이미 '타고난 성씨'로 학생, 동료 교사 등에게 알려져 있고 서적 집필 등의 경우에 이름이 달라지면 업무의 효율성이 떨어지는 만큼 '타고난 성씨'를 학교에서 계속 쓰게 해 달라고 학교에 요청했다가 거부당하자 소송을 냈는데 도쿄 지방법원은 교사의 요구를 기각했다고 한다.

재판부에서 일본 내에서 결혼한 여성이 직장에서 '타고난 성씨'를 사용하는 일이 늘어나고 있다고 인정하면서도 기존의 관습이 사회 속에 아직 뿌리내려 있으니 관습을 유지하는 것이 합리적이라고 하고 개인의 식별, 구별에 결혼 이후 성씨가 '타고난 성씨'보다 유용하다고 했다고 하고 2015년 일본 최고재판소에서도 가족이 하나의 성을 쓰는 것이 합리적이고 일본 사회에 정착되어 있으니 해당 조항이 합헌이라고 하면서 부부 성씨 사용 문제는 국회에서 논의해야 한다고 판결했다고 한다. 이러한 문제는 단순히 논리만으로 다룰 수 없는, 역사와 문화의 측면도 있는데 일단은 단순화하면서 접근해서 간단히 살펴보려고 한다.

> 부부는 한 가족이다.
> 한 가족은 하나의 성씨를 사용해야 한다.
> 따라서 결혼한 여성은 자신의 타고난 성씨를 쓰지 말고 남편의 성씨를 써야 한다.

분명히 성씨가 바뀌기 때문에 겪을 수 있는 문제가 있다고 재판부도 인정한 것으로 보인다. 그러나 그러한 측면을 크게 보지 않고 기존의 관습 준수를 더 크게 본 것이다. 고통이 있지만 견딜 수 없는 정도는 아니라는 정도로 생각한 것으로 보인다. 일본은 결혼 이후에 여성이 남편의 성을 사용하는데, 좀 불편이 있지만 전통은 준수되어야 한다는 표현 정도로 기사에 등장하는 의식을 엿볼 수 있다. 같은 진행 방식으로 우리나라 경우도 정리해볼 수 있다.

> 부부는 한 가족이다.
> 성씨는 각자 아버지로부터 받은 것이다.
> 따라서 결혼한 여성이라도 자신의 타고난 성씨를 사용해야 한다.

같은 방식으로 세 문장을 사용했는데 실질적으로 첫 번째 문장은 별 기능이 없다. 우리나라에서 성씨는 혈연과만 관련이 있지 결혼과 관련이 없기 때문이다. 두 번째, 세 번째 문장만으로 주장이 정리된다. 어쨌든 같은 문장으로 시작해서 거의 정반대의 결론에 이르렀다고 하겠다. '어느 쪽이 더 합리적일까?'라는 질문을 제기한다고 할 때 논리 측면만으로 하나의 정답을 찾기 어렵다. 이러한 문제의 해답은 사실 특정 시대 다수 의견이 정한다고 할 수 있다. 세월이 더 흘러서 큰 틀에서 여성 차별이라고 하는 사고방식이 확대된다면 일본에서도 바뀔 수 있고 그렇지 않다면 계속 지금처럼 유지될 수도 있다.

미래에 대한 예측의 문제도 논리만으로 해결하기 어려운 측면이 있다. 2019년 12월 자유계약선수로 토론토 블루제이스와 계약한 류현진 선수의 기록을 간단히 검토해본다. 2013년 미국에 진출한 이후 기록의 일부를 들어본다.

연도	승	패	경기	이닝	평균자책점	피안타율
2013	14	8	30	192.0	3.00	.252
2014	14	7	26	152.0	3.38	.257
2016	0	1	1	4.2	11.57	.364
2017	5	9	25	126.2	3.77	.263
2018	7	3	15	82.1	1.97	.221
2019	14	5	29	182.2	2.32	.234
총 경력	54	33	126	740.1	2.98	.248

일단 눈에 띄는 것은 부상 이력이라고 하겠다. 수술 및 재활 등으로 2015년에는 부상으로 한 경기도 나오지 못했고, 2016년에는 딱 한 경기에 나왔다. 2017년에는 더 많은 경기에 나왔지만 규정 이닝인 162이닝을 채우지 못했고 2018년에는 규정 이닝의 절반 정도만 소화했다. 2019년에는 회복된 것으로 보인다. 2013년의 성적을 이후 한동안 내지 못하고 있다가 2019년에야 성적을 냈다고 하겠다. 이러한 경력을 통해 2020년에도 잘할 수 있을지 논란이 있다. 부상의 영향이 별로 없던 때에는 좋은 성적을 거두었는데 2020년에도 2019년 수준의 성적이 지속될 수 있을지 의견이 엇갈린다고 하겠다. 부정적, 긍정적으로 보는 관점을 차례로 검토해본다.

[부정적 관점]
부상 이력이 많다.
최근 2019년에야 비로소 제대로 출전했다.
다시 부상을 입거나 부진할 수 있다.

> [긍정적 관점]
> 부상 이력이 많다.
> 2019년에는 비로소 부상에서 벗어났다.
> 2020년부터는 잘할 수 있다.

기본적으로 부상 이력이 많다는 점에서는 인식을 같이하면서도 결론은 정반대일 수 있다. 스포츠 세계에서 점점 통계가 발달하고 더 섬세하게 분석해서 미래를 예측하고 앞으로는 지금보다 더 정확성이 높아질 가능성은 있어 보인다. 그러나 거액을 받고 부상으로 미미한 활약을 하거나 반대의 경우를 아직도 볼 수 있다. 실제로 어떤 결과로 마무리되는지 간에 사람들은 결과를 앞에 두고 '내가 그럴 줄 알았다'라고 결론과 자신의 생각을 맞추는 일도 흔히 볼 수 있다는 것도 덧붙인다.

여기에 하나 추가해본다. 2020년 시즌을 마쳤으니 2021년 시즌을 다시 예측해볼 수 있다. 먼저 2020년을 위의 도표 양식으로 정리해본다.

연도	승	패	경기	이닝	평균자책점	피안타율
2020	5	2	12	67	2.69	.234
총 경력	59	35	138	807.1	2.95	.247

코로나19 때문에 2020년 시즌은 60경기만 열려서 이닝 수가 적다. 그래서 5승을 거두었는데 162경기가 열리는 일반적인 해로 환산하면 13.5승이 된다. 평균자책점과 피안타율은 이전 평균보다 다소 좋아졌다고 하겠다. 다만 60경기만 열린 해의 성적이라 실제로 162경기가 열렸다고 해도 같은 수준이 되었으리라고 장담할 수 없다고 생각할 수 있다. 시즌이 진행될수록 기록이 나빠지는 일도 종종 발견되기 때문이다. 이제 2021년 시즌을 예측해보자면 여전히 두 가지 가능성이 존재한다. 비록 60경기만 열린 해이지만 충분히 회복되었다고 볼 수 있으니 2021년에도 충분히 우수한 성적을 거둘 수 있을 것이라고 볼 수 있다. 60경기만 열린 해에 얻은 성적이라 액면 그대로 믿으면 안 되며 2021년에 162경기가 열리면 잠재적 문제가 드러날 수 있다고 볼 수 있다.

미래를 예측하는 문제로 코로나19를 들 수 있다. 코로나19가 2020년에서 전 세계를 강타했으며 2020년 겨울에 접어들어 재확산되어 2021년 1월 현재에도 대유행 중이다. 이런 와중에 2020년 상반기 스웨덴은 '집단 면역' 실험을 한다고 알려져 여러 언론 기관에서 관심 있게 기사로 다루기도 했다. 물론 스웨덴 정부 차원에서 공식적으로 '집단 면역'을 하겠다고 선언한 적이 없다는 기사도 이후에 실렸다. 그러한 용어의 사용 자체로 논란이 있기는 했지만 각종 제한 때문에 국민의 생활에 불편을 끼치는 것을 최소화하면서 관리하겠다는 의도가 있는 것으로 보인다. 2020년 상반기에 스웨덴에 사는 사람의 글을 담은 기사에서 국민들이 대체로 이러한 정책을 지지하고 있으며 생활의 불편이 작거나 없어서 만족스러우며 다른 나라 사람들은 스웨덴 소식을 잘 알지도 못하면서 괜히 우려하는 것 같다고 하는 의견을 접한 적 있다.

그러한 의견이 담긴 기사가 3월~4월 사이에 보였는데 주장과 근거는 다음과 같이 요약해 볼 수 있다. 통제하다가 풀면 어차피 다시 환자 수가 큰 폭으로 증가할 수 있고 적극적으로 환자를 찾아내서 입원시키는 방식으로 하면 병원에 큰 부담을 줄 수 있고 등교 금지조치를 하면 학생 자녀를 둔 의료진이 근무에 어려움을 겪을 수 있기 때문이라고 보도되었다. 인구밀도가 낮고 자녀들은 성년기에 접어들면 자연스럽게 독립하며 조부모가 손자, 손녀를 돌보지 않는 편이라 가족 간 감염 위험성이 높아 보이지 않고 오히려 등교 금지조치를 하면 학생 자녀가 조부모에게 보살핌을 받아 가족 간 감염 위험성이 높아질 수 있다고도 보도되었다.

이러한 주장의 중요한 가정은 '결국 비슷하게 상황이 전개될 것이다' 정도로 볼 수 있다. 즉 초반에 강한 통제 정책을 썼던 나라들도 경제 문제, 통제에 대한 반발 등을 고려해서 결국 통제를 완화할 수밖에 없을 것이고 그러면 결국 환자 발생이 증가할 수밖에 없으며 그러한 증가가 계속되면 스웨덴처럼 약한 통제를 지속한 나라와 별 차이가 없을 것이라는 가정이라고 볼 수 있다. 그렇다면 다른 나라들은 단기적이고 지속 가능하지 않은 정책을 하는 것이고 스웨덴은 장기적이고 지속 가능한 정책을 하는 것이라는 생각으로 정리된다.

필자가 이러한 분야 전문가는 아니지만 이러한 생각을 부정적으로 생각해왔다. 다만 부정적 전망도 추정인 만큼 어느 정도 시일이 지나야만 결과로 분명해진다고 하겠다. 일단 외부적인 조건에 우리나라보다 유리한 점이 있는 것은 사실이라고 할 수 있다. 인구 면적 정보를 정리해보면 스웨덴은 2020년 11월 현재 면적은 447,425㎢이고 인구는 10,380,245명이고 23.2명/㎢로 인구밀도가 계산된다. 우리나라는 2019년 현재 면적은 100,401㎢이고 2021년 국가통계포털 추계인구는 51,821,669명이고 516.1명/㎢로 인구밀도가 계산된다. 나라별 통계청에서 자료를 조사했다.

(https://www.statistikdatabasen.scb.se/pxweb/en/ssd/START__MI__MI0802/Areal2012N/table/tableViewLayout1/

https://www.scb.se/en/finding-statistics/statistics-by-subject-area/population/population-composition/population-statistics/

https://kosis.kr/statHtml/statHtml.do?orgId=116&tblId=DT_MLTM_1182&vw_cd=&list_id=&scrId=&seqNo=&lang_mode=ko&obj_var_id=&itm_id=&conn_path=E1

https://kosis.kr/statisticsList/statisticsListIndex.do?menuId=M_01_01&vwcd=MT_ZTITLE&parmTabId=M_01_01#SelectStatsBoxDiv)

필자가 특별히 전문가가 아니지만 이런 방향으로 생각한 이유는 다음과 같다. 일단 스웨덴만의 장점을 인정한다고 하더라도 현재의 환자 발생에는 이미 장점이 반영되어 있으며 그러한 장점이 밀접 접촉을 통한 감염 확산을 능가할 정도인지 확신할 수 없다고 보았다. 즉, 스웨덴만의 장점이 크게 작용한다면 특별히 조치하지 않아도 통제하다가 완화하여 환자 발생이 급증하는 나라와 달리 급증이 없어 완만하게 증가하거나 또는 증가율이 둔화되어야 한다. 가족 간 감염 위험도가 낮다는 등의 장점이 일상생활의 통제를 하지 않거나 덜 해서 위험도가 높아지는 것을 능가해야 한다. 실제로 어떻게 진행되는지 지속적으로 관찰하면서 도표로 정리했다. 출처는 우리나라 코로나19 공식 홈페이지(http://ncov.mohw.go.kr)를 참조했다. 2020년 3월 31일부터 4월 7일까지는 매일 기록하고 이후에는 매월 15일, 말일 기준으로 일단 6월 30일까지 기록했다.

[스웨덴 환자 발생 현황]

날짜	0331	0401	0402	0403	0404	0405	0406
환자	3700	4028	4435	4947	5466	6078	6443
사망	110	146	180	239	282	333	373

날짜	0407	0415	0430	0515	0531	0615	0630
환자	6830	11445	20302	28693	37113	51614	67677
사망	401	1033	2462	3550	4395	4878	5310

[대한민국 환자 발생 현황]

날짜	0331	0401	0402	0403	0404	0405	0406
환자	9786	9887	9976	10062	10156	10237	10284
사망	162	165	169	174	177	183	186
날짜	0407	0415	0430	0515	0531	0615	0630
환자	10331	10591	10765	11018	11468	12121	12800
사망	192	225	247	260	270	277	282

2020년 3월 31일 기준으로는 스웨덴의 환자, 사망자 수가 한국보다 적다. 스웨덴이 한국보다 환자가 본격적으로 발생한 시점이 늦기 때문에 그렇다고 할 수 있는데 스웨덴 인구가 한국의 1/5 정도라는 것을 고려하면 인구 대비 발생 수는 오히려 많다고 하겠다. 스웨덴 사망자 수는 4월 2일에 한국의 사망자 수를 추월하며 4월 15일에는 환자 수도 한국의 환자 수보다 많아져 있는 것을 볼 수 있다. 4월 15일 기준으로 스웨덴 환자 수는 한국 환자 수의 1.1배 정도이고 스웨덴 사망자 수는 한국 환자 수의 4.6배 정도이다. 그런데 6월 30일 기준으로 스웨덴 환자 수는 한국 환자 수의 5.3배이고 스웨덴 사망자 수는 한국 사망자 수의 18.8배가 되었다. 한국보다 스웨덴이 환자와 사망자 수가 상대적으로 가파르게 증가했다는 것을 알 수 있다.

물론 이 정도로는 스웨덴 정책이 실패했다는 식으로 단정적으로 말하기는 좀 성급하다고 하겠다. 이후에 상황이 달라질 가능성을 완전히 배제할 수 없기 때문이다. 7월 15일부터는 상대적으로 스웨덴과 상황이 더 유사하다고 할 수 있는 북유럽 국가로 분류되는 덴마크, 핀란드, 노르웨이로 범위를 확대해서 2021년 1월 15일까지 정리했다. 스웨덴을 제외하고 이 나라들 모두 제한 조치를 실행했다.

먼저 덴마크, 핀란드, 노르웨이의 주요 정보를 정리해 보면, 덴마크는 면적은 그린란드를 제외하고 42,934㎢이고 인구는 2020년 4분기 기준으로 5,837,213명이고 인구밀도는 136명/㎢ 정도이다. 핀란드는 면적은 338,465㎢이고 2020년 11월 현재 인구는 5,535,605명이고 인구밀도는 16.4명/㎢이다. 노르웨이는 스발바르제도 포함해서 면적은 384,485㎢이고 2020년 3분기 기준으로 인구는 5,384,576명이고 인구밀도는 14명/㎢이다. 스발바르제도를 제외하면 면적이 323,809㎢이고 인구밀도는 16.6명/㎢ 정도가 된다. 그린란드는 덴마크 영토이기는 하지만 면적이 2백만㎢가 넘는데 인구는 10만도 안 되어 반영하게 되면 덴마크 인구밀도 수치를 크게 떨어뜨려 덴마크의 인구밀도가 얼마 안 되는 것처럼 보일 수 있으므로 제외했다. 스발바르제도는 노르웨이 영토에 속하기는 하지만 본토와 멀리 떨어져 있고 인구는 5천 명도 되지 않으며 비교적 최근까지 코로나19 환자가 발생하지 않은 것으로 알려져 있다.

(https://www.dst.dk/en/Statistik/emner/geografi-miljoe-og-energi/areal

https://www.dst.dk/en/Statistik/emner/befolkning-og-valg/befolkning-og-befolkningsfremkrivning

http://www.stat.fi/tup/julkaisut/tiedostot/julkaisuluettelo/yyti_fif_202000_2020_23214_net.pdf

http://www.stat.fi/til/vamuu/2020/11/vamuu_2020_11_2020-12-22_tie_001_en.html

https://www.ssb.no/en/natur-og-miljo/statistikker/arealdekke

https://www.ssb.no/en/befolkning/statistikker/folkemengde)

여기에 스웨덴과 한국을 포함하여 정리하면 인구로는 덴마크, 핀란드, 노르웨이 세 나라는 인구는 500~600만 정도이고 스웨덴은 1000만이 넘고 한국은 5000만이 넘는다. 인구밀도는 1㎢당 핀란드, 노르웨이, 스웨덴은 14~17명 정도이고 덴마크는 136명이고 한국은 500명이 넘는다. 1㎢당 인구를 계산할 때 호수가 많다든지 하는 변수가 있으므로 절대적일 수는 없다. 다만 한국은 산지가 많은 특성이 있어서 실제 거주 가능 지역을 정확히 계산한다고 해도 나머지 네 나라에 비해 단위 면적당 인구수가 월등하다는 사실은 바뀌지 않을 것으로 본다. 7월 15일부터 이후로는 한 달에 두 번씩 다섯 나라를 모두 정리해 본다.

	날짜	0715	0731	0815	0831	0915	0930	1015
덴마크	환자	13037	13634	15214	16700	19216	27072	33101
	사망자	610	614	621	624	629	649	674

핀란드	환자	7295	7414	7683	8049	8580	9734	12499
	사망자	329	329	333	335	337	345	346
노르웨이	환자	8981	9150	9783	10543	11866	13698	15639
	사망자	253	255	257	264	265	274	277
스웨덴	환자	76001	80100	84294	83958	86505	90923	100654
	사망자	5545	5739	5783	5821	5846	5880	5899
한국	환자	13551	14305	15039	19947	22391	23812	24988
	사망자	289	301	305	324	367	413	439

	날짜	1031	1115	1130	1215	1231	0115
덴마크	환자	44034	60000	78354	109758	158447	183801
	사망자	716	756	823	941	1226	1623
핀란드	환자	15566	18858	24307	30810	35858	39011
	사망자	354	369	393	453	556	602
노르웨이	환자	19066	27226	34747	40022	47583	56614
	사망자	281	294	328	387	433	509
스웨덴	환자	121167	177355	243129	320098	428533	506866
	사망자	5934	6164	6681	7514	8484	9667
한국	환자	26511	28546	34201	44364	60740	71241
	사망자	464	493	526	600	900	1217

(이 도표의 숫자는 여러 사이트를 참조해보면 기준 시간이 달라서 조금씩 다르기도 하고 또 일부 나라는 며칠에 한 번씩 자료를 제출하는지 정부의 코로나19 홈페이지에 전날과 동일한 숫자로 표시되는 일도 있었다. 그러나 자료를 여러 군데에서 수집하면 오히려 혼란의 소지가 있어서 정부 코로나19 홈페이지에서만 숫자를 조사했다)

위 두 개의 도표는 여름에서 가을을 거쳐 겨울로 접어든 2021년 1월 현재의 모습을 보여준다고 하겠는데 더 위에 있는 10월 15일까지보다 더 아래에 있는 1월 15일까지에 환자 및 사망자가 더 많이 발생했다는 것을 어렵지 않게 알 수 있다. 많은 전문가가 겨울로 접어들면 재확산될 것이라고 경고했는데 다섯 나라 모두 예외는 없었다고 하겠다. 계절마다 위험성이 모두 있지만 특히 겨울에 재확산세를 보이는 점이 같다고 하겠다. 먼저 7월 15일 이후 7월 31일까지 16일 동안과 12월 31일 이후 1월 15일까지의 15일 동안만을 비교해보면 다섯 나라 모두 12월 31일과 1월 15일까지 기간 신규 환자와 사망자 발생 수가 많았다.

이 기간 스웨덴에서 인식 및 정책의 변화를 보였다고 하겠는데 9월까지 일정한 정도로 증가하던 환자 수가 10월 이후로 가파르게 증가하는 모습을 보이며 2020년 12월 18일 뉴시스 뉴스로 스웨덴 국왕 칼 구스타브 16세가 현지 매체와 인터뷰에서 그들이 실패했다고 생각한다고 하며 사람이 많이 죽었으며 끔찍한 일이었다고 한다.

스웨덴 국왕은 상징적 지위로 정치적 역할은 없으니 한 사람의 생각일 뿐이라고 하고 말 수는 없을 것이다. 당국과 어느 정도 조율되지 않은 발언을 하기는 어려울 것이라고 보아야 타당할 것이라고 생각하며 같은 기사에 8명 넘은 모임을 금지하고 밤 10시 이후에는 주류 판매를 제한했다고 하는 기사를 접했다(https://news.v.daum.net/v/20201218015217674). 2021년 1월 15일 뉴시스 뉴스로 스웨덴 총리가 확진자 증가 추세가 계속되면 백화점, 대형상가 폐점까지도 고려할 수 있다는 기사를 접했다(https://news.v.daum.net/v/20210115063041444). 상황이 긍정적으로 달라지지 않고 2020년 겨울 재확산세를 접하게 되자 판단이 달라질 수밖에 없었던 것으로 보인다.

다음으로 1월 15일 기준으로 이 다섯 나라의 환자와 사망자 수를 기준 인구수에 따라 정리된 도표를 만들어본다. 1월 15일 기준 환자와 사망자 수를 정리하고 인구를 10만 명으로 환산했을 때 환자와 사망자 수를 정리하였다. 소수점 둘째 자리에서 반올림했다.

	인구	환자	사망자	환산 환자	환산 사망자
덴마크	5837213	183801	1623	3148.8	27.8
핀란드	5525292	39011	602	706.0	10.9
노르웨이	5384576	56614	509	1051.4	9.5
스웨덴	10380245	506866	9667	4883.0	93.1
한국	51821669	71241	1217	137.5	2.4

상대적으로 느슨한 통제 정책을 시행해왔던 스웨덴이 가장 인구 대비 환자와 사망자의 발생이 가장 많았음을 알 수 있다. 이 다섯 나라 중에 환자가 두 번째로 많이 발생한 덴마크보다도 사망자 발생 비율이 특히 높음을 알 수 있다. 면밀한 조사 연구가 필요하지만, 통제가 잘 되지 않으면 취약계층 감염으로 위해 사망률이 높아질 수 있지 않을까 생각하게 한다. 비슷한 인구를 갖고 있는데 핀란드, 노르웨이와 달리 덴마크가 환자와 사망자 발생률이 높은 것은 상대적으로 높은 인구밀도가 중요한 위험 요인으로 작용했는지 정밀한 조사 연구가 필요할 것이다. 한국은 겨울에 접어들면서 하루 발생 환자가 천 명이 넘은 적도 있지만 아직도 위 네 나라보다는 환자와 사망자 발생 비율은 낮다고 하겠다.

그래서 자화자찬하자는 것은 아니고 이제부터 좀 편하게 지내자는 것도 아니다. 짧은 시간에 환자가 급증한 예를 목격했기에 어쨌든 제한이 있을 수밖에 없음을 확인했다고 하겠다. 아직도 더 두고 봐야 한다고 할 수도 있겠지만 현재까지의 상황만으로도 덴마크, 노르웨이, 핀란드 등의 사례와 비교해도 어느 정도 확산을 용인하면서 현재의 삶을 지키는 것이 장기적인 대책이 되기는 어렵다는 것을 보여준다고 하겠다. 어느 정도 통제를 유지하면서 백신을 통해 환자 발생을 최대한 억제하면서 일상의 회복을 기다리는 고통스러운 과정을 함께할 일이 남았다고 하겠다. 2021년 1월 15일 이후 진행 상황과 이후 백신 접종이 진행되면서 어떻게 환자 발생이 억제되어 가는지 추적 관찰하여 이 부분 이후에 추가로 서술해볼 필요가 있다.

또 논리의 한계점은 특히 정치, 종교 등의 문제에서 특히 잘 드러난다고 할 수 있다. 필자는 어떤 정당이 더 좋은가 하는 등의 정치, 어떤 교리가 더 좋은가 하는 종교 문제의 답을 찾는 논술 문제를 한 번도 접해본 적이 없다. 물론 특정 정치세력 자체가 옳고 우월할 수 없고 특정 종교도 그럴 수 없다는 상대주의적 관점에 근거하여 그러한 것은 논리로 다루기 어렵고 더 나아가 논술 주제가 아니기 때문이라고도 할 수 있다. 그렇게 다른 사람을 불편하게 하기 때문만은 아니다. 그러한 이유라면 할 수는 있지만 다만 하지 않을 뿐이라는 뜻으로 비칠 수 있다.

일반적으로 정치, 종교는 하나의 체계가 있으며 앞에서 거론한 하나의 '틀'이라고 할 수 있으며 원칙적으로 자기 틀의 장점을 이용해서 다른 틀의 약점을 공격할 수 있다. 자신이야말로 남의 틀을 이길 수 있다고 생각하는 사람이 있을 수 있지만 일반적으로는 공방전이 계속될 뿐이고 쉽게 승부를 가릴 수 없다. 그래서 소모적인 논쟁이 될 가능성이 크며 일반적으로 논리로 다루고 논술 주제로 삼지 않는다. 다만 같은 정치, 종교 집단 내부에서 학습 등의 목적에서라면 거부감이 덜하고 상대적으로 생산적인 기능을 할 수는 있으니 무조건적으로 불가능하거나 바람직하지 않다는 것은 아니다.

이러한 한계점 때문에 논리를 공부해야 하는 의미가 퇴색한다고 느낄 수도 있다. 이러한 상황에 이렇게 생각해볼 필요가 있다. 한계는 모든 학문에서 흔히 보이는 측면이라고 할 수 있다. 예를 들어 인류 역사에 등장한 수많은 각종 철학사상이 있지만 어느 하나가 충분히 완벽해서 어떠한 비판의 대상이 되지 않은 일은 없다. 완벽하지 않지만 그것 나름대로 역사적 의미가 있으며 다수는 오늘날에도 살려서 생각해볼 여지가 있다. 마찬가지로 논리 및 논술의 측면에서 어떤 사안에 대해 반드시 최종적인 답을 찾는 것은 아니더라도 기존의 답보다 더 나은 답을 시도하면서 자신을 발전시킬 수 있다.

> **연습문제**
>
> 최근의 변화를 추적하여 앞으로 전개될 미래의 예측, 또는 예상되는 문제점에 대한 대책을 정리하여 서술해보자.
>
> · **도움말 인구**
>
> 감소로 인한 지역소멸 문제, 학령인구 감소로 인한 대학의 문제 등 부정적인 상황이 계속되어 나타나는 미래를 정리하고 대책을 서술한다.

2.2. 개념

『표준국어대사전』에서 '개념'의 정의는 다음과 같다.

> 1. 어떤 사물이나 현상에 대한 일반적인 지식.
> 2. [사회] 사회 과학 분야에서, 구체적인 사회적 사실들에서 귀납하여 일반화한 추상적인 사람들의 생각. 예를 들어 사람들이 많이 시청하는 프로그램을 재미있는 프로그램이라고 할 때, '재미있는 프로그램'이라는 개념이 생기게 된다.
> 3. [철학] 여러 관념 속에서 공통된 요소를 뽑아내어 종합하여서 얻은 하나의 보편적인 관념. 언어로 표현되며, 일반적으로 판단에 의하여 얻어지는 것이나 판단을 성립시키기도 한다.

이외의 다른 사전에 다른 방식으로 정의가 되어있는데 유사성이 크기 때문에 일일이 거론할 필요는 없어 보인다. '개념'의 의미를 이해하는 데에 '일반적' '추상적' '보편적'이라는 용어가 성격을 나타낸다고 하겠다. 여기서 '일반적'과 '보편적'이라는 두 단어의 심각한 차이를 확인하기 어려우니 필자는 이 둘을 구별해서 설명하지는 않겠다. 다만 이러한 단어를 통해 개념의 본질적 특징을 확인할 수 있다. 수많은 사람의 사용을 통해 일반적, 보편적 특징이 있다고 한다면 실제로 일반적, 보편적으로 사용되지 않는 일이 있다고 하겠으며 본질적으로는 모든 개념의 범위가 분명하지 않은 측면이 있어서 개념의 범위가 확실해서 세세히 따져봐도 아무런 의문점, 문제점이 생기지 않는 경우가 많지 않다고 하겠다.

이러한 개념에 관한 의문점, 문제점은 애매성(ambiguity)과 모호성(vagueness)으로 나타난다. 애매성은 개념 자체가 다의적이어서 어떤 의미인지 파악하기 어려운 것을 가리키는 말이고 모호성은 개념의 범위가 분명하지 않아서 어떤 사물, 사항이 개념에 포함되는지 판단하기 어려운 것을 가리키는 말이다. 애매성 자체는 두 가지로 나눠볼 수 있다. 먼저 단어 상 애매성이 있다.

> 나는 굴이 좋다.

이 문장 자체는 다의성이 있다. 여기서 굴은 터널일 수도 있고 조개의 일종인 먹는 굴일 수도 있다. 『표준국어대사전』을 보면 전자의 굴은 [굴:]로 되어 있으니 길게 발음하고 후자의 굴은 [굴]로 되어 있으며 짧게 발음한다. 이 문장 자체만으로는 판단할 수 있다. 물론 우리말에서 두 종류의 단어 굴은 말할 때에는 길고 짧은 차이가 있기는 하지만 이렇게 문자로 기록할 때에는 구별되지 않는다. 그렇지만 애매성은 글의 차원에서는 쉽게 해결되는 경우도 많다.

> 겨울이다. 굴의 계절이 돌아왔다. 나는 굴이 좋다.

이 문장의 경우에 굴은 먹는 굴로 보아야 하는 것이 거의 확실하다 하겠다. 이렇게 세 문장 정도가 아니라 만약 몇 줄인 문단 속에 있다면 애매성으로 인하여 이해가 잘 안 될 가능성은 더욱 낮아진다. 다음으로 문장상 애매성을 들어본다.

그렇게 자신만만하던 친구의 아버지가 사업에 실패했다는 소식을 들었다.

위 문장에 특별히 어려운 단어는 없어 보인다. 그런데 정확한 의미 파악은 잘 안 된다. 자신만만했다는 주체가 누구인지 이 문장만으로 알 수 없다. 자신만만하던 친구가 있는데 그 친구 아버지가 실패했다는 것인지 친구의 자신만만하던 아버지가 실패했다는 것인지 알 수 없다. 애매성의 원인은 단어에 있지 않고 문장 구조에 있다. 이러한 경우를 특별히 구조적 애매성이라고 부르기도 한다. 이 경우에도 다른 문장이 추가된다면 애매성의 정도가 약화되거나 애매성이 아예 소멸된다.

평소처럼 자신감을 갖고 다시 잘 시작해보시라고 위로해드려야겠다고 친구가 말했다.

이러한 문장이 위 문장에 이어졌다면 어떨까? 자신만만하던 주체가 친구가 아니고 친구의 아버지로 보인다. 꼭 이러한 내용의 문장이 이어지지 않는다고 하더라도 문단 등으로 제공되는 추가 정보량이 늘어나면 이해가 잘 안 될 가능성이 더욱 낮아진다. 단어상의 애매성이든 구조적인 애매성이든 글을 쓰다가 의식하지 않았는데 발생하는 경우가 많다. 문학 작품에서는 의도적으로 사용되기도 한다. 특히 실용적, 논설적 글일수록 애매성의 문제가 발생하지 않도록 표현에 유의할 필요가 있다. 어순을 바꾸거나 쉼표를 찍는 등의 방법이 대안이 될 수 있다.

①그렇게 자신만만하던, 친구의 아버지가 사업에 실패했다는 소식을 들었다.
②친구는 그렇게 자신만만했는데 그의 아버지가 사업에 실패했다는 소식을 들었다.

①을 보면 자신만만하던 주체가 친구의 아버지가 되고 ②를 보면 자신만만한 주체

가 친구가 된다. 반드시 이렇게만 해야 한다는 것은 아니고 얼마든지 다른 대안도 가능하다. 또 앞뒤 문장 등으로 의미가 명확해질 때에는 그대로 두어도 된다.

모호성은 사물을 나타내는 개념에서도 볼 수 있지만 추상적 개념에서 더 쉽게 접할 수 있다. 예를 들어 중산층, 선진국 등의 개념이 모호성 문제를 어렵지 않게 발견할 수 있다. 수입이 어느 정도여야 중산층일까 하는 의문이 들 수 있다. 전문가가 기준을 제시할 수 있겠지만 전문가 사이에도 이견이 존재할 수 있다. 그리고 단순히 수입만으로 중산층으로 볼 수 없다고 주장하기도 한다. 각종 교양, 문화생활 등을 고려해야 한다고 할 수도 있다. 이러한 개념은 시공에 상관없이 완전히 객관적인 정의를 내리기가 거의 불가능할 수 있다. 그렇지만 특정 글을 쓸 때 글에서 필요한 정도로 잠정적으로 개념의 범위를 정하고 글쓰기를 진행하면 된다. 그리고 본질적으로 대부분 개념은 모호성의 측면이 있다고 할 수 있다. 예를 들어 중산층보다 종교가 모호성이 덜해 보이지만 유교를 포함해야 하는가 하는 점을 생각한다면 역시 모호성이 있다고 할 수 있다.

개념에 대해서는 두 가지 측면에서 살펴야 한다. 첫 번째로는 개념 자체, 두 번째로는 개념 간의 관계라고 하겠다. 개념 자체는 의미와 표현으로 구성된다고 하겠다. 세부적으로는 두 가지를 들 수 있는데 먼저 의미는 다르고 표현만 같은 경우도 있다. 세부적으로 두 가지를 들 수 있다.

① 특수어: 전문 분야에서 일반적 의미와 달리 사용하기도 하고 전문 분야마다 달리 사용하기도 한다. 예를 들어 영어의 'specialist'는 일반적으로는 '전문가'에 해당한다고 할 수 있으나 미군 계급 체계에서는 병력을 통솔할 자격이 없는 상병을 가리키는 것으로 알려져 있다. 전문 분야에서 사용되는 의미를 잘 알아야 한다는 유의사항이 있다는 것 외에 상세하게 다룰 일은 없어 보인다.

② 재정의: 어떤 표현을 기존에 일반적으로 사용되지 않는 상황에 적용하는 예라고 하겠다. 일반적인 방식의 의미와 표현의 결합이 아니라고 할 수 있으며 그래서 새로 정의했다고 할 수 있으므로 재정의라고 할 수 있다. 재정의는 친숙한 표현을 통해 특별한 인상을 전달해줄 수 있는 장점도 있으나 동시에 기존 의미에 익숙한 사람들에게 오해될 가능성도 있다. 이에 대한 대표적인 예로 무소유(無所有)를 들 수 있다. 무소유

는 1976년 범우사에서 출판된 법정(法頂, 1932~2010)의 책 제목이다. 무소유는 굳이 국어사전을 검색하지 않더라도 '가지지 않는다, 가진 것이 없다'라는 의미를 알 수 있는데 저자는 제목을 그러한 의미로 사용하지 않았다. 출판 이후 여러 차례 강연에도 밝힌 바 있는데 저자는 무소유가 아무것도 가지지 말라는 말이 아니라 불필요한 것을 가지지 말라, 꼭 필요한 것만 가지라는 뜻이라고 했으니 무소유를 사전적 의미로 사용된 것은 아니라고 할 수 있다.

필자는 실제로 "불교는 무소유라는데……"라는 말을 하는 사람을 본 적이 있다. 그 말속에 사용된 무소유는 분명히 '가지지 않는다'라는 의미였다. 다른 예로, 어떤 사람이 불교의 무소유를 비판한다면서 어떻게 가지지 않고 살 수 있느냐는 내용의 강연을 했다는 것도 인터넷을 통해 어렵지 않게 볼 수 있다. 역시 무소유는 '가지지 않는다'라는 의미로 사용되었다. 물론 그러한 말들이 모두 그 책과 관계있는지 단정할 수는 없다. 그러나 일정한 관련성은 있다고 할 수 있다. 그러한 말들을 하는 사람들에게 '『무소유』를 읽어봐라, 그 책에 사용된 무소유의 개념은 실제로 그렇지 않다'라고 하여 모두 생각을 바꾸게 할 수도 없으니 오해가 계속 재생산될 가능성은 지금도 충분히 있다고 하겠다.

이 경우를 볼 때 무소유의 개념을 있는 그대로 사용하고 저자가 실제 저자의 의도에 더 잘 부합하는 단어를 사용했으면 하는 아쉬움이 있다고 판단할 수도 있다. 그런데 그렇게 잘 부합하는 개념을 찾기 어려웠을 가능성이 있다고 본다. 저자의 의도에 맞는 개념을 생각해본다고 할 때 선뜻 익숙한 개념을 생각해내기 어려울 수 있다. 저소유(低所有), 적정 소유, 소소유(少所有) 등이 떠오르는데 이 셋 중 어떤 것도 현재까지 일상적으로 사용되는 개념이 아니라 낯설어 어색한 느낌이 수 있다. 글쓰기에서 친숙한 단어를 친숙하지 않은 개념으로 사용하느냐, 친숙한 개념을 친숙하지 않은 단어를 통해 나타내느냐 하는 특별한 문제가 있을 수도 있음을 보여주는 예라고 하겠는데 물론 실제로 이렇게 어려운 점에 직면하는 경우는 많지 않으니 일반적으로는 이렇게 두 문제에 동시에 직면하게 되는 경우는 많지 않고 또 그러한 경우라면 스스로 판단해서 오해의 소지를 줄이면서 더 효과적으로 전달할 수 있다고 여겨지는 방향으로 진행하면 된다.

다음으로 의미는 같지만 표현이 다른 일도 있다. 이때 의미는 중립적일 수 있으나 표현은 중립적이지 않은 일이 많다. 그래서 특정한 목적을 갖고 일부러 같은 의미에 다른 표현을 사용하는 일도 있다. 세부적으로 몇 가지 유형이 있는데 차례로 검토해 보겠다.

① 순화: 외래어 또는 외국어 표현의 문제가 있다고 생각해서 우리말로 바꾸는 것이라고 하겠다. 단어상 번역이 쉽게 되는 때도 있지만 쉽게 되지 않을 때도 있다. 이때는 본래는 다른 의미를 순화하는 상황에는 같게 맞춰주는 측면이 있다고 하겠다. 예를 들어 문학 장르를 문학 갈래라는 용어로, 구체적으로는 장르를 갈래로 순화해서 쓰는 것을 볼 수 있다. 상식적으로 장르는 본래 종(種)과 관련 있는 용어이고 갈래는 분류와 관련 있는 용어인 만큼 어원적 차원까지 살펴보면 당연히 의미도 다르다. 그런데 문학 장르를 문학 갈래로 바꿔 쓰는 상황에는 장르와 갈래로 순화된 이외에 의미 차이는 더 이상 없다.

② 세분화: 기존 의미에 문제가 있다고 느껴서 의미를 정교하게 다듬고 이에 따라 새로운 표현이 등장하고 기존 표현과 구별되는 것을 세분화라고 부를 수 있다. 먼저 미혼(未婚)과 비혼(非婚)이 그러한 예이다. 전통적으로 혼인을 기준으로 사람의 인생 단계를 구별하는 용어는 기혼(旣婚)과 미혼(未婚)이었다. 한자로 '旣'(기)는 '이미'의 뜻이고 '未'(미)는 '아직 ~아니다'의 뜻이니 굳이 국어사전을 참조하지 않더라도 '아직 혼인하지 않음'이라는 의미라는 것은 어렵지 않게 짐작할 수 있다. 그런데 혼인에 대한 의사가 없는 사람들이 '아직'이라는 부분을 불편하게 생각할 수 있다. '아직'이라는 단어가 사용된 데서 혼인은 반드시 해야 한다는 생각이 깔려 있다고 볼 수 있으니 그러한 생각이 담기지 않은 단어가 필요하며 그러한 의미가 담긴 단어가 바로 비혼일 수 있다. 그런 사람들에게는 혼인하지 않은 상태라는 의미가 미혼과 비혼으로 세분화되었다고 할 수 있다.

행성(行星)과 왜소행성(矮小行星)도 이러한 예에 해당한다. 『표준국어대사전』에서 행성의 정의를 보면 "중심 별의 강한 인력의 영향으로 타원 궤도를 그리며 중심 별의 주위를 도는 천체. 스스로 빛을 내지 못하고, 중심 별의 빛을 받아 반사한다. 태양계에는 수성, 금성, 지구, 화성, 목성, 토성, 천왕성, 해왕성의 여덟 개 행성이 있다."라고 되어 있다. 행성이라는 개념은 학문적으로 규정되기 때문에 그 범위를 분명하게 하려고 몇 가지 요건이 제시되어있는 것이 특징이라고 하겠는데 행성의 단순한 한자어 풀이만 보아도 움직이는 별이라는 뜻을 보면 먼저 중심 별의 인력으로 타원 궤도로 중심 별을 돈다는 것을 기본 요건으로 볼 수 있겠다. 그 외에 스스로 빛을 내지 못한다는 것과 구체적으로 태양계에는 수성부터 해왕성까지 여덟 개가 있다는 것을 부차적 요건이라고 할 수 있다.

상대적으로 요건이 복잡한 것은 태양계만 보아도 지구 등 상대적으로 큰 별도 있지만 각종 소행성 등 상대적으로 작은 별이 있고 또 그러한 작은 별은 아주 수가 많아 요건을 까다롭게 할 필요가 있다. 또 지구의 달처럼 중심 별을 돌기는 하지만 직접적으로는 다른 큰 별을 도는 작은 별들도 제외할 필요가 있다. 관측 기술이 발달하면서 태양을 도는 많은 별이 새로 발견되면서 기존의 행성 개념 정의에 문제점이 노출되어 수정이 필요해졌다. 19세기에 발견되었으며 화성과 목성 궤도 사이에 태양을 돌며 한때 행성으로 생각되기도 했던 세레스(Ceres)가 있고 21세기에 발견되었으며 해왕성 밖의 궤도를 돌며 거의 명왕성 크기인 에리스(Eris) 등의 여러 별을 고려하면 명왕성은 행성 개념에 해당하고 나머지는 행성 개념에 해당하지 않는다고 할 근거가 약해졌다고 하겠다. 이 문제에는 세 가지 해결책이 있다. 모두 포함하거나 모두 배제하거나 기준을 새로 정해서 명왕성 등 일부만 포함하는 것이 그것이다.

2006년 국제천문연맹(IAU)에서 많은 논의 끝에 태양계에서 행성의 정의를 새로 내리고 새로 왜소행성(dwarf planet) 개념을 정의하고 명왕성을 행성에서 제외했는데 각각의 정의는 다음과 같다(https://www.iau.org/static/resolutions/Resolution_GA26-5-6.pdf 참조).

(1) 행성은 ~한 천체이다(A planet is a celestial body that).
(a) 태양 주위에 궤도에 있으며(is in orbit around the Sun,)
(b) 자기 중력이 강체체적력을 이겨내기에 충분한 질량을 갖고 있어서 유체정역학 평형 (거의 둥근) 형태를 띠고(has sufficient mass for its self-gravity to overcome rigid body forces so that it assumes a hydrostatic equilibrium (nearly round)

shape, and)

(c) 궤도 주변 지역을 치운(has cleared the neighbourhood around its orbit.)

(2) 왜소행성은 ~한 천체이다(A "dwarf planet" is a celestial body that).
(a) 태양 주위에 궤도에 있으며(is in orbit around the Sun,)
(b) 자기 중력이 강체체적력을 이겨내기에 충분한 질량을 갖고 있어서 유체정역학 평형 (거의 둥근) 형태를 띠고(has sufficient mass for its self-gravity to overcome rigid body forces so that it assumes a hydrostatic equilibrium (nearly round) shape,)
(c) 궤도 주변 지역을 치우지 못하고(has not cleared the neighbourhood around its orbit, and)
(d) 위성이 아닌(is not a satellite.)

　　명왕성이 행성에서 제외되고 새로 왜소행성에 포함하다 보니 두 개의 정의가 필요했다고 하겠다. 국제천문연맹의 정의 표현이 일반인에게 다소 까다롭게 느껴지기도 한데 (a)와 (b)는 행성 및 왜소행성 정의에 모두 포함되는 만큼, 이 둘은 명왕성을 배제하는 새로운 기준은 아니다. 행성 정의 (c)를 보면 해왕성 궤도 밖에 한 궤도에 여러 별이 돌고 있으니 모두 행성에서 배제할 근거를 제시했다고 하겠다. 이것이 왜 명왕성을 배제하는 기준이 되어야 하는지 지금도 수긍하지 못하는 사람도 있어 보이고 명왕성만 미국에서 발견되었고 천왕성, 해왕성은 서유럽에서 발견된 만큼 미국의 업적을 깎아내리려는 의도가 있지 않나 하고 음모론 방식으로 접근하는 견해도 있었다. 어쨌든 새로운 관찰, 연구 업적의 축적에 따라 정의가 달라질 수 있는 예라고 하겠으며 개념 정의도 잠정적이라는 특성이 있다고 하겠다.

　　③ 대체: 기존 의미에 문제가 있다고 느껴서 의미를 바꾸고 새로운 개념이 등장하는 것은 위의 세분화와 같다고 하겠지만 양자가 공존할 가능성은 없고 사실상 새로 등장한 개념만 사용되는 것은 대체라고 부를 수 있다. 애완동물(愛玩動物)과 반려동물(伴侶動物)이 이러한 예라고 할 수 있다. 『표준국어대사전』의 정의를 보면 애완동물은 '좋

아하여 가까이 두고 귀여워하며 기르는 동물'이라고 되어있고 반려동물은 '사람이 정서적으로 의지하고자 가까이 두고 기르는 동물'이라고 되어있다. 두 개념의 공통점이라면 사람이 해당 동물에 대한 호감이 반영되었다고 할 수 있다. 차이점으로는 애완동물이라면 인간이 사랑을 베푸는 듯한 태도, 즉 인간 중심적 사고에 기반한다고 하겠고 반려동물이라면 인간과 동물의 상호작용, 즉 상호 대등한 사고에 기반한다고 하겠다. 애완동물은 물건, 반려동물은 가족 개념과 관련이 있다고 정리해볼 수 있다. 그래서 사실상 신문, 방송 등에 애완동물 개념은 사용되지 않고 반려동물 개념으로 대체되고 있다고 하겠다.

또 다른 예로 투혼(鬪魂)과 혹사(酷使)를 들 수 있다. 2019년 11월 여러 언론사에서 보도되었는데 2020년 봄부터 일본 고교야구에서 투수가 일주일에 500개 이상을 던지지 못하게 하고 3일 연속 던지지 못하게 하는 제도를 시행할 예정이라고 한다. 전통적으로 일본 고교야구에서 그 나름의 사정이 있다고 하겠지만 투수가 대회 기간에 많은 수의 공을 던지는 것은 어느 정도 잘 알려져 있다. 이것은 감동적인 이야기로 소개되기도 하고 동시에 선수의 인생에 악영향을 주지 않을까 하고 우려하는 시각이 보이기도 했는데 정부 차원에서 공식적으로 변화를 시도하는 것으로 보인다. 과거에 일주일에 800개가 넘는 공을 던지는 일도 있었다고 한다. 이런 일을 과거에 투혼으로 생각해 온 것 같은데 혹사라는 관점에서 선수를 보호하기 위한 대책이 이렇게 마련된 것으로 보인다. 필자가 야구 전문가는 아니지만 미국 프로야구에서 투수가 일주일에 200개를 넘겨 던지는 일도 별로 볼 수 없는데 고교생이 일주일에 500개 이상 던지지 못하게 하는 규제를 만들어야 할 정도라면 과거에 엄청나게 많이 던졌음을 짐작하게 한다. 그러한 행위를 과거에 투혼으로 생각했다면 이제 태도의 변화는 개념 간의 관계로 보면 투혼을 혹사로 대체하는 것이라고 하겠다.

④ 조합: 기존 개념의 조합을 통해 새로운 개념을 만들어 낼 수 있다. 특정 개념의 하위개념이 되는 일이 많다. 일반적인 예는 상술할 필요가 없고 특별한 예만 들어본다. 먼저 마른 비만을 들어본다. 비만(肥滿)이라는 개념의 한자 풀이만 해 봐도 '살지다'라는 의미가 담겨있다는 것은 어렵지 않게 알 수 있다. '마르다'라는 개념은 반대 의미라고 할 수 있으니 서로 모순된 성격이 있다고 하겠다. 이러한 표현 방식은 문학작품

에서 종종 볼 수 있는데 김영랑(金永郎, 1903~1950)이 짓고 1934년 『문학』(文學)에 실린 <모란이 피기까지는>의 '찬란한 슬픔의 봄'이 그러한 예라고 할 수 있다. 순수한 이상, 아름다움의 상징으로 보이는 모란이 피는 때는 찬란한 봄이고 또 동시에 꽃이 지면 슬픈 봄이니 두 가지 감정이 함께 나타난다고 하겠다. 아직 국어사전에 공식적으로 등록되지는 않은 것 같은데 '웃프다'도 그러한 예라 하겠다. 일단 '마른 비만'도 같은 측면이 있다. 고전적인 기준으로는 말랐다고 해야겠지만 최신의 기준으로는 비만이라고 해야 할 상황에 해당하는 개념이기 때문이다. 그렇지만 다른 측면도 있다. 마른 비만도 비만의 일종이기 때문이며 이런 개념이 등장하게 된 배경에는 비만 개념의 변화와 관련이 있다.

고전적으로는 신장에 비해서 체중이 얼마나 되는지만 주로 고려했으니 큰 틀에서 보면 마르거나, 보통이거나, 비만하거나의 셋 정도로 분류가 되었다. 그런데 같은 신장에 같은 체중이라고 하더라도 어떤 사람은 상대적으로 근육량이 더 많고 체지방이 적고 어떤 사람은 상대적으로 체지방이 더 많고 근육량이 더 적다. 그렇게 체지방이 많은 사람 중에 설령 체중 자체는 전혀 비만의 범주에 들어가지 않을 수 있다. 그러면 이러한 사람을 정상으로 보아야 할 것인가 비만으로 보아야 할 것인가 문제가 된다고 하겠는데 비록 체중만으로는 정상이라고 하더라도 체지방 비율이 높으니 비만의 범주에 넣고 관리해야 한다는 생각이 점차 일반화된 것 같다.

그래서 요즘은 비록 말라 보여도 실제로는 비만이라는 뜻으로 마른 비만이라는 표현에 익숙해졌다. 이러한 변화를 통해 근본적으로 비만에 대한 개념 정의가 달라졌다고 하겠다. 고전적으로는 신장에 비해 체중이 많은 상태를 비만이라고 했다면 이제는 신장에 비해 체지방이 많은 상태를 비만이라고 해야 보다 정확한 개념 정의로 보이지 않을까 한다. 더 나아가 이러한 비만 개념 정의는 변화는 체중 감량의 방향 전환까지도 의미한다고 할 수 있다. 단순히 체중의 수치만을 낮추는 데에는 굶기도 얼마든지 효과적일 수 있지만 근육량 비율을 높이고 체지방 비율을 낮추는 데에는 굶기만으로는 한계가 있기 때문이다.

엄밀히 따져보면 '마른 비만' 표현 자체가 아주 정확한지, 좋은지 따져볼 여지는 있다고 생각한다. 그 표현 자체의 어감으로는 체중만으로 보면 말랐지만 체지방으로 보면 비만이라는 느낌을 주기 때문이다. 그렇다면 체중 자체는 정상 범위가 아니라 확실히 말랐다고 할 만한 범위에 있으면서 체지방 비율이 높은 경우에만 써야 하는지 의문의 여지가 있다. 그러면 체중 자체가 정상 범위에 있으면서 체지방 비율이 높은 경우에는 '정상 체중 비만' 등의 개념을 새로 만들어야 하는지도 검토의 여지가 있다고 하겠다. '마른 비만'이 '정상 체중 비만'과 좁은 의미의 '마른 비만'으로 세분되어야 하는지에 대해 당장 모범정답을 만들어 답하기는 어렵다. 다만 당장은 그렇게 세분해야 할 필요성을 느끼지 못하기 때문에 하나의 개념으로 사용되고 있다고 하겠으며 언젠가 연구가 축적되어 각각의 경우에 다른 대응이 필요하다고 인정된다면 개념 분화 등의 변화가 있을 수 있다.

다음으로 조합의 적절성을 생각하게 하는 예가 있다. '묻지마 폭행'이라고 하는 개념이 사전에 공식적으로 실려 있는 것 같지는 않다. 그런데 언론 기사를 통해서 보면 이러한 용어가 어느 정도 자리 잡은 것 같다는 생각이 들게 한다. 특별한 이유 없이 폭행했다는 뜻에서 이러한 표현을 쓰는 것 같다. 유사한 형식의 표현으로 '묻지마 투자'도 있다. 이 역시 언론 기사를 통해 접할 수 있다. 투자는 일단 투자자 자신의 책임으로 하게 되고 위험성이 있는데(대개 높은데) 잘 알아보지도 않고 이익이 발생할 것으로 생각해서 하는 투자인 만큼 잘 알아보지도 않고 하는 투자라 묻지마 투자라는 표현이 어느 정도 일리가 있어 보인다. 이 경우에는 '투기'라는 표현으로 바꿔도 가능할 것이다.

그런데 묻지마 폭행이 과연 핵심을 정확하게 담는 표현인지 의문의 여지가 있다. 여러 사건을 확인해 봐도 대체로 사전에 계획된 것으로 볼 수는 없는 것 같다. 그런데 폭력의 피해자는 일반적으로 가해자보다 체격, 연령 등 기준으로 보면 약자이다. 이런 점을 고려하면 가해자 차원에서 눈에 띄는 아무에게나 폭력을 행사했다기보다는 폭력을 행사해도 쉽게 반격하지 못할 것 같은 대상을 골라 했다고 보아야 할 것이다. 이런 점에서 볼 때 현재의 표현은 피해자가 사회적 약자라는 것을 담지 못한다. 원래의 표현을 대체로 유지한다고 해도 '묻지마 약자 폭행'이 더 정확해 보인다. 더 나아가 이런 현상의 개념화에는 가해자가 어쩌다 실수한 것 같은 어감을 주지 말고 가해자가 피해자를 선택해서 (고의적으로) 폭력을 사용했다는 어감이 들어가야 한다고 생각한다. 그러한 방식으로 볼 때 '약자 선택 폭행'이 더 나아 보인다.

다음으로 개념 간 관계에 대해 살펴본다. 개념 간 관계는 세 가지를 들 수 있다. 첫째로는 무관한 개념이 있다. 겹치지 않는다는 뜻인데 유의할 점이 있다. '논술'과 '코끼리'처럼 서로 직접적인 연관성을 찾기 어려운 개념들을 다루는 것은 아니고 하드디스크처럼 컴퓨터의 '저장장치'와 키보드, 마우스 같은 '입력장치'와 같은 큰 틀에서 하나의 하위개념으로 묶일 수 있는 개념이라고 하겠다. 무관한 개념은 두 종류가 있는데 반대관계와 모순관계가 있다. 반대관계는 '사랑하다'와 '미워하다'처럼 양자에 속하지 않는 제3의 영역이 존재하는 관계이고 모순관계는 정수의 짝수와 홀수처럼 양자에 속하지 않은 제3의 영역이 존재하지 않는 관계이다.

둘째로는 서로 겹치는 개념이 있다. 세부적으로 다시 두 종류로 나눌 수 있는데 대체로 같고 약간 다른 종류가 있고 대체로 다르고 약간 같은 종류가 있다. 시대 변화에 따라 겹치는 영역이 생기기도 한다. 전통적으로 교육과 놀이가 완전히 구별되는 개념은 아니지만 더 가까워졌다고 하겠는데 에듀테인먼트(edutainment)는 교육(education)과 오락(entertainment)의 두 가지 성격이 결합되어 양쪽이 성격이 모두 있다.

셋째로는 포함 개념이 있다. 일반적인 분류가 이에 해당한다고 하겠는데 연극, 무용, 오페라, 마술 등이 공연예술에 포함되는 것이 예이다. 이외에 다소 특별한 예인 '인간과 동물'을 들어본다. 이 경우에는 굳이 한자를 적을 필요가 없어서 적지 않았다. 일단 인간과 동물의 개념 간의 관계는 구체적 개념과 추상적 개념의 관계라고 하겠다.

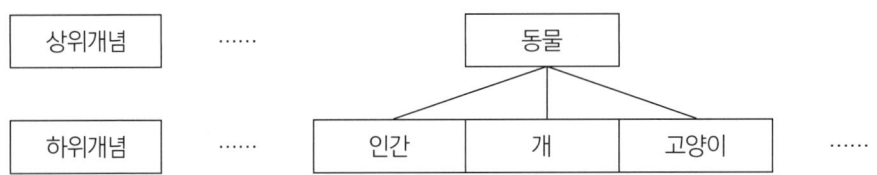

위에 간단히 표시된 것처럼 '동물'은 '인간' 등을 포함한 추상적 상위개념이고 '인간'은 구체적 하위개념이다. 그런데 이외에 『표준국어대사전』의 동물 개념과 예시에는 각각 다음과 같은 것도 있다.

> 개념: 사람을 제외한 길짐승, 날짐승, 물짐승 따위를 통틀어 이르는 말.

예시: 동물 병원

이 경우에는 정의의 구체적 방법으로 말하자면 사실상 부정적 정의라고 하겠다. 부정적 정의는 일반적으로 권장되는 방식은 아닌데 이 경우에는 이 방식이 적합해 보인다. 사람이 아니라는 것이 주요한 특징이기 때문이다. 여기서 동물은 사람이 아닌 짐승이라고 하겠다. 그러면 사실상 '짐승'이 더 적합한 용어일 수도 있는데 그렇게 사용하기 어려운 측면이 있다는 특수성이 있다. 위 예시의 '동물 병원'을 '짐승 병원'이라고 한다면 반려동물을 비하하는 것으로 여겨질 수 있다. 짐승이라는 순우리말 단어는 동물과 다르게 부정적 어감이 들어있기 때문이다.

포함 개념이 적용된 넓은 의미로 '등급화'를 들 수 있다. 아래 예를 포함해 일상생활에도 아주 많이 볼 수 있다.

상/중/하
대상/금상/은상/동상
프리미어리그/챔피언십리그/리그1/리그2(영국 프로축구 1~4부 리그 명칭)
1++/1+/1/2/3(우리나라 쇠고기 육질등급)

여러 개념이 등급화하는 현상은 흔히 있고 이전부터 있던 개념을 활용하기도 하고 새로 만들어내기도 한다. 인위적으로 설정한 보통 2~5개 정도 개수의 개념이 사용된다. 성격검사에서 제시되는 유형의 개념은 어떤 유형은 다른 유형보다 더 우월하다는 뜻은 아닌데 위에 제시된 것은 처음부터 등급화가 고려되었기 때문에 개념 표현 자체에 더 좋다, 나쁘다는 의미가 들어가게 된다. 상/중/하 유형이 일반적이라고 하겠는데 나머지 유형은 대체로 좋은 어감의 개념이 많아져 있는 개념의 상향평준화가 되어있다고 하겠는데 당연히 좋은 느낌을 좋아하는 인간의 마음이 반영된 측면이 있다. 금/은/동으로 흔히 상위 셋을 생각하지만 금상이 최고가 아니고 금상 위에 대상이 있는 것이 그러한 예가 된다고 하겠다. 2020년 현재 영국 프로축구의 등급 중에 상위 두 등급은 등급 표기에 숫자가 없다 보니 3부리그에 1이, 4부리그에 2가 사용된 것을 볼 수 있는데 영국 프로축구 발전에 따라 점점 숫자가 올라갔다고 할 수 있다. 영국 프로축구만의 특별한 역사가 반영되어 명칭이 변경된 측면이 있는데 그 결과 3부 리그에는 3, 2, 1로, 4부 리그에는 4, 3, 2의 차례로 숫자상의 향상이 있었다.

1997년부터 우리나라에서 쇠고기 등급제가 실시되고 있는 것으로 알고 있는데 쇠고기 육질등급의 세부 등급 판정기준은 2019년 12월 수정되었지만 등급 체계 자체는 유지되고 있다. 위에 제시된 5개 등급제는 근내 지방도를 기준으로 한 것으로 높은 등급일수록 근내 지방도가 높다. 쇠고기의 등급화를 통해 고급화를 시도했다고 하겠다. 그런데 총 5개 등급이 1~5가 아니라 1++부터 1까지 셋이나 있어서 실제로 1등급은 중간 등급이 되어 등급을 나타내는 용어가 상향평준화되어 있다고 하겠다. 더 나아가 건강의 관심이 높아지면서 과연 근내 지방도를 기준으로 등급화를 하는 것이 맞는가 하는 근본적인 문제가 여전히 있다. 등급화를 수직적으로 하지 말고 수평적으로 하는 방향으로 나아가야 할 필요도 있다. 지방도가 높을수록 좋다고 보지 말고 그냥 소비자가 자기 기준으로 선택하게 하자는 주장을 접할 수 있다. 그러한 주장을 받아들여 개념 체계화를 다시 한다면 1이 가장 낮은 단계로 시작해서 5까지 해서 숫자가 커질수록 근내 지방도가 높아지는 것으로 설정할 수 있다. 아니면 순우리말로 낮음, 다소 낮음, 보통, 다소 높음, 높음으로 표기할 수도 있을 것이다.

위에 서술한 개념 처리는 원칙적으로 글의 처음, 중간, 마무리 등 어디에나 있을 수 있다. 개념을 소개하며 시작할 수 있고 기존 개념 처리의 문제점을 지적하는 중간에 있을 수 있고 최종적 주장을 전개하는 마무리에도 있을 수 있다. 다만 어디에 위치하든지 꼭 필요해야 한다는 것만 유의하면 된다. 한때는 본격적인 논의를 하기 전에 주요 개념을 반드시 소개하고 시작해야 하는 것처럼 여겨지기도 했지만 글의 전체적 진행에 그다지 필수적이지 않으면서 쓴 사람의 지식을 은근히 과시하는 것처럼 보일 수도 있기 때문이다.

예시문제

2018년 6월 28일 헌법재판소에서 병역 거부의 처벌 자체는 합헌이지만 대체복무제를 규정하지 않은 것은 헌법불합치로 판단하여 법률 개정 필요성을 지적하고 2019년 대체복무제 자체가 확정되었다. 또 2018년 11월 대법원 전원합의체에서 양심적 병역 거부에 대해 무죄 판단을 했으며 대체복무제도가 시행되어 2020년 첫 입교식이 있었다. 그동안 있었던 논란 중에 개념과 관련된 두 가지에 대해 서술해보자.

① 양심적 병역 거부가 아니라 종교적 병역 거부이다.

· 도움말

이미 언론을 통해서 확인된 사항을 보면 이 문제에 해당하는 사람들은 대부분 특정 종교 신자인 것으로 확인된다. 종교적 신념에 근거한 병역 거부가 대다수인 것은 확실해 보인다. 그렇지만 법적으로 종교적 병역 거부라고 한다면 혹시라도 종교적 원인이 아닌 다른 원인으로 그러한 주장을 하기가 원천적으로 차단된다. 두 개념을 동일한 개념으로 인정하려면 (실제로) 완전히 같아야 한다. 여기서 '실제로'에 괄호를 설정한 것은 분명히 개념적으로는 개념의 범위가 다르지만 현실적으로는 일치한다는 의미이다. 이 두 개념은 그 정도로 같아 보이지는 않는다. 양심적 병역 거부 개념의 하위 개념으로 종교적 병역 거부라는 개념을 두는 것은 가능해 보인다.

② '양심적'이라는 단어 사용이 문제가 있다. 군에 다녀온 사람은 비양심적인가?

· 도움말

인터넷을 통해 이러한 주장을 종종 볼 수 있다. 그리고 뒷 문장에 대해서는 네 가지로 나눠야 할 것을 둘로 나누는 데서 발생하는 문제라고 할 수 있다. '양심적 병역 거부'라는 용어가 병역 대상자를 양심적 병역 거부와 비양심적 병역 이행만으로 나누는 것은 아니다. 실제 대상자들을 이렇게 넷으로 나눠야 할 것이다. 용어를 약간 길게 풀어쓰고 넷으로 정리해 본다.

· ①양심에 근거한 병역 거부
· ②양심에 근거하지 않은 병역 거부

- ③양심에 근거한 병역 이행
- ④양심에 근거하지 않은 병역 이행

양심적 병역 거부 문제에 대해 법원에서 신념의 문제로 볼 수 있는지 여러 가지로 따져서 판결을 내리고 있다. 당연한 얘기지만 '의무 복무 시간이 아깝다.' 등의 이유로 병역을 거부하는 사람을 양심적 병역 거부에 포함해 줄 가능성은 없을 것이다. 이러한 유형은 ②에 해당한다고 할 수 있다. ④의 유형도 존재 가능하다. 자신은 신념에 의해서 병역을 거부하고 싶지만 거부했을 경우 국가권력에 의해 처벌을 받고 그 결과 인생의 제약이 있을 것이 두려워 신념에 반하는 선택을 하게 되는 경우 이 유형에 해당한다고 하겠다. 그러므로 사람들 대부분은 ①과 ③유형에 해당한다고 보아야 할 것이고 그러니 병역 이행을 한 사람이 '비양심적'으로 생각할 필요는 없을 것이다.

연습문제

허균(許筠, 1569~1618), <호민론>(豪民論)의 일부를 읽고 문제에 답해보자.

천하의 두려워할 만한 것은 오직 백성일 뿐이다. 백성을 두려워해야 하는 것은 물, 불, 호랑이, 표범보다 더 심한데 위에 있는 자는 업신여기고 학대하며 부리니 도대체 어찌 된 이유인가? 대저 이루어진 것을 더불어 기뻐하고 항상 보이는 것에 매이고 따라 법을 받들고 위에 부림을 당하는 사람은 항민(恒民)인데 항민은 두려워하기에는 부족하다. (위에서) 심하게 거두고 피부를 벗기고 골수를 부수는데 그 집안의 수입과 땅의 소출을 다하여 무궁한 요구에 바치며 근심하고 탄식하며 그 위를 원망하는 자는 원민(怨民)인데 원민도 반드시 두려워할 필요는 없다. 천한 사람들 속에 숨어서 몰래 다른 마음을 키우고 천지간에 흘겨보다가 요행히 변고가 있는 때에 그 소원을 실현하려고 하는 자가 호민(豪民)인데 대저 호민이란 크게 두려워할 만하다.

① 항민, 원민, 호민을 다른 표현으로 바꾸고 삼자 관계를 밝히는 한 문단 정도의 글을 써보자.

② 항민, 원민, 호민 식의 구분법을 활용하여 셋 중 어느 하나를 긍정하는 간단한 글을 써보자.

· **도움말**

항민, 원민, 호민을 순우리말로 풀어쓰기 하라는 문제가 아니다. 항민은 '수동적 계층' 등으로 둘 이상의 단어를 사용하되 삼자 관계가 잘 드러나도록 정리하면 된다. 셋 중에 어느 하나에서 긍정적인 요소를 발견해서 글쓰기를 하는 것도 가능하다.

3. 논증

3.1. 명제와 논증

　명제(命題, proposition)는 『표준국어대사전』에 "어떤 문제에 대한 하나의 논리적 판단 내용과 주장을 언어 또는 기호로 표시한 것. 참과 거짓을 판단할 수 있는 내용이라는 점이 특징이다."라고 되어있는데 일반적으로 문장의 형식으로 되어 있다. 명제 개념을 이해하는 데 관련 있는 개념으로 먼저 문장을 들 수 있는데 문장과 명제의 각각의 개념을 명확히 하고 관계를 파악하는 데 예를 들어본다.

> ① 나는 형보다 키가 크다.
> ② 형은 나보다 키가 작다.

　위 두 문장을 '상대적으로 더 큰 사람: 나, 상대적으로 더 작은 사람: 형'이라는 식으로 정리해 보면 두 문장에서 차이가 발견되지 않는다. 이 두 문장 모두 '나'가 '형'보다 실제로 키가 크다면 참이고 '나'와 '형'의 키가 같거나 '나'가 '형'보다 키가 작다면 거짓이다. 이러한 내용의 차원에서 보면 같을 뿐이다. 그러므로 문장으로 보면 다른 문장, 명제로 보면 같은 명제이다. 다른 예를 들어본다.

> ① 나는 형보다 키가 크다.
> ② I'm taller than my brother.
> ③ Ich bin größer als mein Bruder.

번역의 문제가 있을 수는 있지만 일단 같은 문장을 세 언어로 표현했다. 이 셋은 문장의 차원에서는 각각 한국어 문장, 영어 문장, 독일어 문장이므로 모두 다른 문장이다. 그런데 위에서 서술한 것처럼 '상대적으로 더 큰 사람: 나, 상대적으로 더 작은 사람: 형'이라는 식으로 정리해 보면 차이가 발견되지 않는다. 그러므로 역시 문장으로 보면 다른 문장, 명제로 보면 같은 명제이다.

진술(statement, 또는 언명(言明))은 명제와 거의 같은 개념으로 사용되기도 하는데 엄밀히 말하면 다른 개념이다. 진술은 국어사전의 서술로는 쉽게 파악될 수 없는데 구체적 맥락이 명제에 적용된 것을 주된 특징으로 한다. 특정한 상황에 따라 참과 거짓이 다르게 파악되는 경우가 있다. "나는 대학생이다."라는 것은 일단 문장으로 참과 거짓을 파악할 수 있다는 점에서 또한 명제이다. 즉 공식적인 대학생이 되기 하루라도 전이라면 거짓이고 졸업하고 난 다음이라면 거짓이다. 2015~2019년 사이에 대학생인 사람을 기준으로 2016년, 2020년 위 "나는 대학생이다."라는 명제는 각각 다른 진술이다. 그 외에 판단(judgment)은 완전히 일치하지는 않지만 대체로 명제와 유사한 같은 개념처럼 사용되는데 주로 명제가 사용된다.

명제는 형식에 따라 정언명제(定言命題, categorical proposition), 가언명제(假言命題, hypothetical proposition, 또는 조건명제(conditional proposition)), 선언명제(選言命題, disjunctive proposition)로 나뉜다. 정언명제는 주어(主語, subject term)와 술어(述語, predicate term)가 바로 연결되는 형식의 명제라고 하겠는데 '~이 ~이다.' 또는 '~이 ~한다'라는 형식을 갖는다. 정언명제는 주어 부분이 전체인지 일부인지, 술어가 긍정인지 부정인지에 따라서 넷으로 교차분류된다. 형식은 A, E, I, O의 한 문자로 분류되는데 라틴어 affirmo(나는 긍정한다)와 nego(나는 부정한다)에서 각각 한 글자를 따서 붙였다.

형식	전체/부분	긍정/부정	문장 구조
A	전체	긍정	모든 S는 P이다.
E	전체	부정	모든 S는 P가 아니다.
I	부분	긍정	어떤 S는 P이다.
O	부분	부정	어떤 S는 P가 아니다.

집합 관점으로 살펴보면 A형식에서 S는 P의 부분집합이다. '모든 수원시민은 경기

도민이다.'와 같은 문장을 예시로 들 수 있다. E형식에서 S와 P는 반대관계 또는 모순관계이다. S와 P의 교집합이 공집합이라는 특징을 갖는데 세부적으로 두 종류가 있다. '모든 어린이는 노인이 아니다.'와 같이 어린이와 노인에 동시에 속할 수 없지만 동시에 어린이도 아니고 노인도 아닌 청장년층 같은 제3의 연령층도 있으니 어린이와 노인이 인간의 연령을 기준으로 한 이분법적 체계로 분류되지 않는데 이러한 관계가 반대관계이다. 제3의 성별을 인정하지 않는다면 '모든 남성은 여성이 아니다.'와 같이 전체 인간은 남성, 여성 두 성별밖에 없으니 반드시 이쪽에 속하지 않는다면 저쪽에 속할 수밖에 없는 이분법적 체계에 놓이는 관계가 모순관계이다.

I형식은 집합 관점으로 살펴보면 일단 S와 P의 교집합이 공집합이 아니라는 뜻이다. '어떤 충북도민은 청주시민이다.'가 그러한 예이다. 다만 실제로 S가 P의 부분집합일 수도 있다. '어떤 수원시민은 경기도민이다.'라고 할 때 그러한 예가 될 수도 있다. O형식은 집합 관점으로 살펴보면 S는 P의 부분집합이 아니라는 뜻이다. 그런데 교집합이 공집합이 아닐 수 있다. '어떤 국가원수는 남성이 아니다.'라는 명제가 그러한 예이다. '어떤 수원시민은 경남도민이 아니다'라는 명제처럼 주어, 술어 두 개념이 반대관계 또는 모순관계일 수도 있다. I, O형식에 명제가 참일 때 술어를 부정해도 성립할 수 있다. '어떤 국가원수는 남성이 아니다.'라는 명제가 성립하는 것처럼 '어떤 국가원수는 남성이다.'라는 명제도 성립한다.

이렇게 술어를 바꿔서도 참으로 성립하는 경우가 있지만 원칙적으로 명제를 부정하려면 상호 모순관계인 A형식과 O형식, E형식과 I형식으로 바꿔야 한다. '모든 생태주의자는 채식주의다.'라는 명제가 거짓임을 주장하려면 '어떤 생태주의자는 채식주의자가 아니다'라는 명제가 참이어야 한다. '모든 국가원수는 여성이 아니다.'라는 명제가 거짓임을 주장하려면 '어떤 국가원수는 여성이다.'라는 명제가 참이어야 한다.

가언명제는 가언, 즉 조건 판단을 담은 명제인데 예를 들면 다음과 같다. '만일 밥을 많이 먹으면 살이 찐다.' 이러한 종류의 명제에는 '-(으)면'처럼 조건의 형식이 반드시 들어있다. 조건이 형식이 들어있는 앞부분을 전건(前件), 나머지 뒷부분을 후건(後件)이라고 하기도 한다. 가언명제가 참이 되려면 집합 관점에서 볼 때 전건이 후건의 부분집합이어야 한다. '만일 밥을 많이 먹어도 살이 찌지 않는다.'라면 위 명제는 거짓이 된다. 일반적으로 후건을 근거로 전건을 원인으로 판단할 수 없다. 예를 들어 '어떤 사람이 살이 쪘다. 밥을 많이 먹었을 것이다.'라면 틀렸다고 볼 수 있다. 살이 찌는 이유는 매우 많으며 삼겹살을 많이 먹어도 살이 찌기 때문이다.

선언명제는 선언, 즉 선택 판단을 담은 명제로 '~이거나 ~이다.'라는 형식으로 나타난다. '사람은 남성이거나 여성이다.'라는 명제로 그러한 예이다. 조지훈(趙芝薰, 1920~1968)의 <사모>(思慕)의 한 구절 '남자에게 있어서 여자란 기쁨 아니면 슬픔'도 그러한 방식이 적용된 예라고 할 수 있다.

논증(論證, argumentation)은 『우리말샘』에서 "옳고 그름을 이유를 들어 밝힘. 또는 그 근거나 이유."라고 하고 있는데 근거를 들어 주장하는 것이라고 바꿔 표현할 수 있다. 일반적으로 두 개 이상의 명제를 이용해 증명을 시도하는데 근거의 역할을 명제와 주장의 역할을 하는 명제로 나눈다. 근거 역할의 명제를 전제(前提, premise)라고 하고 주장 역할의 명제를 결론(結論, conclusion)이라고 한다.

얼핏 보면 논증과 비슷해 보이지만 논증으로 인정되지 않는 것으로 묘사와 설명을 들 수 있다. 사실 자체를 기술하고 암시적으로 어떤 결론을 내포할 수 있지만 묘사 그 자체로는 논증이 아니다. "그는 어제 얼음낚시를 하다가 물에 빠졌다. 기온이 올라가면서 얼음이 약해졌기 때문이다."에서처럼 결론에 대해서 단순히 이유를 서술하는 설명 그 자체도 역시 논증이 아니다. 논증과 유사한 개념으로 추론(推論, inference, deduction)이 있다. 전제에서 결론을 도출해내는 과정으로 이해한다. 추론은 논증과 사실상 같은 개념으로 이해되기도 하고 추론은 진행과정, 논증은 결과로 이해되기도 한다.

3.2. 직접논증과 간접논증

논증은 증명 방법을 기준으로 직접논증과 간접논증으로 나뉜다. (직접추론과 간접추론이라는 용어도 많이 사용된다) 단어 차원에서 주어진 명제를 통해 증명이 직접적으로 이루어지는지 간접적으로 이루어지는지가 구별 요건이라고 하겠는데 전자는 단 하나의 명제가, 후자는 둘 이상의(일반적으로는 둘) 명제가 필요하다는 점이 다르다. 직접논증은 하나의 명제가 전제가 되고 그것을 통해 결론이 명제가 바로 도출되는 방식인데 예를 들어본다.

> ① [전제1] (제3의 성별이 인정되지 않는다는 조건으로) ○○○는 남성이 아니다.
> [결론1] 그러므로 여성이다.
>
> ② [전제2] 수원시민이라면 경기도민이다.
> [결론2] 경기도민이 아니라면 수원시민이 아니다.
>
> ③ [전제3] 모든 청주시민은 충북도민이다.
> [결론3] 어떤 충북도민은 청주시민이다.
>
> ④ [전제4] 남평역은 나주시에 위치한 역이다.
> [결론4] 남평역은 나주시에 위치하지 않은 역이 아니다.

①에는 모순관계 개념 둘에서 하나가 아니면 필연적으로 다른 하나일 수밖에 없다는 방식으로 증명이 진행되었다. ②에는 전건과 후건을 바꾸고 긍정과 부정 표현을 바꾸는 방식으로 증명이 진행되었다. [결론2]는 [전제2]에 대해 대우(對偶, contraposition) 관계에 있다고 한다. ③에는 일단은 전건과 후건의 순서를 바꾸었다. 그런데 '모든'이 표현된 명제에서 일반적으로 전건과 후건의 순서를 바꾸면 원래 명제가 참이었어도 바꾼 명제가 참이 아닐 수 있다. 그래서 바꾼 명제가 항상 참일 수 있도록 '모든'을 '어떤'으로 바꾼 것을 볼 수 있다. 이것을 환위법(換位法)이라고 한다. ④에는 술어에 해당하는 부분이 이중으로 부정되어 사실상 긍정의 의미를 나타내는 것을 볼 수 있다. 이것을 환질법(換質法)이라고 한다. 이 네 종류 외에도 환질법과 환위법이 혼합되어 있는 다른 종류가 더 있다. 위 예시들을 보면 모두 전제가 참이라면 결론은 무조건 참이 되는 공통점이 있다.

간접논증으로 두 종류가 있는데 연역논증(演繹論證, deductive argument)과 귀납논증

(歸納論證, inductive argument)이다. 유추(類推)를 별도로 인정하면 셋이라고 할 수도 있다. 연역논증과 귀납논증은 각각 연역법, 귀납법이라고 하기도 한다. 연역논증의 정의는 정확히 내리기 쉽지 않은데 대개 일반적 명제에서 특수한 명제를 결론으로 도출하는 논증 방식이라고 하겠다. 연역논증에 삼단논법(三段論法, syllogism)이 많이 사용된다. 삼단논법에는 전제인 명제가 둘이고 결론인 명제가 하나 있다. 예를 들어본다.

① [전제1: 대전제] 모든 행성은 태양을 공전한다.
[전제2: 소전제] 지구는 행성이다.
[결론] 지구는 태양을 공전한다.

② [전제1] 3은 1보다 크다.
[전제2] 5는 3보다 크다.
[결론] 그러므로 5는 1보다 크다.

③ [전제1] 5는 1보다 크다.
[전제2] 3은 1보다 크다.
[결론] 그러므로 3은 5보다 크다.

④ [전제1] 거북이는 사람보다 빠르다.
[전제2] 사람은 치타보다 빠르다.
[결론] 거북이는 치타보다 빠르다.

①을 살펴보면 상대적으로 더 포괄적인 내용이 다뤄지는 명제가 대전제가 되고 반대가 소전제가 된다. 일반적으로 대전제가 앞에 위치하고 소전제가 뒤에 위치한다. 대전제와 소전제가 언제나 잘 구별되는 것은 아니다. ②의 경우에는 특별히 대전제와 소전제 구별이 어렵다. 이런 유형의 특징으로 '3'이 두 전제에 연속적으로 사용되어 두 전제는 연쇄적으로 되어있다고 하겠는데 전제에 두 번 등장한 항목은 결론에 등장하

지 않아야 형식적으로 정확하다고 하겠다.

③을 살펴보면 일단 전제에 두 번 등장한 1은 결론에 등장하지 않았다. 단순히 세 명제를 각각 보면 문제가 없어 보이겠지만 위와 달리 전제에서 연쇄적인 진행이 나타나지 않는다. 그러므로 결론이 비록 참이더라도 전제와 무관할 뿐이다. 만일 전제의 순서가 바뀌고 결론이 달라졌다면 거짓인 결론이 나올 수도 있을 것이다.

④의 경우에는 거북이, 사람, 치타의 개념이 차례로 등장하고 연쇄적이며 결론에서 전제에 반복되었던 개념은 빠지고 나머지 둘로만 연결된 점은 ② 논증과 형식이 같다고 하겠다. 그러나 다만 두 개의 전제와 결론이 모두 일반의 상식에 비추어 거짓임을 어렵지 않게 알 수 있다. 그런데 진행된 형식 자체는 문제가 없다고 하겠다. 결론이 거짓인 것은 전제가 거짓이기 때문이다.

①부터 ④까지 살펴볼 때 ③은 진행 형식에 문제가 있어서 논증이 거짓이 된다. 이렇게 진행 형식으로 논증이 참인지 거짓인지를 판단하는 기준을 타당성(validity)이라고 한다. 네 논증 중에 ③만 타당성이 없다고 할 것이다. ④는 진행 형식으로는 문제점이 없으니 타당성이 있다고 하겠지만 거짓인 전제에 기초하여 결론이 거짓이라고 하겠다. 이렇게 단순히 논증의 형식적 문제점이 있는지 없는지를 따지는 수준을 벗어나 실제로 전제가 참인지 판단하는 기준을 건전성(soundness)이라고 한다. ④는 타당성, 건전성 기준으로 보면 타당성은 있지만 건전성은 없다고 하겠다.

연역논증의 특징으로 논증 형식의 문제가 없고 전제가 참이면 결론이 언제나 참이라는 것을 들 수 있다. 결론의 정보는 이미 전제에 나타났기 때문에 그렇다고 하겠는데 그래서 확실성을 특징으로 한다고 하며 진리 보존적이라고도 한다. 현실적인 문제로 언제나 참인 대전제에 기반하여 진행하기에 어려울 수 있다는 점이 있다. 그리고 새롭게 밝혀지는 것이 없는 것 아닌가 하는 의문이 들 수 있다.

귀납논증은 일반적으로 두 개 이상, 때로는 그 이상의 전제로부터 결론이 도출되는 논증 방식으로 정의한다. 특수한 사항의 누적을 통해 일반화가 시도되는 방식을 흔히 볼 수 있다고 하겠다. '○○○는 죽었다. ●●●도 죽었다. □□□도 죽었다. … 그러므로 모든 사람은 죽는다.'라는 방식처럼 발견되거나 검토된 다수가 같은 속성이 있을 때 전체가 그러한 속성이 있을 것으로 추정하는 방식이다. 이러한 방식 외에 다른 방식의 예를 들어본다.

> [전제1] 대학생 ○○○는 등교에 평균적으로 30분이 소요된다.
> [전제2] 오늘은 9시 강의가 있는데 8시 35분에 출발했다.
> [결론] 대학생 ○○○는 오늘 지각할 가능성이 크다.

위의 세 명제를 보면 같은 형식의 명제가 다수 반복되어 있지 않고 결론도 단정적이지 않다. 등교에 소요되는 시간이 날마다 같을 수 없고 대략적인 평균만 존재한다고 하겠는데 평균값보다 부족한 시간을 갖고 등교한다면 정시에 도착할 가능성보다 지각할 가능성이 클 것이다. 그런데 완전히 단정할 수는 없다. 교통 상황이 날마다 다르기 때문이다. 그래서 전제가 참이라면 결론이 참이 될 가능성이 클 뿐이다. 그래서 개연성을 특징으로 한다고 한다.

종종 연역논증은 일반적인 것에서 특수한 것으로, 귀납논증은 특수한 것에서 일반적인 것으로 진행하는 방식이라는 설명을 볼 수 있다. 바꿔 말하면 연역논증은 두괄식처럼, 귀납논증은 미괄식처럼 여겨지는 측면도 있어 보이는데 아주 정확한 설명은 아니다. 연역법이나 귀납법이냐는 특정 문장의 위치가 아니고 결론의 확실성 정도에 따라 판단된다. 전제가 참일 때 결론이 항상 참이면 연역논증, 전제가 참일 때 결론이 참일 가능성이 크면 귀납논증이다. 논증 방법과 문단 구성은 직접적인 관련은 없다.

탐정소설이나 범죄극 등에 문제 해결을 위해 투입된 형사 등 인물이 "이곳에서 범죄가 발생했으니, 범인은 이 안에 있어."라는 말을 하는 경우를 생각해 볼 수 있는데 일단 타당성의 측면은 고려하지 않고 삼단논법으로 바꿔서 생각해볼 수 있다.

> [전제1] 이곳에서 범죄가 발생했다.
> [전제2: 생략된 전제] 범인은 밖으로 나가지 않았다.
> [결론] 그러므로 범인은 이 안에 있다.

실제로 우리의 언어생활을 보면 이러한 현상을 생각보다 많이 발견할 수 있으며 생략이 있었음을 인식하지 못하면서 생략하기도 한다. 의도적으로 생략할 경우에는 대개 충분히 전달되었다고 판단하기 때문이라고 하겠는데 굳이 상세하게 분석하지 않아도 독자 입장에서 불충분하다고 느끼지 않는 경우도 많다. 그러한 경우 외에 저자가 당연하다고 생각해서 특별히 언급도 하지 않았을 것으로 추정되는 부분 중에 독자가 비판적으로 검토하는 것이 더 중요하다고 하겠다.

일반적으로 두 대상을 들고 두 대상에 알려진 공통의 속성이 있을 때 알려지지 않은 속성도 같을 것으로 추정하는 논증의 방식이 유추(類推, analogy)이다. 결론이 확실성보다는 개연성의 성격이 크기에 귀납논증으로 분류된다. 신약을 개발해서 사람을 대상으로 임상시험을 하기 전에 동물실험을 하는 것이 이러한 예라고 하겠다.

> [전제1] 사람과 흰 쥐는 약에 대한 반응이 유사하다.
> [전제2] 흰 쥐가 새로운 약의 효과를 보였다.
> [결론] 그러므로 새로운 약은 사람에게도 효과가 있을 것이다.

동물실험의 근거에 해당하는 사고를 이렇게 삼단논법으로 정리해 볼 수 있다. 그런데 흰 쥐에서 효과를 보였다고 해서 사람에게 동일한 효과를 반드시 기대할 수는 없다. 효과가 없을 뿐만 아니라 최악의 경우에는 부작용이 있을 수도 있다. 그러니까 효과가 있을 가능성이 있다는 것이지 반드시 효과가 있다는 것은 아니다. 애초에 흰 쥐와 사람이 비슷할 뿐이지 서로 같지는 않기 때문이다. 생각보다 효과가 크지 않다면 동물실험 자체를 재검토해야 한다는 주장도 가능하다. 다른 예를 들어본다.

> [전제1] 담배와 술은 건강에 해롭다.
> [전제2] 담배는 텔레비전에서 광고하지 못한다.
> [결론] 그러므로 술도 텔레비전에서 광고하지 못하게 해야 한다.

담배와 술이 그 자체로 건강에 해롭다는 것은 어느 정도 알려져 있다. 담뱃갑에도 위험 경고문이 있고 술병에도 위험 경고문이 있다. 그런데 방송 광고의 기준으로 보면 담배 광고는 없는데 술 광고는 비록 시간대의 제한은 있지만 있다. 담배와 술 모두 건강에 해롭다는 것에서 출발해서 담배 광고의 제한이 있는 것처럼 동일한 수준으로 술 광고의 제한이 있어야 한다는 주장이다. 그런데 이러한 주장에는 찬성도 있을 수 있고 반대도 있을 수 있다. 담배와 술이 건강에 해롭기는 하지만 완전히 똑같지는 않다. 그러니 광고에 있어서 다르게 할 수 있다고 생각할 수 있고 같아야 한다고 생각할 수 있다.

가설연역법(假說演繹法, hypothetical deductive method)은 가설을 설정하여 결론을 도출하는 논증 방식인데 연역논증의 성격과 귀납논증의 성격이 함께 있다고 할 수 있다. 가설을 대전제처럼 설정하고 소전제를 통해 결론을 도출해내는 과정을 거친다는 점에서는 연역논증과 유사한 방식이라고 하겠으나 결론은 확실성보다는 개연성을 갖는다는 점에서는 귀납논증의 성격을 갖는다고 하겠으니 전체적으로는 귀납논증의 특수한 형태로 이해하는 것이 좋을 것이다. 아직 알려지지 않은 새로운 원리 발견 등을 위해 가설을 설정하고 실험, 관찰 등을 통해 검증하고 가설이 입증되어 가는 과정을 거치게 되며 현대 과학 발전에 많이 사용되었다고 할 수 있다. 대개 다음과 같은 논증의 진행 방식을 갖는다.

[전제1] 가설이 맞다면 ~한 현상이 관찰될 것이다.
[전제2] ~한 현상이 관찰되었다.
[결론] 가설이 맞을 가능성이 크다.

여기서 현상의 발견으로 가설이 맞은 것이 입증된 것이 아닐까 생각할 수 있는데 위와 유사한 형식의 간단한 예문을 만들면 확인해볼 수 있다.

[전제1] 비가 오면 땅이 젖는다.
[전제2] 땅이 젖어있다.
[결론] 그러므로 비가 왔다.

위의 예는 삼단논법에서 오류의 종류로 후건긍정의 오류라고 한다. 정확한 논증이 되려면 '비가 오면 땅이 젖는다/ 비가 왔다/ 그러므로 땅이 젖는다'라고 해야 하기 때문이다. 그런데 위처럼 적용하기가 어렵다. 그래서 좀 다른 방식으로 진행되었다고 하겠다. 가설연역법이 입증되려면 당연히 가설과 다른 잠정적인 가정으로는 그러한 관찰, 실험 결과를 얻을 수 없다는 것이 완전히 입증되어야 한다. 이러한 예로 갈릴레오 갈릴레이(Galileo Galilei)를 종종 드는데 갈릴레오 갈릴레이는 당시 기존 학설인 지구중심설(천동설)이 예를 들어 금성이 상현달, 하현달 모양으로 보일 때에는 상대적으로 커 보이고 보름달 모양으로 보일 때에는 상대적으로 작아 보이는 현상 등 당시의 관측 결과와 일치하지 않아 보이기 때문에 태양중심설(지동설)을 대안으로 생각했던 것으로 보이는데 이를 가설연역법 방식으로 정리하면 다음과 같다.

> [전제1] 태양중심설이 맞다면 금성이 모양과 크기가 함께 달라지는 것을 설명할 수 있다.
> [전제2] 금성의 모양과 크기가 함께 달라지는 것으로 보인다.
> [결론] 태양중심설이 맞는 것으로 보인다.

이렇게 단순화하여 정리했지만 사실 이렇게만 해서는 입증되었다고 할 수 없다. 티코 브라헤(Tycho Brahe, 1546~1601)의 가설, 즉 지구는 (여전히) 중심이고 달이 지구를 공전하고 그 바깥 궤도에 태양을 지구를 공전하며 수성, 금성, 화성 등은 태양을 중심으로 공전한다는 가설로도 설명이 가능하기 때문이다. 사실 갈릴레오 갈릴레이가 이 하나 때문만은 아니고 밀물과 썰물, 즉 조석(潮汐) 현상, 관측 시점의 차이(대개 6개월)에 따라 같은 별의 위치가 미세하게 달리 파악되는 현상, 즉 연주시차(年周視差) 등을 종합해서 태양중심설이 옳을 것으로 생각했다고 보아야 할 것이다. 상대적으로 가설을 입증할 만한 증거가 많거나 다른 보조자료 등이 많을수록 입증의 가능성이 커진다고 하겠다.

가설이 사용된다는 점에서 가설연역법과 유사해 보이기도 하는 논증 방법으로 가추법(假推法, abduction)이 있다. 특별한 현상을 관찰하고 현상의 설명하기에 알맞은 가설을 제시하고 현상을 가설에 맞추어 설명할 수 있다고 진행하는 방식을 많이 볼 수 있다. 일반적인 귀납논증처럼 다양한 사례를 들지는 않는 편이다. 논증의 결론이 확실성보다 개연성의 특성이 강해서 귀납논증으로 분류된다.

이러한 방법은 진단에서 사용될 수 있는데 예를 만들어보자면 다음과 같다. 2015년 5~6월 우리나라에서 중동호흡기증후군, 즉 메르스(MERS, Middle East Respiratory Syndrome) 환자가 주로 발생했는데 그 질병은 중동 지역에서는 낙타와 접촉하거나, 다른 지역에서는 환자와 가까이 있을 때 발생할 수 있고 발열과 기침, 두통, 오한 등의 증세가 있다고 한다. 만약 2015년 6월 말 어느 종합병원 응급실에 메르스 환자가 많이 발생했던 병원에 발열, 기침, 두통 증세의 환자가 방문했다고 가정해보자. 당시 의료진은 진단 과정에 이렇게 생각했을 수 있다.

[전제1] 메르스 환자가 발생했던 병원을 방문한 적 있으며 발열, 기침, 두통 증세가 있는 환자가 있다.
[전제2] 메르스는 사람 간에 주로 감염되고 발열, 기침, 두통 등 증세가 있다.
[결론] 이 환자는 메르스에 걸렸을 가능성이 있다.

위 경우에 메르스의 일반적인 감염 경로 및 증세가 논란에 있는 것은 아니지만 확정적이라고 볼 수 없는 이유는 확진은 검사를 통해야만 가능하기 때문이다. 검사 이전에는 추정 수준일 뿐이다. 실제로 당시 의심 환자 중에 검사 결과 메르스 환자는 아닌 것으로 판정된 적도 있었다. 다른 예를 들어본다. 범죄 해결 등의 상황에도 적용될 수 있다.

[전제1] 어느 가정집에 침입 절도 사건이 발생했는데 특별한 신발의 흔적이 발견됐다.
[전제2] 그 신발은 보통 ○○ 직업의 사람들이 작업할 때 사용한다.
[결론] 그러므로 범인은 ○○ 직업의 사람일 가능성이 있다.

위 예에서 보면 일단 결론처럼 의심할 수는 있으나 확신할 수는 없다. 다른 직업을 가진 사람일 가능성도 무조건 배제할 수 없기 때문이다. 이러한 논증에서 가설의 적용을 통해 좀 더 빠르고 편리하게 결론에 도달할 수 있게 하는 장점이 있다. 그러나 가설을 맹신하거나 가설의 설정 및 적용에 있어서 기존의 지식, 경험 등이 선입견으로 작용해서 다양한 가능성을 배제하여 오히려 잘못되지 않도록 유의할 필요가 있다.

보통 두 가지의 선택 중에 어느 쪽을 선택해도 각각의 문제가 생기거나 같은 결론에 이르게 된다는 논증을 딜레마(dilemma)라고 한다. 양도논법(兩刀論法), 양각논법(兩角論法)이라고도 한다. 한자성어로 진퇴양난(進退兩難), 진퇴유곡(進退維谷) 등이 이러한 상황을 나타낸다고 하겠다. 이론적으로는 셋 이상일 수도 있고 셋일 때에는 트릴레마(trilemma)라고 한다. 삼단논법의 특수한 형태로 이해된다. 예를 들어본다. 예시문을 먼저 들고 딜레마 형식으로 정리해 본다.

[예시문] 나는 인생에서 실패할 것이다. 어떤 때는 기분이 너무 좋아 들뜨거나 어떤 때는 기분이 너무 가라앉아 우울할 정도이다. 기분이 너무 좋아 들뜨면 실수하기 쉽다. 기분이 너무 가라앉으면 어떤 일이든 실행하기 어렵다.
[전제1] (나는 어떤 때는 기분이 너무 좋은데) 기분이 너무 좋아 들뜨면 실수하기 쉽다.
[전제2] (나는 어떤 때는 기분이 가라앉는데) 기분이 너무 가라앉아 어떤 일이든 실행하기 어렵다.
[결론] (실수하거나 제대로 실행하지 못할 테니) 나는 인생에서 실패할 것이다.

정리해보면 자신은 지나치게 기분이 좋거나 가라앉는데 각각의 경우 모두 문제가 있고 결국 인생의 실패로 귀결될 것이라는 부정적 전망으로 마무리된다. 선뜻 받아들이기 어려워 보이는데 몇 가지로 나눠서 접근해본다. 먼저 원문을 활용하면서 또 다른 딜레마를 만들어보는 것도 가능하다.

[전제1] (나는 어떤 때는 기분이 너무 좋은데) 기분이 너무 좋으면 신들린 듯이 열심히 일하기 쉽다.
[전제2] (나는 어떤 때는 기분이 가라앉는데) 기분이 너무 가라앉으면 차분히 돌아

보며 그동안 오류를 확인하며 점검해서 새로운 미래를 위한 원동력으로 삼으면 된다.

[결론] (열심히 일하거나 차분히 성찰할 뿐이니) 나는 인생에서 성공할 것이다.

이러한 방식은 원문의 딜레마의 틀을 일정 부분 이용하면서 정반대의 결론을 내고 있는데 앞에서는 완전히 부정적인 결론이 도출되었는데 이번에는 완전히 긍정적인 결론이 도출되었다. 이렇게 같은 형식을 이용해서 정반대의 결론으로 대응하는 방식도 가능하다. 딜레마로 되받는 유형이라고 하겠다. 다른 표현으로 뿔로 되받기라고 하기도 한다. 다른 대안도 살펴본다.

[전제1] 누구나 언제나 기분이 너무 좋거나 가라앉기만 하지는 않다.
[전제2] 중도적인 마음의 상태에서 열심히 일하면 된다.
[결론] 그러므로 인생의 성공, 실패를 지금 단정할 수 없다.

이 대안은 양자택일의 설정 자체를 부정하는 데서 시작한다는 특징이 있다. 즉 양자택일이 아니라 대개 중간의 단계가 있다고 하는 설정이다. 그러니 결론의 방향이 달라질 가능성이 있음으로 받는 방식이다. 중간을 설정하기 유형이라고 하겠는데 뿔 사이로 피하기라고도 한다. 다른 예시문을 들어본다.

[예시문] 상관 ○○○는 부하 직원 △△△가 업무상 중대한 잘못을 저질렀는데 이에 대해 특별한 조치를 하지 않았다. 상관은 잘못에 대해 몰랐거나 잘못을 은폐했을 것이다. 잘못을 몰랐다면 무능한 것이고 잘못을 은폐했다면 또 다른 중대한 잘못이다. 그러므로 상관은 사퇴해야 한다.
[전제1] 상관이 부하의 중대한 잘못을 몰랐다면 무능하다.
[전제2] 상관이 부하의 중대한 잘못을 은폐했다면 또 다른 중대한 잘못이다.
[결론] (무능하든 중대한 잘못을 저질렀든 심각한 문제이니) 상관은 사퇴해야 한다.

특별한 경우의 대응을 설명하기 위해 이러한 설정을 했다. 두 가지의 추정이 있는데 현실적으로 이 경우에는 두 가지 외에 과연 다른 것이 있는지 생각하기 어렵다. 몰랐다면 대응할 수 없었을 것이고 알았는데 은폐하고 어느 조치도 취하지 않았을 것이다. 여기서 알고 모르는 것은 단 두 가지뿐이라고 해야 할 것이니 제3의 가능성을 당장 생각하기 어려워 보인다. 중대한 잘못을 은폐했다면 또 다른 중대한 잘못이라고 할 수 있고 그렇다면 사퇴해야 한다는 주장도 일단 설득력이 있어 보인다. 여기에 단 한 가지, 몰랐다면 사퇴할 정도로 무능하다는 주장에 대해 검토해볼 필요가 있다. 이 경우에 만약 정교하게 기획되어 누구든지 상관으로 있었어도 알기 어려웠을지 판단해서 결정해야 한다고 생각한다면 '몰랐다고 무능하다고 단정하지 말고 사안에 따라 사퇴를 결정해야 한다.' 정도로 부분 수정한 대안을 제시한다고 하자. 이러한 대응은 둘 중 하나의 결론의 문제점을 제시하여 무조건 하나의 결론에 이르지는 않는다고 반박하는 방식인데 둘 중 하나 반박하기 유형이라고 하겠는데 뿔 꺾기라고 하기도 한다.

연습문제

국내외적으로 볼 수 있는 '개 보신탕 금지'를 유추의 방식을 사용해서 정리해 보자.

[전제1]

[전제2]

[결론]

· **도움말**

위 문제와 같은 형식이라고 할 수 있다. 유추 방식을 적용해서 찬성, 반대의 형식으로 작성해볼 수 있다. 이것을 토대로 한두 문단의 글도 작성해볼 수 있다.

3.3. 오류론

오류론은 논리적 오류(fallacy)를 다루는 이론이라고 하겠는데 논리적 오류의 범주에 들어가려면 일단 전제와 결론의 형식적 구성요소는 갖춰져야 한다고 할 수 있다. 즉 오류론의 대상은 잘못된 논증이기 때문에 논증 자체에 포함되기 어렵다면 오류론의 대상이 되기 어려울 것이기 때문이다. 엄격하게 적용하면 우리의 대화에서도 오류가 알게 모르게 많이 사용된다고 할 수 있다. 예를 들어 "불쌍해서 봐줬다."라는 것도 동정에 호소하는 오류에 포함될 수 있다.

오류는 우리 전통적으로 본래부터 쓰던 용어는 아니고 서양 용어의 번역이다. 명칭이 재미있게 보이는 경우도 많다. 예를 들어 허수아비 논증의 오류(straw man fallacy)는 허수아비 때리기 오류, 허수아비 공격의 오류 등으로도 표현하는데 본래 기원은 좀 다르다고 하지만 상대 주장을 반박하려 할 때 상대를 직접 싸워 이기기 힘드니까 상대의 허수아비를 세워놓고 허수아비를 때려눕힌 후에 자신이 이겼다고 주장하는 방식의 오류로 설명된다. 오류론에는 틀렸다고 판단할 만한 상황을 제시하고 공식화하여 해당 유형에 해당하는 것은 항상 틀렸다는 결론에 도달하게 한다.

오류론 관점에서의 난점을 몇 가지 들 수 있는데 먼저 정확히 항목이 몇 개인지 말하기도 어렵다는 들 수 있다. 인터넷 검색을 통해서 접할 수 있는 것만으로도 오십여 개는 되는 것 같다. 세세하게 규정된 것을 따지자면 그보다는 훨씬 많을 것이며 앞으로 새로 등장할 가능성도 있다. 또 하나의 난점으로 분류가 어렵다는 것을 들 수 있다. 물론 큰 틀에서 분류는 어느 정도 되어 있다고 할 수 있다.

일차적으로 형식적 오류와 비형식적 오류로 분류한다. 형식적 오류는 대개 논증의 형식상 문제점이 있어서 결론이 참이라고 입증하지 못하는 것을 가리킨다. 예를 들어, '신호위반 벌점이 15점이다. 철수는 벌점 15점을 받았다. 그는 신호위반을 했다.'라고 논증을 진행한다면 이에 해당한다고 하겠다. 운전 중 휴대전화 사용도 벌점 15점을 받기 때문이다. 형식적 오류를 수정한 예로는 이렇게 되어야 한다. '신호위반 벌점이 15점이다. 철수는 신호위반을 했다. 철수는 벌점 15점을 받는다.' 형식적 오류에 해당하는 것으로 전건부정의 오류와 후건긍정의 오류가 있다.

비형식적 오류는 일단 형식적 문제가 없어 보이기도 하지만 전제와 결론의 관계에서 결론이 참이라고 입증되지 않은 것을 가리킨다. 대개 언어적 오류, 자료적 오류, 심리적 오류로 구분된다. 여기에 귀납적 오류를 따로 설정하기도 한다. 언어적 오류는 언어를 잘못 사용하여 생기는 오류라고 하겠는데 '친구에게 거짓말하지 말라.'라는 말을 접하고 어떤 사람이 '그러면 선생님에게는 거짓말해도 되겠군.'이라고 받아들인다면 그러한 오류에 해당한다고 하겠다. '친구에게 거짓말하지 말라'는 말을 '친구에게만 거짓말하지 말라'는 말로 특별히 강조해서 받아들였다고 하겠으며 이러한 유형을 강조의 오류라고 한다.

다음으로 자료적 오류는 결론을 이끌어 내는 자료를 잘못 해석하여 잘못된 결론에 이르는 오류라고 하겠는데 '요즘 출산율 저하가 심각하다. 출산율 저하는 인구 감소로 이어진다. 그러므로 요즘 출산 안 하는 여성들은 인구 감소를 목표로 하고 있다.'라는 것이 그러한 예에 해당한다고 하겠다. 출산율 저하는 인구 감소로 이어지겠지만 출산 안 하는 여성들이 작정하고 인구 감소를 목표로 한다고 볼 수는 없다. 이러한 유형을 의도 확대의 오류라고 한다.

다음으로 심리적 오류는 상대방이 논리적으로 결론을 받아들이게 하지 않고 심리적 영향을 받아 결론을 받아들이게 하려는 오류라고 하겠다. 과거에는 많이 볼 수 있던 표현으로 의견이 다른 상황에 '길을 막고 물어봐라, 누가 네 말이 옳다고 하겠냐.'라고 한다면 이러한 예에 해당한다고 하겠다. 상대에게 자신은 다수, 상대는 소수라는 느낌이 들게 하여 자신의 주장이 우월하여 상대가 받아들여야 하는가 고민하거나 받아들이게 하려는 의도가 있다고 하겠다.

귀납적 오류를 따로 설정할 때 비교적 친숙하며 대표적으로 들 수 있는 것으로 성급한 일반화의 오류가 있다. 전체 자료를 검토하기 어려운 상황에서 일부 자료를 이용해서 결론을 도출해내는 것 자체는 귀납적 논증에서 가능한 일이다. 그러나 자료가 양적으로 너무 적거나 대표성이 없다면 성급한 일반화의 오류에 해당한다고 할 수 있다. 다음으로 도박사의 오류(gambler's fallacy)가 있다. 서로 직접 연관이 없는 사건을 연관성이 있는 것으로 파악해서 주장하는 오류이다. 어떤 사람이 동전을 던져 확인해 보니 세 번 연속으로 앞면이 나왔다고 하자. 그래서 다음에는 뒷면이 나올 확률이 높다고 생각한다면 이러한 예에 해당한다고 하겠다. 일반적으로 언제나 동전을 던질 때 앞면이 나올 확률은 1/2이다.

다음으로 피장파장의 오류[tu quoque]에 대해 살펴보며 오류론 분석 이상을 살펴본다. 피장파장의 오류는 심리적 오류에 해당한다.

> 장소: 어느 대학 강의실
> 교수가 강의 시간에 10분 늦게 들어와서 출석을 부른다. 출석 부르기를 마치고 한마디 한다.
> 교수: 여러분 강의 시간에 늦지 마십시오.
> 늦게 온 학생이 마음속으로 대답한다.
> 학생: 피장파장 아닌가요?

피장파장의 오류도 널리 알려져 있다고 생각한다. 어떤 주장 자체가 맞고 틀렸는지가 논의되는 것이 아니라 주장을 제기한 사람의 상황이 고려되어 '나만 틀린 것이 아니라 너도 틀렸다'라는 식으로 반응을 보인다면 이에 해당한다고 하겠다. 일단 핵심 주장인 강의 시간에 늦지 말라는 말이 틀렸는지, 적어도 보완이 필요한지 그 주장 내부에서 다뤄져야 한다. 주장 검증 이외의 상황을 끌어들여 빠져나가려는 태도라서 오류라고 판단된다. 교수가 10분 늦게 들어왔기 때문에 자기부터 위반했기 때문에 도덕적 문제가 있다고 느껴서 출석을 부를 수 없다고 한다면 어떻게 될까? 교수가 10분 늦게 와서 출석을 불렀을 때 11분 늦어서 지각으로 확정된 학생은 5분 늦은 학생이 그냥 넘어갔다는 사실에 억울함을 느낄 수 있는데 만약에 교수 자기부터 늦게 왔다는 자책감으로 아예 부르지 않는다면 정시에 도착한 학생 전원이 억울함을 느낄 수 있으니 더 공정해지는 결과에 도달했다고 보기에 어렵다.

오류론의 범위라고 하는 데로 보면 주장만으로 보아야 한다는 것이 분명히 맞다고 하겠으나 더 생각해볼 점이 있다. 오류론의 범위를 넘어 인격, 인생 전반의 문제로 생각해보면 피장파장의 상황에 놓이는 것이 문제라고 할 수 있다. 비만이었던 의사가 운동으로 체중을 많이 감량했는데 감량의 이유가 자신이 내원한 환자들에게 "지금 운동해야 건강이 좋아집니다."라는 말을 많이 하게 되면서 자신은 운동 안 하면서 남보고 운동하라고 하는 것이 문제라고 느끼게 되었기 때문이었다는 이야기를 접한 적이 있다. 비만한 의사가 건강을 위해 운동하라고 하는 말이 틀린 말인가? 그렇지만 비만한 의사가 하는 말이기에 설득력이 떨어져 보일 수는 있다. 사람은 남의 주장을 접할 때 단순히 말의 내용만으로 받아들이지는 않기 때문이다. 말하는 사람부터 할 수 없는 일이라고 생각한다면 듣는 사람도 할 수 없는 일이라도 생각해 적극적으로 하고 싶은 의지가 발휘되지 않을 가능성이 있다.

예시문제

논리, 오류의 문제를 다룬 작품으로 맥스 슐먼(Max Schulman, 1919~1988)의 *Love is a fallacy*가 있다. 논리, 논술 교재 등에도 소개되어 어느 정도 알려져 있다. 이 작품의 줄거리, 작품 속에 등장하는 오류를 정리하고 감상을 적어보자.

- **도움말**

먼저 줄거리를 정리해 본다.

주인공 '나'는 법대 1학년이고 졸업 이후 변호사 개업할 예정인데 스스로 논리적인 것을 포함해서 거의 완벽하다고 생각한다. 내 기숙사 동료는 나보다 지적으로 좀 떨어져 보이는데 내 너구리 털코트에 관심이 있었다. 나는 그의 여자친구 폴리와 너구리 털코트를 서로 바꾸기로 했는데 그 여자는 훌륭한 변호사와 잘 어울리는 외모를 가진 인물로 성장할 것으로 보였기 때문이었다. 다만 그 여자도 정신적 수준이 나보다 낮아서 닷새 동안 저녁에 만나 논리를 가르치며 수준을 높였다. 마지막으로 나는 그 여자에게 애정 고백을 했는데 내 말, 태도에서 논리적 오류를 지적하며 거절했다. 그 여자는 애인으로 내 기숙사 동료를 선택했으며 이유는 그가 너구리 털코트를 갖고 있기 때문이라고 했다.

다음으로 작품 속에 등장하는 오류를 정리해 본다.
- **지나친 단순화의 오류**: 운동이 누구에게나 좋다고 하면 오류이다. 왜냐하면 심장이

안 좋은 사람 등 운동이 좋지 않은 사람이 있기 때문이다.
- **성급한 일반화의 오류**: 자기 주변의 한두 사람이 불어를 못 한다고 자기 다니는 대학의 학생들 전부가 불어를 못 한다고 생각하면 안 된다. 표본이 너무 적기 때문이다.
- **인과의 오류**: 어떤 친구와 파티에 같이 갔을 때 비가 왔다고 해도 그 친구와 비는 무관하다.
- **모순된 명제**: 전지전능한 신은 자신이 들어 올릴 수 없는 무거운 바위를 만들 수 있을까? 명제가 모순되어 주장이 성립될 수가 없다.
- **동정에 호소하는 오류**: 일자리를 얻으려고 하는 사람이 능력 등에 대해 말하지 않고 어려운 가정 사정을 강조한다면 이에 해당한다.
- **유추의 오류**: 의사가 수수할 때 엑스레이를 참조하고 변호사들이 판례를 참조하는 것처럼 학생들이 시험 볼 때 교재를 참조할 수 있다고 주장하면 안 된다.
- **사실과 모순되는 가정**: 퀴리 부인이 우연히 라듐을 발견하지 않았다면 아직도 라듐은 알려지지 않을 것이라고 하면 안 된다. 우연히 발견한 사건이 아니었더라도 나중에 발견할 수 있고 다른 사람이 발견할 수도 있다.
- **우물에 독 뿌리는 오류**: 두 사람이 논쟁을 벌일 때 한 사람이 다른 사람은 거짓말쟁이라 그 사람 말은 들을 필요도 없다고 말한다면 이에 해당한다. 상대가 주장할 기회조차 박탈하기 때문이다.
- **성급한 일반화의 오류2**: 닷새간 논리 학습을 마치고 나와 폴리가 어울린다고 말하자 폴리가 겨우 닷새 함께한 것만으로 그렇게 단정할 수 없다고 한다.
- **유추의 오류2**: 다섯 번 만난 것만으로 충분하다고 하면서 케이크를 다 먹어보아야 알 수 있는 것은 아니라고 내가 말하자 폴리는 유추의 오류라고 말한다.
- **동정에 호소하는 오류2**: 만약 내 마음을 받아주지 않으면 인생이 무의미해질 테고 괴로워질 것이라고 하니 폴리는 동정에 호소하는 오류라고 한다.
- **사실과 모순되는 가정2**: 내가 아니었다면 누가 너에게 이렇게 논리를 가르쳐줬겠냐고 하자 폴리는 사실과 모순되는 가정이라고 한다.
- **지나친 단순화의 오류2**: 논리는 강의실에서나 쓰이는 것이고 실생활과 다르다고 내가 말하자 폴리는 지나친 단순화의 오류라고 한다.
- **우물에 독 뿌리는 오류2**: 폴리가 내 기숙사 동료와 사귀겠다고 해서 그는 나쁜 놈이라고 하자 우물에 독 뿌리는 오류라고 한다.

작품의 결말 이후 상태를 보면 매우 뛰어난 나에게 단순한 득실 관계를 따져보면 여자를 얻지 못하고 너구리 털코트만 기숙사 동료에게 넘겼으니 완전히 손해라고 하겠다. 혹시 정신적으로 만족감, 자신감 등을 얻었는가 따져보면 그런 것도 보이지 않는다. 간단한 표현으로 정리해보면 '잘난 체하던 '나'의 최후(?)' 정도도 가능해 보인다. 잘난 체하다가 의도하지 않은 실패를 겪는 일은 흔히 있고 접하는 사람에게 은근히 통쾌함을 느낄 수 있다.

그 외에 더 생각해볼 점이 있다. 위에 등장한 작품의 제목을 우리말로 옮기면 '사랑은 오류이다' 정도로 가능한데 일상적으로 보면 어느 정도 맞다고 생각한다. 이 세상에 존재하는 일부 부부는 서로를 선택하게 되는 이유가 그다지 특별하지 않은 경우도 종종 볼 수 있다. 단순히 느낌이 좋았다든지, 이 작품에 보이는 것처럼 그다지 중요하다고 하기 어려운 이유로도 엮일 수 있으니 사랑은 논리와 별로 상관없는 영역이라는 느낌이 들 것도 같다.

그러면 논리는 이성의 영역, 사랑은 감정의 영역으로 단순히 이분화될 수 있을지는 의문의 여지가 있다. 단순히 느낌만으로 상대를 선택하는 것은 아니고 전반적 상황을 충분히 검토하여 선택하는 경우도 많을 것으로 보인다. 논리는 이성의 영역, 사랑은 이성과 감정의 복합적 영역의 문제라고 하는 것이 더 좋은 분석일 수 있다. 이러한 개념 관계 정리를 통해서 위 작품의 주인공은 설령 논리적 능력이 대단하다고 하더라도 그것이 사랑을 포함한 인간관계에 성공을 보증해 주는 것은 아니라는, 어찌 보면 평범한 진리를 확인시켜 준다고 할 수 있다.

연습문제

『한비자』(韓非子) <오두>(五蠹)의 '수주대토'(守株待兎)의 번역문이다. 읽고 문제에 대한 답을 써보자.

송나라 사람에 밭 가는 사람이 있었다. 밭 가운데 그루터기가 있는데 토끼가 달리다가 그루터기에 부딪혀 목이 부러져 죽었다. 그래서 그 쟁기를 놓고 그루터기를 지키는데 다시 토끼를 얻기를 기다렸는데 토끼는 다시 얻을 수 없었고 자신은 송나라 사람들에게 웃음거리가 되었다.

　　지금 선왕의 정치를 하려고 하면서 지금 세상의 백성을 다스리려고 하면 다 그루터기를 지키는 부류이다. 옛날에는 장성한 남자는 밭 갈지 않았는데 초목의 열매가 먹기에 족했기 때문이고 부인이 길쌈하지 않았는데 짐승의 가죽이 옷 입기에 족했기 때문이다. 힘쓰지 않아도 봉양에 족하고 백성이 적으나 물자는 남음이 있으니 고로 백성이 다투지 않고 이런 까닭에 후한 상을 주지 않고 중한 벌을 쓰지 않아도 백성이 스스로 다스려졌다. 지금은 사람에게 다섯 자식이 있어도 많다고 여기지 않고 자식 또한 다섯 자식이 있으니 할아버지가 아직 죽지 않았는데 스물다섯 손자가 있다. 이런 까닭에 백성은 많고 재화는 부족하여 힘써 일해도 부양하기에 박하니 고로 백성이 싸우니 비록 상을 배로 주고 여러 번 처벌해도 난을 면하지 못한다.

① 첫 문단만 보면 어떤 오류가 나타난다고 할 수 있는가? (전체의 속성을 부분도 갖고 있다고 생각하는 오류/ 선후를 혼동하는 오류/ 자연현상에서 당위를 이끌어내는 오류/ 특정 시대, 상황에 맞는 판단을 일반화하는 오류/ 확실히 부정된 적이 없으니 옳다고 믿는 오류)

② 윗글처럼 논리적 오류의 예를 포함한 짧은 글을 써보자.

· **도움말**

당대 글쓰기 방식이라고 할 수도 있는데 첫 문단의 예시는 주장의 정당성을 높이기 위해 만들어진 이야기일 가능성이 있다. 이야기에 등장하는 춘추전국시대의 송나라는 지난 왕조인 은나라 후예의 나라이기 때문에 비하의 의미로 사용된 것으로 보기도 한다. 글 전체를 보면 첫 문단은 과거에 문제 해결에 효과가 있었다는 이유로 오늘날에도 그대로 적용하려는 예를 들었다고 하겠다. 문맥상으로 보면 삼황오제(三皇五帝) 등 중국의 과거 이상적 군주의 통치를 그대로 재현하려 한다는 당대 사람들에게 상황이 달라져 그렇게 할 수 없다고 비판하고 있는 것으로 보인다. 그루터기 자체가 움직여 토끼를 잡은 것도 아니고 고정된 그루터기에 토끼가 실수로 부딪혀 죽었고 그것도 단 한 번에 그쳤다고 해서 선왕의 정치가 우연일 수도 있다는 시각도 보인다. 다만 우연히 한 번 일어난 일을 보편적 현상으로 받아들이는 오류로 파악할 수 있다. 윗글처럼 논리적 오류를 포함한 한두 문단 정도의 글을 쓰면 된다.

3.4. 논증의 평가와 비판적 사고

　논증이 잘 됐는지 잘못됐는지 타당성 및 건전성 개념이 거론된 바 있는데 논증의 평가에도 거의 그대로 사용된다고 할 수 있다. 논증의 구성요소인 전제와 결론을 타당성과 건전성의 틀 안에서 바라보는 것이 논증의 평가로 이해하면 될 것이다. 먼저 타당성의 측면에서 살펴본다면 전제에서 결론으로 이르는 과정에 오류는 없는지 검토하는 것이 필요하다. 오류론에 해당하는 전형적인 문제점이 보일 수도 있고 전제와 직접 관련 없는 결론이 도출되는 등의 문제점이 있을 수 있다. 다음으로 건전성 측면에서 살펴본다면 전제의 내용 중에 사실이 아닌 것이 있는지 확인해볼 필요가 있다. 사실이 아닌 것에 근거한 결론은 도출 과정에 문제가 없다고 해도 신뢰성에 심각한 문제가 있다. 결론이 일반적으로 수긍할 수 있다고 하더라도 사실에 근거해야 한다.

　이러한 일반적인 설명 외에 현실에서 우리가 접하는 상황은 복잡하고 논증이 맞고 틀린 것이 명확하지 않은 경우도 생각보다 많다. 보통 논리, 논술 설명에서 명확하게 맞는 논증과 틀린 논증이 주로 보이지만 현실에서는 그렇지 않은 경우가 많이 보이는데 일반인과 전문가 개념을 적용하면 이해 가능한 측면이 있다. 일반인과 전문가 사이에 판단이 다른 것은 배경 지식의 축적 정도에 차이가 있거나 일반인이 상식적으로 받아들이기 힘들지만 전문가의 관점에서 보면 받아들일 수 있는 경우도 있다. 가끔은 전문가의 주장이 의심받는 경우도 있는데 전문가 자신의 이익과 관련되어 있을 때에 해당한다고 하겠다. 예를 들어 특정 의약품이 건강에 좋다고 주장하는 의학자가 해당 의약품을 만드는 제약회사로부터 협찬을 받았거나 그 의학자의 가족 또는 친인척이 해당 의약품을 만드는 사업을 하고 있다면 비록 그 의학자가 이익을 위해 거짓말을 하는 것이라고 단정할 수야 없겠지만 의심받을 여지가 충분하다. 이러한 예가 존재하지만 일반적으로 전문가의 주장을 더 신뢰할 만하다고 하겠다.

　그 외에 전문가들의 의견이 다른 경우도 볼 수 있는데 이는 일반인들 사이에는 판단하기 어려운 경우가 많다. 점점 학문의 발달이 계속되면서 일반인이 이해할 수 있는 영역이 축소되기 때문에 직접 판단하기 어려울 수 있다. 다른 각도로 살펴보면 전문가끼리도 의견이 다르고 그러한 차이가 한동안 유지된다면 아직은 어느 한쪽의 의견이 주된 견해로 자리 잡을 정도로 충분히 밝혀지지 않은 영역이 있다는 뜻으로 이해가 가능하고 또 그러한 현상이 우리 주변에 많이 관찰되기도 한다. 고도의 지식이 필요한 분야의 논증으로 전문가들끼리만 논의가 가능한 분야는 일반인이 자기도 논란에 참여해서 논술 등의 글쓰기 하기는 쉽지 않을 것이다. 예를 들어 지속적으로 우주 팽창이 가능한지에 대한 다양한 견해로, 닫힌 우주, 평평한 우주, 열린 우주의 유형으로 정리가 가능한데 상식적으로 보기에 셋 다 맞다고 보기는 어려워 보인다. 이 셋 중에 어느 견해가 맞는지 일반인이 논술문을 쓰기에는 쉽지 않다.

그렇지만 그런 분야 외에 일반적인 사회, 문화 등 분야에는 비록 전문가들끼리 의견이 다른 문제에 일반인도 관심을 갖고 접근하여 논술 등 글쓰기의 대상으로 삼을 수 있다. 예를 들어 2021년 현재 우리나라에서 성매매는 법으로 금지하고 있지만 허용을 주장하는 전문가의 견해는 요즘도 볼 수 있다. 비록 관련 학문을 충분히 공부하지 않은 일반인도 그 문제에 논술 등 글쓰기가 가능하다. 그 외에 특별히 설명하지 않았지만 일반인끼리 맞고 틀린 문제에 의견이 다른 것은 아주 흔한 일이고 정치 등의 신념, 사고의 틀과 관련된 분야일수록 더욱 첨예한 측면이 있다. 이런 경우에 자기 측에 유리한 자료는 글쓰기에 이용하고 불리한 자료는 빼는 것을 종종 볼 수 있는데 이미 한쪽에 몰입해서 바라보는 문제가 발생하지 않도록 유의할 필요가 있다.

결국, 아무도 지적할 수 없는 완벽한 글쓰기, 즉 논리 및 논술 공부를 통해서 다른 사람 논증의 틀린 점을 지적하고 아무런 논란도 있을 수 없는 완벽한 글쓰기로 끝내는 것은 이상적일 뿐이고 현실에서 보기 어렵다. 이것 때문에 논리 자체에 대한 한계를 절감할 수도 있지만 논리라는 도구를 통해 더 나은 주장을 펼치는 글쓰기를 지향하는 것을 논증 평가의 목표로 삼으면 좋을 것이다.

논증을 평가하는 데 필요한 것이 비판적 사고라고 하겠다. 비판적(批判的 思考, critical thinking)이라고 할 때 먼저 비판이라는 개념을 잠깐 생각해볼 필요가 있다. 이 개념의 현실적인 어감은 '피곤하다'나 '두렵다' 등의 부정적 어감이 있다고 하겠다. 왜냐하면 비판이라고 하면서 실제로는 비방(誹謗)의 모습을 보이는 것이 종종 보이기 때문이다. 비방은 비판의 방법으로 오류론에 해당하는 사례를 활용하는 경우가 많으며 상대의 주장이 틀렸다는 데에 그치지 않고 '그러므로 나쁜 놈이다.'라는 표현을 명시적으로 드러내기도 하고 또는 암묵적으로 그러한 생각에 동의할 것을 요구하는 방식인 경우가 많다.

반대의 경우로 대충 좋은 점을 찾아내서 '좋은 게 좋은 거다'라는 차원에서 대충 넘어가는 모습도 또한 볼 수 있다. 당장은 듣거나 읽기에 기분이 좋을 수 있지만 결국은 무엇이 맞은 것인지 틀린 것인지 어느 쪽이 더 나은지를 밝힐 수 없어서 글쓴이 자신에게도 발전의 한계가 되기에 결국 모두에게 좋지 않다고 하겠다. 실제 비판은 우호적 감상과 비방의 중간쯤에 위치한다고 할 것이다. 일단 틀렸을 것이라거나 아니면 맞았을 것이라는 태도 모두 지양하는 것이 필요하다.

논증의 평가에서 우선 알아야 할 것은 실제로 우리가 접하는 논증은 앞에서 여러 번 등장했던 몇 개의 문장을 통해 진행되는 유형을 벗어난다는 점이다. 상대적으로 길이가 긴 유형이 대부분이라고 해야겠다. 그래서 긴 글에서 주요 내용을 이해하고 논증의 요소를 추출하고 평가하는 과정이 필요하다고 하겠는데 원문의 이해와 비판적 평가를 구분하기도 한다. 원문의 이해와 비판적 평가에서 각각 요소를 뽑아 설명하기도 한다. 원문의 이해를 위해서 문제, 결론, 근거/ 개념, 정보/ 목적, 관점, 함축의 8요소, 비판적 평가를 위해 분명함과 명료함, 정확성, 적절성/ 중요성, 충분성, 공정성, 일관성/ 독창성, 심층성, 다각성의 11요소 등으로 설명하기도 하는데 문헌에 따라서 요소의 개수 및 용어는 다소 차이가 있다. 일단 이해와 평가의 2단계로 구분되고 각각을 다시 표층적인 요소와 심층적인 요소로 나누어 다층적인 방식으로 평가하려고 한 것으로 이해된다.

문제는 문헌에 따라 현안 문제라고도 하며 논술 등 논설적인 글에서는 이미 제목을 통해 드러나는 경우가 많다. 원문 이해 차원에서는 '이것이 왜 문제가 되는가?' 또는 '저자는 이것을 왜 문제라고 생각하는가?'라는 질문을 세우고 스스로 글을 읽으면서 답을 찾아가면 된다. 다음으로 구체적으로 제목을 어떠한 표현을 사용했는지 표현이 적절한지도 검토해볼 수 있다. 보통 서두 부분에 주로 거론되는데 글에 따라서 생략될 수도 있는데 이런 때에는 이후 부분을 읽어나가며 짐작할 수 있다. 무엇을, 왜 문제라고 생각하느냐를 통해 글쓴이의 의도, 목적을 어느 정도 알 수 있다.

결론은 잘 알려진 것처럼 일반적으로 글 전체의 끝부분이나 작은 단위가 끝날 때 제시되는 경우가 많다. 그런데 언제가 그렇지는 않고 설명이 길어지거나 독자에게 더 분명하게 이해되도록 할 목적으로 앞부분에 미리 제시하기도 한다. 결론의 위치를 기준으로 문단 방식을 설명할 때 앞뒤에 위치하는 두괄식, 미괄식 외에 중간에 존재하는 중괄식은 개념적으로는 존재하지만 실제로 자주 사용되지 않는다. 많은 경우 미괄식 방식으로 쓰다가 설명이 덧붙인 경우가 많은데 설명이 길어지면 결론이 중간에 위치한 것처럼 보일 수 있는데 이는 권장되지 않는다. 짧고 분명한 단 하나의 문장으로 결론이 정리되기도 하지만 글에 따라 반드시 그렇지는 않다. 대개 결론 문단 등으로 범위를 확장해서 접근하면 어느 정도 파악이 가능하다. 근거는 여럿일 경우에 글에 따라 첫째, 둘째나 ①, ② 등의 기호, 부호를 사용해서 쉽게 파악하게 하기도 한다. 여러 개의 문단으로 구성된 글에서 근거 하나당 한 문단씩 적용되는 글도 있는데 그런 글에는 더욱 쉽게 근거를 파악할 수 있다.

　논증 이해를 통한 평가를 위해 언제나 개념 확인을 할 필요는 없다. 일단 주요 개념의 경우에만 정리 및 확인이 필요하다. 물론 주요 개념이 아닌 부차적 개념이라고 하더라도 제대로 파악하지 못했을 때 문제가 생길 가능성이 있다면 그러한 개념에 대해 검토가 필요하지만 실제 그러한 경우는 많지 않다. 주요 개념이 일반적 의미로 사용되고 일반적 범주 정도로 사용될 때에는 개념 자체에 그다지 주목할 필요가 없다. 친숙하지 않은 개념이거나 친숙한 개념이지만 저자가 다소 특별하게 사용했다면 개념 정의 및 범주에 대해 유의해야 한다.

　동물 학대를 막아야 한다는 생각이 점차 일반화되고 있고 인권이 있는 것처럼 동물권(動物權)이 있는 주장도 종종 볼 수 있다. 어떤 사람이 동물권 개념에 대해 잘 모르면서 동물권에 대한 글을 읽을 때 막연하게 동물권을 '동물의 권리' 정도로 이해하면 실제로 개념이 잘 이해되지 않을 수 있다. 개념에 익숙하지 않고 그 개념과 관련한 주요 정보를 모를 때에는 직접 정보를 찾아봐야 할 수도 있다. 동물권을 주장할 때 동물 학대 금지, 동물 식용 반대, 동물 실험 반대, 동물 살처분 반대 등의 세부 주장을 볼 수 있으며 일부 학자는 공리주의적 관점에서 동물 식용을 반대하는데 이렇게 동물권을 보다 정확히 이해하기 위해서는 '공리주의'까지도 비록 개략적이나마 이해할 필요가 있다.

　목적과 관점은 일부 학술논문 등 글에 따라서는 서두 부분에 직접 제시하는 경우도 있다. '무엇을 밝히기 위해' 그리고 '~한 관점으로' 또는 '○○론을 적용하여' 등의 표현이 들어있어서 어렵지 않게 알 수 있기도 하다. 그런데 일상적으로 접하는 논설적인 글에서 흔히 볼 수 있지는 않다. 일부 표현 등으로 목적과 관점을 간접적으로 알 수 있기도 한데 특별히 그러한 표현이 거의 보이지 않는 때에 전체적으로 읽어나가며 짐작하면 된다. 글의 진행 방향은 목적과 관점에 따라 영향을 받게 마련이라 잘 파악하면 글을 빠르고 정확하게 이해하는 데 도움이 된다.

함축은 '맥락'(context)이라는 개념과 관련이 있다고 하겠는데 단순한 표현 이상의 숨은 뜻을 찾는 활동이라고 하겠다. 어떠한 함축도 필요 없을 정도로 분명하게 정리된 글이 이상적이라고 가정해볼 수야 있지만 실제로 그렇게 되기는 어렵다. 의도적으로 특별한 목적으로 사용한 표현 때문에 숨은 의미가 있을 수도 있고 그 자체로 특별하지 않은 표현이지만 진행 과정을 살펴보면 일반적인 의미로 해석되지 않을 수도 있다.

박지원(朴趾源, 1737~1805)의 『열하일기』(熱河日記) <관내정사>(關內程史) 7월 27일 조 일부를 예로 들어보겠다. 서기 연도는 필자가 추가했다.

> 내가 백문(白門, 돈의문(敦義門) 역자 주)에 살 때 숭정(崇禎, 1627~1644) 기원후 137년, 세 번째 갑신년(서기 1764년, 역자 주) 3월 19일은 바로 의종(毅宗) 열황제(烈皇帝, 1611~1644)가 사직을 따라 죽은 날인데 시골 선생이 한동네 남자 수십 명과 함께 성 서쪽 송 씨의 빌린 집에 가서 우암(尤菴) 송 선생[송시열(宋時烈, 1607~1689)]의 영정에 참배하고 초구(貂裘)를 꺼내서 쓰다듬으며 강개하여 눈물을 흘리는 자도 있었다. 다시 성 아래에 이르러 팔뚝을 잡고 서쪽을 향하여 "오랑캐"[胡]라고 했다.
> 시골 선생은 여수(旅酬, 음복하는 제사 절차)를 하는데 고사리, 고비 나물을 차렸다. 때마침 술을 금하여 꿀물로 술을 대신하여 그림 있는 자기 그릇에 담았는데 관지(款識)에 '대명(大明) 성화(成化, 1465~1487)에 만들었다'라고 했다. 여수하는 자는 반드시 머리를 숙이고 그릇 속을 보는데 춘추의 의를 잊지 않기 위함이다. 드디어 서로 더불어 시를 주는데 한 동자가 짓기를,
>
> 무왕이 만약 패해 죽었다면(武王若敗崩)

고사리 캐도 진실로 배부르지 않으니(採薇不眞飽)
여망(呂望)은 어찌 백이(伯夷)를 도와(望乃扶夷去)
어찌 역적을 도왔다 하지 않는가(何不爲護逆)
오늘 춘추의 의는(今日春秋義)
오랑캐가 보면 오랑캐의 역적이네(胡看爲胡賊)

라고 하니 좌중이 크게 웃었다. 시골 선생은 멍하니 잠시 있다가 말하기를 "아이들은 가히 일찍 『춘추』를 읽게 하지 않을 수 없으니 오직 그 일찍 판별하지 못한 고로 이에 이 괴이한 말을 하는구나. 즉경(卽景)을 가히 지어라."라고 하니 또 어떤 한 아이가 짓기를,

고사리 캐도 진실로 배부르지 않으니(採薇不眞飽)
백이도 마침내 굶어 죽었네(伯夷終餓死)
꿀물 달기가 술에 지나니(蜜水甘過酒)
이를 마시고 죽으면 곧 원통하리(飮此亡則寃)

라고 했다. 시골 선생은 눈썹을 찌푸리며 말하기를 "또 하나의 괴이한 이야기구나."라고 하니 한 자리에 모두 크게 웃었다. 이제 27년(필사본에 27년이라고 되어있어서 일단 그래도 옮겼는데 박지원이 실제로 사신을 갔던 때가 1780년이므로 17년이 맞다고 보고 한국고전번역원 번역본에는 17년으로 되어있다. 역자 주)에 이르렀으니 노인은 다했다.

박지원이 중국에 사신으로 다녀올 때 예전 기억을 떠올려 서술하는 방식으로 되어 있다. 1644년 이자성(李自成, 1605~1645)의 반란으로 북경이 함락되자 명나라 마지막 황제 숭정제는 자살하여 명나라는 멸망하고 여진족의 청나라가 남하하여 명나라를 대신하게 되었는데 당시 조선은 명나라가 임진왜란 시기에 원군을 보내서 도와줬으니 정통인 명나라를 지켜야 한다는 생각이 주된 이념으로 자리잡혀 있던 시기이다. 박지원의 기억하는 1764년 기준으로 1644년 명나라 마지막 황제가 죽은 지 백이십 년이

되었는데도 아직도 명을 높이고 청을 낮추는 의식을 갖는 사람이 있다는 것을 보여주고 있다.

시골 선생이 마을의 남자들을 데리고 서울에 와서 숭명반청 북벌론의 거물로 평가되는 송시열의 영정에 참배하고 제사를 지내고 시를 지어 송시열의 정신을 기리고 숭명반청 정신을 기리려고 했던 것 같다. 그런데 아이의 시가 두 수 등장하는데 시골 선생의 '가르침'에 완전히 어긋난다고 하겠다.

먼저 첫 번째 작품부터 살펴보자면 배경을 간단히 확인해볼 필요가 있다. 은나라 마지막 왕인 주왕이 주나라를 세운 무왕(武王)에게 패해 은나라는 망하게 되었는데 무왕이 주왕을 공격하려 할 때 백이와 숙제(叔齊)가 신하로서 왕을 공격하는 것이 정당하지 않다는 등의 이유로 반대하자 무왕의 군사들이 그들을 죽이려 했는데 강태공(姜太公)으로 잘 알려진 여망이 무왕에게 이들은 의로운 사람이라고 해서 살려주게 하였다. 백이와 숙제는 무왕의 주나라 백성이 되는 것을 부끄럽게 여겨 주나라 곡식을 먹지 않겠다고 하고 수양산(首陽山)으로 들어가 고사리를 먹다가 결국 굶어 죽었다는 사실이 『사기』(史記) <열전>(列傳) 백이숙제 조에 나타난다.

역사에 가정은 무의미하다는 말들을 요즘 많이 하기는 하지만 역사의 가정이 들어 있다. 실제 역사로는 주나라 무왕이 은나라 주왕을 이겼지만 만약 무왕이 주왕에게 패했다면 어떻게 될까? 정통인 은나라 주왕에게 주나라 무왕은 반란군 우두머리일 뿐이다. 또 은나라 공격을 반대하는 백이와 숙제를 죽이는 데 반대한 여망은 주나라 무왕 측에서 바라본다면 정당한 정벌을 반대하는 인물을 옹호하니 혹시 여망도 주나라 관점에서 볼 때 역적을 옹호하는 사람으로 볼 수 있지 않겠느냐는 뜻으로 보인다.

춘추의 의는 춘추대의(春秋大義)라는 한자어로 유명한데 정통과 대의명분을 중시하는 사상으로 간단히 서술할 수 있다. 실제의 정치적 승패와 무관하게 정통과 정통 아닌 것을 구분하고 그러한 구분을 통해 존중해야 할 것과 배격해야 할 것을 구분하는 방식으로 조선 후기에 나타났다고 하겠는데 당연히 명나라를 중화로 생각하고 청나라를 오랑캐로 생각했는데 청나라의 관점에서 생각한다면 명나라를 기억하고 높이는 세력은 청나라의 역적이라고 할 수 있다. 중화니 오랑캐니 하는 구분도 결국 상대적일 뿐이라는 생각이 나타난다고 하겠다.

두 번째 작품에서 고사리 먹는 것을 문제 삼는다고 하겠는데 백이와 숙제를 기리는 마음에서 먹는다고 하지만 고사리 먹는다고 배부르지 않다고 하여 굳이 먹을 필요가 없다는 생각을 보인다. 백이와 숙제도 결국 굶어 죽지 않았냐고 하고 있다. 단순히 맛이 없다, 배가 안 부르다는 정도가 아니라 생명을 유지할 수 없다고 하고 있다. 제사에 사용되는 술보다 꿀물이 더 달다고 하면서 이런 것 계속 마시면서 살고 싶은 마음을 드러냈다고 하겠다.

　일단 표면적으로 어린아이들이라 철이 없어서 춘추대의를 몰라서 엉뚱한 소리를 하니 시골 선생 관점에서 보면 얼마나 답답했을까, 어이없었을까 하는 생각이 들게 한다. 당시 명나라가 망한 지 120년이 되었는데도 시골 선생이 자신의 학생들을 데리고 서울에 올라와 북벌의 인물 송시열을 기리고 반청 의식을 북돋는 숭고한 행위를 하는 것 같은데 아이들은 왕과 역적은 상대적일 뿐이라고 하고 제사의 술 대신 꿀물이 맛있다는 시나 짓고 있으니 교육이 엄청나게 필요할 것 같아 보인다.

　그런데 이면적으로는 반대의 이야기를 하고 싶은 것으로 볼 수 있다. 여진족의 청나라에 1636년에 싸우다 항복하는 것을 당시에 굴욕으로 여길 수 있고 1644년 명나라가 망하고 청나라가 들어섰지만 언젠가 명나라를 위해 복수할 수 있다고 당대에는 생각할 수 있다. 이미 120년 지나고 청의 지배가 안정되는 상황에 굳이 이전 사고방식을 고집해야 하는지 의문의 여지가 있다. 그리고 현실적으로 북벌이 실현 가능한지 의문의 여지가 있다. 어찌 보면 아이들 반응이 자연스럽다고 하겠는데 열심히 공부하신 시골 선생께서 오히려 현실 감각이 떨어진다고 하겠다. 어린아이조차 생각할 수 있는 것을 막상 선생께서 못한다고 하니 맥락을 고려하면 시대 변화를 인정하지 않고 이분법적 사고의 틀을 유지하는 것을 은근히 풍자하는 성격이 강하다고 할 수 있다.

　원문의 이해를 돕기 위해서 많이 거론되는 것이 요약이다. 실제 요약하기는 일상생활 전반에 흔히 볼 수 있다. 다른 사람과의 대화를 제3자에게 전달할 때 녹음자료를 보여주는 수준이 아닌 이상 요약해서 대강만 전달할 수밖에 없다. 대학 강의도 1960년대까지 볼 수 있었던 방식처럼 교수가 강의안을 불러주면 학생이 받아적는 방식이 아닌 이상 학생은 요약해서 받아적고 이해할 수밖에 없다. 확대해서 살펴보면 모든 의사소통 행위는 요약 행위라고 할 수 있다. 어떤 철학적 글을 읽고 자신이 이해한 방식으로 원문을 내용을 '바꿔쓰기' 하는 것도 넓은 의미의 요약이라고 할 수 있다. 이러한 면에서 요약의 능력은 이해의 능력과 함께한다고 할 수 있다. 정확한 이해를 바탕으로 좋은 요약문을 쓸 수 있지만 좋은 요약문 쓰기를 통해 이해를 더 정밀하게 할 수 있다.

요약문 쓰기 방법은 글의 종류에 따라 달라지므로 일률적인 방법을 이 자리에서 제시할 수 없다. 논술 등 주로 논설적 성격의 글을 요약할 때에는 위에 등장하는 개념 위주로 진행할 수 있다. 이러한 종류의 글 요약에는 일차적으로 문제, 결론, 근거 위주로 진행하는 것이 일반적이다. 세부적으로는 먼저 대략 1000~1500자 정도로 짧은 글을 들 수 있다. 논술 시험의 요약 문제에서도 볼 수 있는 유형이다. 특히 난도도 높지 않은 글일 때에는 문제, 결론, 근거에 해당하는 구절 또는 문장이 쉽게 드러나는 경향이 있다. 그러한 구절 또는 문장에 밑줄을 긋고 서로 연결되도록 다듬으면 요약문이 완성된다.

그보다 긴 글의 요약에서 흔히 사용되는 방법은 문단 위주 정리이다. 문단을 문제, 결론, 근거 등 중요한 문단과 중요하지 않은 문단으로 나누고 중요하지 않은 문단은 완전 삭제까지도 고려될 수 있다. 그렇다고 해서 상대적으로 중요하지 않은 문단이라도 모두 삭제하지는 않는다. 요약문을 어느 정도 비율로 작성하느냐에 따라 편차가 있지만 사소한 일화 수준이 아닌 이상 일부 표현, 문장 등은 거의 모든 문단에서 일단 요약문에 포함될 것을 고려해야 한다. 그렇게 하고 난 다음에 전체적인 양을 고려해서 가감할 수 있다. 문제, 결론, 근거 외에 중요한 개념, 정보 등의 요소도 앞의 유형보다 좀 더 많이 포함될 수 있다.

대체로 이렇게 두 가지 방법이 있다고 하겠는데 이외에 주어진 글을 읽고 논술 등 논설적 글을 쓸 때 중간과정으로서 요약문 쓰기가 이에 해당한다고 할 수 있다. 정식으로 제출되는 답안 성격의 글도 아닌데 시간과 정성을 들여 완성도 높게 써야 할 이유가 거의 없고 특히 정해진 시간 내에 논술 등으로 답안을 쓰는 경우라면 더욱 그러하다고 하겠다. 이러한 요약문은 이해한 사항을 쉽게 빠르게 정리하여 논술 등을 편리하게 서술하기 위해 완성도가 떨어질 수도 있지만 간단한 문장 위주로 정리할 수 있고 이러한 경험이 많은 경우에는 특별히 문장 형태까지 이르지 않더라도 압축된 표현으로 정리할 수 있다. 그러므로 특별히 글의 범주에 속하지 않을 수도 있다.

요약하기를 위한 준비과정을 위해 아래와 같이 도표를 작성해서 빈칸에 채워나갈 수도 있다. 도표에만 간단히 적어 원고지 등에 옮겨적을 때 참고자료 역할을 할 수 있다. 또는 이러한 도표에 요약문을 (거의) 완성된 형태로도 적을 수 있다. 상대적으로 간단한 길이와 내용의 경우와 상대적으로 길고 복잡한 내용의 경우를 구별해서 도표를 따로 제시한다. 상대적으로 간단한 유형은 문제, 결론, 근거 위주로 요약문 주요 내용을 적고 개념, 정보 이하는 특별히 기술할 필요가 있는 것만 기록하는 방식이다. 상대적으로 복잡한 유형은 문단 위주로 하여 문단 번호, 기호 등을 설정하여 문단마다 붙이고 주요 내용을 기술하되 삭제가 가능한 문단은 따로 기록하지 않아도 된다. 제일 오른쪽의 단계별 요소 항목에는 문제부터 함축까지 어떠한 요소에 해당하는지 기록하면 된다. 문단에 따라 두 가지 이상의 요소에 해당할 수도 있는데 그러한 경우에는 모두 기록하면 된다.

[상대적으로 간단한 유형]

단계별 요소	내용
문제 결론 근거	
개념 정보	
목적/관점/함축	

[상대적으로 복잡한 유형]

문단	내용	단계별 요소

　원문의 평가를 위한 비판적 사고 항목 11개가 3단계로 되어있는데 단계별로 문제가 발견되었을 때 매우 심각함, 심각함, 아쉬움 정도의 문제점으로 받아들여진다고 하겠다. 먼저 분명함과 명료함부터 살펴볼 때 두 개념을 한 묶음처럼 다루는 이유부터 보충해서 설명할 필요가 있다. 이후에 등장하는 단어들은 모두 한자 '性'(성)이 붙어서 '-

성'이라는 단어가 되었는데 '분명성'이라는 단어가 적절하지 않아 보여 '분명함'과 '명료함'이라고 할 수밖에 없다. 이 분명함과 명료함은 국어사전을 탐구해서 의미를 확정하고 두 단어 간의 차이를 확인할 수 없다. 분명함은 애매성, 명료함은 모호성의 반대말이다. 앞에서 다룬 것처럼 한 개념이 다의적으로 사용되는 것이 애매성이고 개념의 범위가 분명하지 않은 것이 모호성이다. 그러니 분명함은 애매성이 없음, 명료함은 모호성이 없음을 의미한다고 하겠다. 오류론 중에 애매어(equivocation)의 오류가 있는데 예를 들어보면 다음과 같다.

> [전제1] 모든 죄인은 처벌받아야 한다.
> [전제2] 우리 동네 어떤 할아버지는 젊어서 부모께 효를 다하지 못해서 아직도 죄인이라고 말씀하신다.
> [결론] 그러면 그 할아버지는 처벌받아야 한다.

'모든 죄인은 처벌받아야 한다./어떤 할아버지는 죄인이다./그 할아버지는 처벌받아야 한다.'라고 최대한 간추려 보면 이상이 없는 것처럼 보일 수 있는데 문제는 [전제1]의 '죄인'과 [전제2]의 '죄인'이 표면적으로는 같은 의미이지만 심층적으로는 각각 '법률적 죄인'과 '도덕적 죄인'이라는 의미라 서로 다르므로 하나의 논증 내에 함께 다뤄질 수 없다. 이러한 애매성 문제가 발생할 가능성은 항상 있다고 하겠는데 하나 가정해보겠다. 20세기 초에 작성된, 독립운동의 내용이 담겼으며 수신자가 한자로 島山(도산)으로 되어있는 편지가 새로 발견되었다고 하자. 어떤 사람이 도산 안창호(安昌浩, 1878~1938)에게 전달되는 편지로 생각하고 글을 쓴다면 할 때 예상치 못한 문제가 발생할 수 있다. 같은 島山을 호로 사용하는 인물 신태식(申泰植, 1864~1932)도 있는데 신태식도 독립운동가이기 때문이다. 호가 같고 생존 연대도 비슷한 인물들은 모두 구별할 수 없다는 뜻은 아니지만 동일인물인지 따져보지 않고 무조건 확신해서 글을 쓴다면 심각한 문제가 될 수 있다는 뜻이다.

모호성의 문제는 논설적인 글에서 종종 발견되는데 오류론의 '은밀한 재정의의 오류'가 이에 해당한다고 하겠다. 상대의 표현 일부를 사실상 다르게 재정의하여 공격하는 오류라고 하겠는데 만약 어떤 비혼주의자에게 기혼자가 "결혼해서 안정을 찾아야지."라고 충고했다면 비혼주의자는 이를 은밀한 재정의의 오류로 받아들일 가능성이 크다. 말을 꺼낸 사람에게는 '결혼=안정된 삶'이지만 듣는 사람에게는 그러한 등식이 성립하지 않는다. 그러므로 듣는 사람은 결혼을 안정된 삶으로 부당하게 재정의했다고 생각할 가능성이 크다.

정확성은 논증 평가의 건전성과 관련이 깊다. 형식적으로 문제가 없더라도 실제로 근거가 사실이어야 하기 때문이다. 요즘 많은 언론사에서 하고 있는 '팩트체크'도 어떠한 주장의 근거가 사실에 얼마나 가까운지 확인하는 작업이라고 하겠다. 당연히 사실에 기초하지 않았다면 주장 자체의 의미가 없어질 수도 있기 때문이다. 서울대학교 언론정보연구소 팩트체크(http://factcheck.snu.ac.kr) 예를 일부 들어보겠다. 언론사 검증 기사를 올리고 있다.

2021년 기사 예를 들어보면 먼저 1월 20일 등록되었는데 1월 19일 대통령 신년 기자회견에서 집값 급등과 공급 부족 원인으로 1인 가구 중심 세대수 증가를 지목했는데 1인 세대가 매수세를 이끌었다면 원룸, 오피스텔 가격이 올라야 하는데 아파트값이 급등했으며 종합부동산 중과세로 절세를 목적으로 자녀를 세대 분리한 결과라고 한 부동산 전문가들의 의견을 종합한 파이낸셜뉴스 등의 검증기사를 통하여 '전혀 사실 아님/대체로 사실 아님'으로 판단했다.

1월 27일 등록되었는데 1월 18일 이재용 삼성전자 부회장이 국정농단 파기환송심에서 2년 6개월의 실형을 선고받아 재수감되었는데 유독 한국 경영자들이 과도한 형사 책임을 진다는 기사에 대해 YTN의 검증 기사를 통해 홍콩과 미국에서 기업범죄에 대해 대표가 실형을 선고받았다는 사실을 들었고 한국에서만 대표를 엄격하게 처벌한다는 주장에 대해서도 뇌물죄 양형 기준이 미국이 한국보다 더 엄격하니 이러한 두 주장은 전혀 사실이 아니라고 하고 '전혀 사실 아님'으로 판정하였다.

사실이든 아니든 언제나 명확하게 정리되는 것은 아니다. 예를 들어 1월 26일 등록된 기사로 아스트라제네카 백신은 화이자백신보다 효과가 떨어지며 미국의 허가가 나지 않아 안정성이 떨어져 보인다는 주장에 대해 두 백신은 임상실험 설계가 달라 단순 비교가 곤란하고 백신의 효과는 원래 6개월에서 1년 이상 지켜보며 판단해야 한다고 했다. 아스트라제네카 백신이 아직 미국에서 허가받지 못했는데 자국 기업이 아닌 이유도 있었을 것이고 제조사 입장에서도 유럽 물량도 충분하지 않은데 미국 승인을 서두를 이유도 없다고 하는 전문가 의견을 들어 현재로서는 최종 효과가 몇 %일지는 아직 아무도 모른다는 한국일보 검증기사를 통해 판단유보로 판정했다.

적절성은 세부적으로 문제와 결론의 관계, 결론과 근거의 관계 검토에 필요한 개념으로 정리된다. 일반적으로 문제로 제기된 것에 대해 분명한 결론이 제시되어야 한다. 거창해 보일 수 있는 문제를 제기해놓고 지나치게 무난해서 누구나 인정할 만하지만 동시에 그다지 특별하지 않은 내용의 결론이라면 큰 의미가 있는 결론이라고 할 수 없다. 결론과 근거에 관계는 앞에서 서술한 타당성과 관련이 있는데 근거를 통해 충분히 결론이 도출된다고 할 만해야 한다. 몇 가지 근거가 제시되었다고 해도 그 근거들 대부분이 추정일 뿐이라 다르게 해석될 가능성이 크다면 근거와 결론이 긴밀하고 필연적이라고 하기 어렵다.

이외에 근거와 결론이 지나치게 긴밀한(?) 경우도 있는데 오류론의 종류로 순환논증의 오류(또는 선결문제 요구 오류)를 들 수 있을 것 같다. 근거가 사실상 결론이 되는 진행 방식이라고 하겠는데 일단 주장 자체는 확고해 보이는데 막상 필연적인 근거를 잘 찾지 못할 때 발생할 가능성이 크다고 하겠다. 예전에 양심적 병역 거부의 인정 문제에 대해 논란이 있던 시절에 누군가가 "양심적 병역 거부는 허용되어서는 안 된다. 왜냐하면 법으로 병역 거부를 금지하고 있기 때문이다."라고 주장했다고 가정해보자. 법을 지켜야 한다는 말로 일단 이해한다고 해도 왜 해당 법을 지켜야만 하는지에 대한 완벽한 해명은 될 수 없다. 법이 맞지 않은 측면이 있다면 개정을 요구할 수도 있기 때문이다. 이러한 종류의 오류에서 예를 들어 "안 됩니다." "왜?" "안 되니까요."라는 가상의 대화처럼 근거와 결론이 거의 같은 표현인 경우는 많지 않고 내용상으로만 같은 경우가 많다는 점을 유의할 필요가 있다.

다음 단계 요소 중 먼저 중요성을 살펴보겠다. 이 문제에 대해 쓸 필요가 있는가? 이 글의 결론은 독자에게 얼마나 비중 있게 받아들여지는가? 등의 질문에 대한 답변 성격의 요소라고 하겠다. 문제와 결론, 결론과 근거 사이 관계에 문제가 없다고 해도 중요성 측면에서 얼마든지 약점이 발견될 수 있다. 진행상 특별한 논리적 오류가 없다고 해도 범상한 문제, 범상한 결론이라면 중요성 측면에서 좋은 글이라고 할 수 없을 것이다.

충분성은 글의 진행에 근거 등이 양적, 질적으로 필요한 만큼 갖춰졌는지를 살피는 데 필요한 요소라고 하겠다. 너무 적으면 독자가 제대로 증명되었는지 확신할 수 없고 너무 많으면 진행이 너무 느려 독자가 잃을 의욕과 흥미가 떨어질 수 있다. 그 외에 보충설명이 필요한 부분에 얼마나 제공되고 있는지도 충분성의 관점에서 검토될 수 있다. 지나치게 경제적인 서술의 관점에서 글이 진행되다가 필요한 보충설명마저 축소, 생략된다면 글쓴이만 아는 글이 될 수 있다.

공정성은 다양한 관점, 이론 등을 얼마나 고려했는지 판단하는 요소라고 하겠다. 세상의 많은 문제가 한 가지 결론만 있을 수 없는 것이 대부분이고 또 각각의 주장에 대한 근거도 있다. 그런데 글쓴이 주장에 유리한 주장만 싣거나 편파적이라고 할 정도로 유리한 주장은 긍정적이거나 상세하게, 불리한 주장은 부정적이거나 소략하게 서술한다면 독자를 사실상 속이는 측면이 있다고 볼 수 있다. 공정성에 나타나는 약점은 나쁜 의도로 인한 결과일 수 있고 여러 근거를 고루 다루려는 노력이 부족한 태만함의 결과일 수 있으나 어느 쪽이든 결론의 신뢰성까지 떨어뜨리게 된다.

일관성은 일반적으로 논리적 진행에 관해 판단하는 요소인데 넓게 보면 상당히 많이 적용될 수 있다. 특별한 이유 없이 동일한 사물, 사안에 대해 상반되게 보이도록 서술하면 안 된다. 예를 들어 청소년 게임중독 문제는 사회적 문제라기보다 개인적 취향의 문제이며 심각한 문제가 아니라는 관점으로 글을 진행하면서 어떤 부분에서 게임중독의 사회구조적 측면을 강하게 역설한다면 해당 부분은 전체적인 진행과 모순된다. 이러한 1단계, 2단계 항목에서 발견되는 결함은 글의 심각한 약점이라고 할 수 있다.

마지막 단계를 살펴 보겠는데 먼저 독창성은 얼마나 새로운 시도가 있으며 또 얼마나 효과적인지를 평가하는 요소라고 하겠다. 새롭다고 할 때 일반적으로 일반인들이 잘 몰랐던 새로운 대상을 발견하거나 새로운 이론체계를 제시하거나 기존에 알려진 대상에 대한 새로운 시각을 제시하는 등이 시도 및 결과가 있어야 한다. 그런데 이 중 하나라도 제대로 하는 것이 사실 쉬운 일이 아니다. 이미 많은 전문가가 현재 우리 삶의 다양한 측면에 대해 어지간히 밝혀 놓았기 때문인 측면이 있다. 독창성을 제대로 평가하려면 기존 업적에 대해 어느 정도 알고 있어야 한다.

심층성은 대개 글쓰기 대상에 대해 얼마나 깊이 있게 서술되었는지 평가하는 요소라고 하겠다. 즉 얼마나 심층적으로 썼는지 살핀다는 뜻인데 여기서 '심층적'이라는 표현의 반대말은 '피상적' 정도가 될 것이다. 어떤 글이 피상적 수준이 되는 이유는 일반적으로 잘 모르기 때문이라고 하겠다. 잘 모르니 동어반복적인 표현이 많이 들어가고 내용상으로도 지당한 정도에 머물 수밖에 없다고 하겠다. 피상적 글쓰기를 단기적으로 바꾸는 것은 불가능하다. 심층성이 있다고 평가되려면 양적으로도 어느 정도 되어야 하고 사실관계 등 기본 정보도 확보되어 있어야 한다.

다각성은 얼마다 다양한 관점이 반영되었는지 평가하는 요소라고 하겠다. 글의 종류에 따라서 한 가지 관점으로만 다뤄도 충분할 수 있지만 일반적으로 가능한 한 다양한 관점을 반영할 것이 요구된다고 하겠다. 예를 들어보자면, 주로 반려견 출산을 위한 목적으로 운영되는 개 사육장 문제가 수년 전에 방송을 통해 여러 번 드러난 적 있다. 이러한 사회 문제에 대해 개 사육장의 불법 요소가 있으며 법적으로 강한 단속 및 처벌이 필요하다는 생각 하나만으로 글을 완성하기 쉽지 않고 설령 대단한 글재주가 있어서 글을 완성한다고 해서 좋은 글이 되기는 어렵다.

개 사육장은 고기, 투견 등의 수요와도 관련이 있다고 할 수 있다. 반려동물을 어떻게 먹을 수 있냐는 관점과 소, 닭, 말을 먹는 것과 같은 차원이라는 관점이 있다. 개 사육장 자체를 유지하면서 불법 요소가 없도록 관리하는 것이 좋은지, 아니면 악용될 소지가 커서 없애도록 하는 것이 좋은지 의견이 다를 수 있다. 이렇게 떠올린 생각 전체를 모두 담아 글을 쓸 필요까지는 없겠지만 되도록 여러 측면을 고려하여 글에 어느 정도 넣고 뺄지를 결정해야 한다. 다각성을 평가할 때에 일반적으로 떠올릴 수 있는 정도는 글 안에 포함되어야 한다. 그 이상을 포함했다면 다각성이 포함된 좋은 글이라고 할 수 있다.

이 3단계 항목으로 약점이 있다고 해서 심각한 수준이라고 하기는 어렵다. 보다 좋은 글이 되기 위한 권장 사항이라고 해도 좋을 것이다. 독창성, 심층성, 다각성은 그 자체로 논리적 오류와 연결되는 것은 아니라서 오류론의 오류 특정 항목과 직접 연결되기는 어렵다. 다만 그렇다고 하더라도 독창성을 높이려다가 오히려 더 이상해 보일 수 있고 심층성을 높이려다가 지루한 글이 될 수 있고 다각성을 높이려다가 불필요한 내용이 들어간 글이 될 수 있으니 유의할 필요가 있다.

이러한 비판적 사고 평가 기준을 자신의 논설적 글쓰기에도 적용해서 그대로 쓴다면 가장 이상적이라고 할 수 있다. 다만 다른 사람의 글을 평가하는 것과 자신의 글을 쓰는 것은 전혀 다른 문제라고 하겠고 글쓰기에 여러 가지 기준을 동시에 적용하면서 잘 쓴다는 것은 어려운 일이다. 쓰기 전, 쓰는 중, 쓰고 난 후에 기준을 의식하면서 평가 기준을 최대한 충족하려고 노력하면 된다. 주제의 방향을 미리 정하고 미리 개요를 짜고 쓰고 난 다음에 검토하는, 일반적으로 기초 글쓰기 교재에 지적하는 방식을 적용하면 된다. 구체적으로 글의 종류에 따라 세부적 글쓰기 방법이 달라지는데 그것은 이후에 보이는 것처럼 종류별, 분야별로 실습하면 된다.

예시문제

장유(張維, 1587~1638), 『계곡선생집』(谿谷先生集) 권4 <복전설>(福田說)을 읽고 요약하고 평가해보자.

[기초 정보]
원문은 한문으로 되어있으며 특별히 문단 구분도 되어있지 않다. 필자가 한국고전종합db를 참조하고 직역 위주로 옮기고 문단은 임의로 나누고 문단 번호를 붙였다.

[1] 처음에 내가 부도(浮屠)[1]의 책을 보니 사람이 능히 그 도를 신봉하면 반드시 복전(福田)의 이익을 얻어 갖가지가 뜻대로 되는데 그렇지 않으면 이와 반대라고 했다. 나는 마음속으로 의심하여 화복(禍福)은 명(命)에 있고 명은 하늘에 있는데 부도씨의 도가 비록 커도 어찌 능히 하늘의 명을 어겨 사람에게 화복을 주겠는가. 또 세상에 이른바 복이라는 것은 귀하고 현달(顯達)하고 오래 살고 부유하고 처첩이 받들고 자손이 봉양함에 지나지 않을 뿐이니 이것을 얻음을 복이라고 하고 이것을 잃음을 화라고 한다. 부도씨가 얻은 바로 큰 것이 석가와 같은 이가 없는데 석가는 왕위를 버리고 출가하여 고행하고 걸식하여 마침내 고독하게 죽었다. 비록 도를 이뤄 부처가 되어 삼계(三界)[2]에 홀

로 높다고 해도 세상에 이른바 복이라는 것은 없었다. 자신이 능히 소유하지 못한 바를 어찌 능히 남에게 주겠는가? 그러한즉 이른바 복전이라는 것이 과연 어떻게 있겠는가 하였다. [2] 그러다 하나의 설을 얻게 되었는데 천하가 만 번 변하는 것은 이 마음 밖에서 나오지 않으니 이 마음이 편안한 바를 복이라고 하고 이 마음이 편안하지 않은 바를 화라고 한다고 한다. 삶은 사람이 바라는 바인데 세상에 생을 버리고 죽음을 취한 자가 있으니 삶은 편안한 바가 아니고 죽음은 편안한 바이다. 부귀는 사람이 바라는 바인데 세상에 재상 벼슬을 피하고 천금을 버리고 밭에 물 대는 것과 떨어진 갖옷을 달게 여기는 자가 있으니 재상과 천금은 편안한 바가 아니고 밭에 물 대는 것과 떨어진 갖옷은 편안한 바이다. 편안하면 곧 즐겁고 즐거우면 곧 복이 이에 있고 편안하지 않으면 즐겁지 않고 즐겁지 않으면 화가 이에 있다. [3] 군자는 하늘을 즐기고 운수를 아니, (어떤 처지에) 들어가 스스로 얻지 않음이 없고 (어떤 처지에) 들어가 스스로 얻지 않음이 없으니 또한 (어떤 처지에) 들어가도 복이 아님이 없다. 소인은 아직 얻지 못하면 얻으려고 전전긍긍하고 이미 얻으면 잃을까 봐 두려워하니 (어떤 처지에) 들어가도 두려워하지 않음이 없고 (어떤 처지에) 들어가 두려워하지 않음이 없으니 또한 (어떤 처지에) 들어가도 화가 아님이 없다. [4] 부도씨의 법이 비록 바른 이치에 기초하지 않았으나 도는 공(空)을 근본으로 하고 배움은 깨달음을 기대한다. 깨달으면 내 마음의 미묘함을 알아 외물이 능히 침범할 수 없고 공을 깨달으면 만 가지 변화의 무상함을 알아 본심이 누를 입지 않는다. 이에 대해 들음이 있으면 산다고 기뻐하지 않고 죽는다고 두려워하지 않고 해로움을 보기를 이로움과 같이 하고 괴로움을 보기를 즐거움과 같이 하고 은혜와 원망, 비방과 칭찬, 좋아함과 싫어함, 이룸과 무너짐을 보기를 하나 같이 하여 (어떤 처지에) 가도 편안하지 않음이 없고 (어떤 처지에) 가도 즐겁지 않음이 없으면 천하의 복에 어느 것이 이보다 더할 수 있을까. [5] 대저 귀함을 복으로 삼으면 자리가 바뀌면 천해지고 부유함을 복으로 삼으면 재물이 다하면 곧 가난해지니 밖에서 얻은 것은 때에 따라 변함이 있는데 때에 따라 변함이 있는 것은 진정한 복이 아니다. 벼슬자리가 없으나 귀함은 나라 벼슬로 더할 수 없고 쌓아둔 것이 없으나 부유함은 나라 재산으로 능히 대적할 수 없으며 삶이 없으나 오래 사는 것은 천지가 능히 명을 정할 수 없다. 늘어남도 없고 줄어듦도 없고 잃음도 없고 얻음도 없는 것이 진실로 이른바 복전이 아니겠는가. [6] 경(經)에 이르기를 선(善)을 지으면 백 가지 상서로움을 내려주고 선하지 않음을 지으면 백 가지 재앙을 내려준다고 하였다.[3] (지난) 자취로 말하자면 안회(顔回)[4]는 어려운 처지에 단명하였고 도척(盜跖)⁵⁾은 편안히 즐기고 오래 살았으니 이른바 상서로움을 내려주고 재앙을 내려준다는 것은 어디에 있는가. 이치로써 말하자면 선을 지음은 상서로움이 이보다 큰 것이 없어서 비록 곤궁해도 영달함과 같고 비록 요절해도 오래 사는 것과 같은데 선하지 않음을 행함은 재앙이 이보다 큰 것이 없어서 비록 영달해도 곤궁함과 같지 않고 비록 오래 살아도 요절함과 같지 않으니 이는 성인의 뜻이다. 부도씨의 설은 혹은 이와 같지 않은가.

[단어 의미 정리]
- 1) 부도(浮屠): 다양한 의미로 사용되는데 여기서는 불가(佛家), 또는 불교(佛敎) 정도로 해석 가능함.
- 2) 삼계(三界): 불교의 세계관에서 보이는 세 종류의 세계. 욕계(欲界), 색계(色界), 무색계(無色界).
- 3) 경(經)에 ~ 하였다: 여기서 경은 『서경』(書經)을 가리키며 해당 표현은 『서경』<이훈>(伊訓) 편에 보인다.
- 4) 안회(顏回): 생존연대 BC 521년 ~ BC 481년. 공자의 수제자로 평소 근검절약의 삶을 살았다고 하는데 요절했음.
- 5) 도척(盜跖): 생존연대 미상. 큰 도둑으로 부하 9천을 거느렸다고 함.

[문단 정리]

[1] 문단
- **주요 개념**: 부도→불가/불교, 명+하늘→천명, 복전, 석가→석가모니
- **내용 정리**: 복전 통념에 대한 반대 인식/ 인식의 근거 두 가지(일반적 복 개념 포함)/ 복전의 부정적 인식
- **요약 방향**: 첫 부분은 많이 유지하며, 두 번째 부분은 많이 삭제하는데 특히 일반적인 복 개념의 상술은 상당히 많이 삭제하거나 완전히 삭제하는 것 모두 가능해 보인다. 마지막 부분은 첫 부분의 소결론 성격이라 일반적으로는 많이 살리는 방식이 좋아 보임.
- **요약문**: (내가) 불교의 책을 보니 불도를 신봉하면 복전을 얻어 만사가 뜻대로 된다는데 석가모니도 하늘 아래일 뿐이라 그럴 능력이 없을 것 같고 또 석가모니 자신도 걸식하다 고독하게 죽었는데 과연 복전을 얻었다고 볼 수 없을 것이라 생각

했다.

[2] 문단
- **주요 개념**: 설, 마음, 복, 화
- **내용 정리**: 다른 설을 접했는데 세상 변화는 마음에 달려있음/ 마음이 편하면 복이고 마음이 불편하면 화임/ 세상에 목숨, 부귀조차 버리는 사람 있음/ 마음이 편하면 복이고 마음이 불편하면 화임(반복)
- **요약 방향**: 첫 부분, 두 번째 부분은 [1] 문단과 달리 진행되는 본문의 시작이라 대체로 유지하는 것이 좋아 보인다. 세 번째, 네 번째 부분은 예시의 성격이고 특히 네 번째 부분은 실제 내용상으로는 반복되는 측면이 있어서 생략하는 것이 좋아 보인다. 요약하는 비율에 따라 세 번째 부분 역시 생략도 가능한데 남겨두자면 요점만 뽑아 나머지 두 부분에 접합하는 방식이 가능하다.
- **요약문**: 그러다가 세상 변화는 모두 마음에 있을 뿐이라는 설을 접하고 나서 반드시 화복은 명예, 물질적 부유 등에 있다고는 할 수 없고 마음이 편안하면 복이고 마음이 편안하지 않으면 화라고 생각했다.

[3] 문단
- **주요 개념**: 하늘, 명→천명
- **내용 정리**: 군자는 언제나 편안하고 소인은 언제나 두려움
- **요약 방향**: 길이가 길지 않고 다음 문단으로 연결되는 기능이 있으니 완전히 삭제하지 말고 간추리는 것이 좋아 보인다.
- **요약문**: 군자는 천명을 알아 모든 상황에도 편안하고 소인은 이익을 따라 모든 상황에 두렵다.

[4] 문단
- **주요 개념**: (정도,) 공, 깨달음, 은혜와 원망+비방과 칭찬+좋아함과 싫어함+이룸과 무너짐→부귀, 장수 지향적 사고 극복
- **내용 정리**: 불교는 바른 이치에 근거하지 않으나 공, 깨달음을 통해 자유롭고 본심이 지켜짐/ 부귀에 초연해지고 이분법적 사고에 매이지 않아 천하의 복임
- **요약 방향**: 저자가 중요하다고 생각한 것을 나타낸 것 같은데 이 부분만 원문 표현을 유지하면 전체적인 비율 문제도 발생할 수 있고 요약문 문체 문제도 발생할 수 있으니 바람직하지 않다. 불교를 낮추는 표현을 완전히 삭제하는 것은 중요한 정

보의 생략이라 바람직하지 않다. 전체적으로 원문을 압축해서 간단히 표현하는 방식이 무난해 보인다.
- **요약문**: 불교는 비록 정도는 아니지만 불교의 공, 깨달음 관점에서 보면 세상의 부귀, 장수 지향적 사고를 벗어나 편안하고 즐거워지니 천하의 복이라 하겠다.

[5] 문단
- **주요 개념**: 부유함, 귀함, 가난함, 천함, 진정한 복전
- **내용 정리**: 귀함과 부유함은 상황이 달라지면 천하고 가난해짐/ 진정한 귀함과 부유함과 수명은 비교할 수 없는 복전임
- **요약 방향**: 문장 구조가 대구, 대조로 되어있는데 특이하게도 용어상으로는 차이가 별로 없어서 문장을 간단히 줄이기 어렵다. 전체 의미를 고려하면서 바꿔쓰기를 하는 것이 바람직해 보인다. '물질적'과 '정신적', '외부적'과 '내부적', '일시적'과 '지속적' 등 대비하는 용어를 추가해주는 것도 하나의 방법이 될 수 있다.
- **요약문**: 세상의 부귀는 상황에 따라 달라지므로 진정한 복이 아니고 정신적 부귀의 삶이 진정한 복전이다.

[6] 문단
- **주요 개념**: 경, 선, (안회, 도척,) 부귀, 곤궁, 장수, 요절(단명), 복전
- **내용 정리**: 유교 경전에 하늘이 선악에 따라 복과 화를 내려준다고 함/ 현상적으로는 이와 반대로 보이기도 함/ 원리적으로는 선을 행하면 곤궁, 요절도 부귀, 장수이고 악을 행하면 부귀, 장수도 곤궁과 요절이고 이는 성인의 뜻임/ 불교의 복전설도 이와 같아 보임
- **요약 방향**: 첫 부분, 넷째 부분은 길이도 짧아서 양을 줄일 여지가 별로 없는데 결론의 중요성을 고려할 때 완전 삭제는 어려워 보인다. 두 번째 부분에는 예시가 두 가지 보이는데 이는 대강만 전달하고 대부분 삭제가 가능해 보인다. 물론 '선인이 곤궁하고 악인이 부유하기도 했다.'라는 정도로 하는 것도 가능해 보인다. 세 번째 부분은 두 번째 부분과 문장 표현 방식이 약간 다른데 모두 유지하며 표현한다면 길어져 줄일 여지가 적어진다. '선을 행하면 (비록) 곤궁, 요절도 부귀, 장수이고 악을 행하면 부귀, 장수도 곤궁이며 이는(이러한 말은) 성인의 뜻이다.'라고 할 수 있다. 물론 '원리적으로는 항상 그러하다.' 정도로 아주 간결하게 할 수도 있다.
- **요약문**: 유교 경전이 선악에 따라 복과 화를 내려준다고 하는데 현상적으로는 반

대로 보이지만 원리적으로는 선을 행하면 곤궁, 요절도 부귀, 장수이고 악을 행하면 부귀, 장수도 곤궁과 요절이다. 이는 성인의 뜻이며 불교의 복전설도 이와 같아 보인다.

[종합 정리]
비슷한 비중을 가진 부분이 서로 다른 비율로 요약되지 않았는지 확인해볼 필요가 있다. 또 특별한 이유 없이 원문의 표현을 부분에 따라 어떤 데서는 너무 남기고 어떤 데서는 너무 바꾸지 않았는지 확인해볼 필요도 있다. 3단 구성으로 이해해서 문단 [1]은 서두, 문단 [2]~[5]는 본문, 문단 [6]은 결말로 구분해서 세 문단으로 요약문을 구성할 수 있다. 두 개의 예시를 준비했는데 [요약문 예시1]은 다소 긴 편으로 [요약문 예시2]는 다소 짧은 편으로 준비했다. 원문은 1993글자 정도, [요약문 예시1]은 541글자 정도, [요약문 예시2]는 405글자 정도이다.

[요약문 예시1]
  불교의 책을 보니 불도를 신봉하면 복전을 얻어 만사가 뜻대로 된다는데 석가모니도 하늘 아래일 뿐이라 그럴 능력이 없을 것 같고 또 석가모니 자신도 걸식하다 고독하게 죽었는데 과연 복전을 얻었다고 볼 수 없을 것이라 생각했다.
  그러다가 세상 변화는 모두 마음에 있을 뿐이라는 설을 접하고 나서 반드시 화복은 명예, 물질적 부유 등에 있다고는 할 수 없고 마음이 편안하면 복이고 마음이 편안하지 않으면 화라고 생각했다. 군자는 천명을 알아 모든 상황에도 편안하고 소인은 이익을 따라 모든 상황에 두렵다. 불교는 비록 정도는 아니지만 불교의 공 관점에서 보면 세상의 부귀, 장수 지향적 사고를 벗어나 편안하고 즐거워지니 천하의 복이라 하겠다. 세상의 부귀는 상황에 따라 달라지므로 진정한 복이 아니고 정신적 부귀와 삶이 진정한 복전이다.
  유교 경전에 선악에 따라 복과 화를 내려준다고 하는데 현상적으로는 반대로 보이지만 원리적으로는 선을 행하면 곤궁, 요절도 부귀, 장수이고 악을 행하면 부귀, 장수도 곤궁과 요절이다. 이는 성인의 뜻이며 불교의 복전설도 이와 같아 보인다.

[요약문 예시2]

　　불교의 책을 보니 불도를 신봉하면 복전을 얻어 만사가 뜻대로 된다는데 석가모니도 하늘 아래 인간이라 그럴 능력이 없을 것 같고 또 자신도 걸식하다 고독하게 죽었는데 과연 복전을 얻었다 볼 수 없을 것이라 생각했다. 그러다가 세상 변화는 모두 마음에 있을 뿐이라는 설을 접하고 나서 화복은 풍요, 명예와 상관없이 마음이 편하면 복이고 아니면 화라고 생각했다. 군자는 언제나 편안하고 소인은 언제나 두렵다. 불교는 비록 정도는 아니지만 공 관점에서 보면 세상의 부귀, 장수 지향적 사고에서 벗어나 편안하고 즐거워지니 천하의 복이라 하겠고 정신적 부귀와 삶이 진정한 복전이다. 유교 경전에 선악에 따라 복과 화를 내려준다고 하는데 현상적으로는 반대로 보이지만 원리적으로는 맞다. 이는 성인의 뜻이며 불교의 복전설도 같아 보인다.

[원문의 분석적 이해]

- **문제**: 제목이 <복전설>이니 복전에 대해 다룬 것이라고 짐작할 수 있는데 제목 자체만으로는 문제까지는 알 수 없다. 전반적인 내용을 검토해보면 통념 또는 고정관념 검토 정도라고 하겠다.
- **결론**: 불교의 복전에 대한 관점이 유교적 선악의 관점과 별로 다르지 않다.
- **근거**: 현실을 충분히 관찰한 것은 아니고 경전의 원리에 입각한 이론적 근거라 하겠다.
- **개념**: [복전] 이 글에서 중요한 개념인데 밭에서 작물을 거두는 것처럼 복의 씨를 심어 거둔다는 뜻으로 세부적으로는 여러 종류의 하위개념이 있다. 원 개념 내에 노력한 대가로 얻는다는 뜻이 있는데 더 큰 복을 받기 위해 미리 베푼다는 뜻도 있었던 것으로 보인다. 장유는 복을 주는 주체부터 문제 삼으며 부정적 입장을 취하며 마음을 바로 알면 바로 복전일 것이라고 해서 새롭게 해석하려고 했다고 하겠다.
- **정보**: 당시 유교(성리학)는 맞고 불교는 틀리다고 생각하던 시기라서 긍정적인 인식을 보이기 쉽지 않은 측면이 있는데 적어도 일리가 있다고 생각한 것으로 보인다.
- **목적**: 당대 복전에 대한 인식을 새롭게 하기 위함이라고 하겠다.
- **관점**: 불교와 유교(성리학)를 비교적 대등하게 설정하며 양자의 공통점이 있다.
- **함축**: 유교(성리학) 중심적 사고방식에 문제가 있으며 생각을 바꿔야 한다는 의식이 들어있다고 할 수 있다.

[원문의 비판적 평가]
- **분명함과 명료함**: 특별히 애매성, 모호성 단어, 표현은 보이지 않는다.
- **정확성**: 특별히 부정확한 정보가 보이지 않는다. 일부 인용은 출처가 직접 드러나지 않는데 당시 한문 글쓰기에서는 흔히 있는 일이라 특별히 이 글만 정확성에 문제가 있다고 할 수는 없다.
- **적절성**: 관점에 따라 조금 다른 평가가 가능할 것으로 보인다. 복전의 개념을 새롭게 해석하는 것이 당대 불교 관습에 일치하지 않을 가능성이 있으며 이를 지적할 수 있을 것이다. 일상적 복전, 진정한 복전 등으로 구별했다고 본다면 큰 문제가 없다고 할 수 있다.
- **중요성**: 복전을 어떻게 보느냐가 왜 중요한 문제냐고 할 수 있는데 유교(성리학)만 가치 있는 것으로 여겨지는 시대에 다른 사상, 종교도 가치가 있다고 하는 것은 시대적 전환을 예고하는 성격이 있는 만큼 중요성이 있다고 하겠다.
- **충분성**: 다소 문제점이 있다고도 할 수 있다. 일부 예시가 있기는 하지만 이론과 달리 현실에서 반대로 보이는 점에 대해서만 있을 뿐이고 그 반대에 대한 예시는 없다. 전체적으로 예시가 너무 적다고도 할 수 있다. 다만 단 한 장 전후의 양에 불과한 글이라는 것을 고려하면 이해 가능한 정도라고도 할 수 있다.
- **공정성**: 비록 불교는 정도는 아니라고 하고는 있지만 유교(성리학)와 불교를 함께 다루는데 주로 차별성을 부각해서 전자가 확실하게 더 낫다는 의미로 보이지는 않는다. 현대의 기준으로는 확실하게 공정한지 의문의 여지가 있지만 당대에는 어느 정도 공정성을 확보했다고 할 수 있다.
- **일관성**: 특별히 앞뒤로 관점이 달라지는 일은 없으니 큰 문제는 없어 보인다.
- **독창성**: 당대 양반으로 유교(성리학)와 불교를 상대적으로 대등하게 이해하려고 한 것은 흔히 있는 일은 아니니 독창성이 어느 정도 확보되었다고 하겠다.
- **심층성**: 짧은 길이의 글이라 심도 있게 파고들 상황은 아니라고 하겠으니 특별히 심층성이 뛰어나다고 보기는 어렵다.
- **다각성**: 당대 양반이 불교를 일반적으로 부정적으로 보는 시기에 긍정적 요소를 발견하려고 노력한 점에 다각성 확보를 위해 노력했다고 할 수 있다.

기타 유의사항

비판적 사고를 학습할 때에 한 번쯤 생각해보고 넘어갈 필요가 있는 것으로 먼저 음모론을 들 수 있다. 우리가 알고 있는 것이 사실과 다르며 그렇게 잘못 알려진 배경에는 거대한 음모가 숨어있다고 주장하는 (유사) 논증의 한 종류라고 하겠다. 일반적으로 알려진 결론을 부정하고 알려진 자료, 즉 논증 개념으로 보면 전제도 다른 방향으로 해석하는 경우가 많다. 음모론적인 경향이 보이더라도 그럴듯한 근거가 없다면 음모론에서 제대로 발전하지 못하는 경향이 있다. 예를 들어 과거 우리나라에서 로또 1등이 여럿 나오는데 일부 국가기관이 개입해서 1등 상금을 받아가는 것이 아니냐는 음모론적인 추측이 있었고 인터넷에 떠돌기도 했다. 그러나 당시 매주 판매량을 보면 로또 1등이 여럿 나오는 것이 어찌 보면 자연스럽다는 수학자들의 설명을 능가하는 그럴듯한 근거는 제시되지 못했다. 이런 경우는 넓은 의미의 음모론 정도에나 해당할 것이다.

미국이 실제로 달 탐사를 한 적이 없으며 각종 정보와 사진, 동영상 등을 조작했다는 것이 대표적인 음모론이라고 할 수 있다. 예를 들어 달에서 찍은 사진에 별이 보이지 않는다든지 달에 꽂아둔 성조기가 공기도 없는데 휘날리는 모습이 동영상에서 보인다든지 하는 등의 문제점을 거론하며 달이 아닌 스튜디오에서 촬영하고 화면을 천천히 돌리는 방식으로 전 세계에 방송을 보냈다고 해서 기존에 알려진 자료를 다른 방식으로 해석했다. 이러한 재해석에 대해 잘못된 해석이라는 지적이 있었지만 아직도 믿는 사람이 있다.

음모론을 믿고 싶어 하는 사람들은 반박이 있으면 또 다른 근거를 만들어 내서 계속 결론을 유지하려는 경향이 있다. 지속적으로 새로운 근거를 계속 만들어 낼 수 있다면 음모론이 생명력을 오래 유지하는 경향이 있다. 음모론이 발생하고 퍼지는 원인은 여러 가지로 생각해볼 수 있다. 먼저 사람이 항상 중립적인 자세에서 자료를 검토하고 자료를 통해 결론을 내리지는 않고 결론을 정해놓고 근거를 찾는 경향이 있기 때문이기도 하다.

또 원래 처음 사건이 발생할 때의 역사적 배경도 있다. 미국의 달 탐사를 진리를 향한 순수한 과학적 진전으로만 생각하기 어려운 측면이 있는 것 같다. 미국은 당시 소련과 우주 분야에서도 경쟁이 치열하던 시기고 당시 소련은 아직 유인 달 탐사를 하지 못했기 때문에 그 분야의 선제적 업적을 만들어 미국이 우월하다는 인상을 심어주려 한 측면이 있었음은 어느 정도 잘 알려져 있다. 음모론을 믿는 사람들이야말로 정치적 의도가 있으며 그런 만큼 조작된 결과를 내놓으려는 의도가 있었으리라 추정하는 것으로 보인다.

제한된 정보 또는 부족한 지식도 원인이 될 수 있다. 미국의 달 탐사를 부정하려는 견해에서 흔히 보이는 주장의 기저에 '당시에 그럴 만한 능력이 없었다.'라는 인식이 깔려있다고 할 수 있다. 큰 비용과 시간, 높은 수준의 기술이 필요한데 과연 그럴 능력이 있겠는가 하는 의문이라고 하겠다. 그런데 이것은 음모론을 제기하는 순간의 편견일 수 있다. 미국이나 소련이나 이미 1950년대부터 많은 우주선 운용 경험이 있으며 각종 문제점을 극복하기 위해 많은 시행착오를 겪었다는 것에 대해 모르고 당시에 그럴 만한 수준에 이르지 못했다고 속단하고 있다고 하겠다. 그 외에 자극적인 내용으로 경제적 이익을 얻으려는 사람의 활동으로 음모론이 발생 또는 강화될 수 있다.

음모론이라고 무조건 틀렸다고 선입견처럼 판단하는 것이 정당하다는 뜻은 아니다. 정치 권력 등 거대한 세력이 정보를 통제하고 사실과 다르게 알려서 사람들을 호도하는 일이 인류 역사상 분명히 있었던 것이 사실이다. 하지만 음모론도 존재하고 반대의 주장도 존재할 때 음모론부터 신뢰하는 것은 조심해야 한다. 음모론에 건전성의 문제가 존재하는 경우가 많기 때문이다.

다음으로 반대 주장의 비판으로 자기 주장의 정당성이 자동으로 확보되는 것은 아니라는 점을 생각해볼 필요가 있다. 법적으로 판결문에 피고가 의심스럽기는 하지만 유죄임이 더 이상 의심할 수 없을 정도로 입증되지 않아 무죄라고 선고되는 경우를 종종 볼 수 있다. 간단한 표현으로 바꾸자면 '의심스럽지만 무죄'라고 할 수 있겠는데 다르게 생각해 보면 그렇다고 완전히 무죄라고 입증된 것도 아닐 수 있다. 그렇지만 완전히 무죄라고 입증하지 못했다고 유죄로 판단하는 것이 억울한 피해자를 만들 가능성이 있는 만큼 그러한 처리가 법의 영역에서 어쩔 수 없는 측면이 있다고 하겠지만 실제 일반적인 상황에서는 그러한 방식으로 적용할 수 없다. 양쪽의 상반되는 주장이 존재하는데 어느 한쪽의 주장도 확실하게 입증되지 못한 일이 있다. 이런 경우에 상대 주장이 입증되지 못했다는 것이 곧 우리 주장이 입증됨을 보여주는 것은 아니다.

유사한 예로 어떤 사안에 대해 두 가지 설이 있는데 어떤 사람이 한 주장의 약점을 지적하면서 그러니까 다른 주장이 맞아 보인다고 하는 것도 틀릴 가능성이 있다. 우선 한 주장이 어떤 측면에 약점이 있을 때 다른 주장은 다른 측면에 약점이 있을 수 있다. 한쪽의 약점은 보면서 다른 쪽의 약점을 보지 못한 결과일 가능성이 있다. 다음으로 한 주장의 문제점이 있다는 것이 다른 주장이 옳다는 것을 보증해 주지는 않는다. 현실적으로 두 가지 주장이 있는데 한 주장에 약점이 보이고 다른 주장에 약점이 없으면서 논란이 되는 경우는 별로 없다. 왜냐하면 정말로 한 주장에는 약점이 있고 다른 쪽에는 약점이 없다면 그냥 약점이 없는 그쪽이 맞는 주장이 되고 나머지 하나는 그냥 틀린 주장이 되니 논란이 될 일이 없을 것이기 때문이다. 그러므로 한 주장이 틀렸으므로 다른 주장이 옳다고 볼 수 있는 것은 아주 특별한 경우에나 가능한 일이고 일반적으로 적용할 수 없다고 하겠다. 이러한 오류는 무지에 호소하는 오류(또는 무지에 의한 논증 등)에 해당한다고 하겠다. 원칙적으로 입증의 책임은 주장하는 사람에게 있다고 하겠다.

다만 이러한 판단 방식에도 맹점은 있다. 극단적인 정보의 비대칭성이 있는 상황에서는 입증의 책임을 정보가 부족한 측에 지게 하는 것은 과도하다는 주장이 있다. 한쪽은 전문적인 지식이나 고도의 기술을 갖고 있고 다른 한쪽은 그러한 지식이나 기술이 없다고 할 때 갈등이 생겼을 때 유불리가 미리 정해지는 측면도 있다고 하겠다. 정보의 비대칭성이 상당히 커서 입증하기가 어려운 상황일 때 반대로 지식이나 기술을 가진 측에서 입증하게 해야 한다는 주장이 있다.

다른 유의사항을 하나 더 들어보자면 편 가르기에 기초해서 접근하는 데 유의해야 한다는 점이다. 정치적 사안일 경우 더욱 이러한 경향이 심한데 자기 스스로 어떤 집단에 속한다고 의식적으로 그렇게 판단할 수도 있겠지만 무의식적으로 다른 사고, 신념의 주장은 일단 부정적으로 보는 경향이 있다. 그러다 보면 '같은 편' 내부에서 다른 주장이 나오는 것을 '배신행위' 비슷하게 인식하기도 한다. 사실에 기초하여 판단하고 유사한 사안에 혹시 편이 다르다는 이유로 다른 잣대를 적용하고 있지 않은지 유의할 필요가 있다.

　이것과 관련된 것으로 모든 의견은 정황 또는 관점에 영향받는다는 것을 고려할 필요가 있다. 경제의 성장과 분배 중에 성장을 더 중시한다면 기업 활동 자율성 강화, 감세 등을 주장할 수 있고 반대로 분배를 더 중시한다면 기업 활동 책임성 강화, 증세 등을 주장할 수 있다. 어떤 주장을 하는 사람이 기본적으로 어떤 관점, 이론을 따르느냐에 따라 구체적인 말과 글의 방향이 결정된다는 것을 고려할 필요가 있다. 좀 더 확대한다면 누구나 역사, 문화, 인종, 성별, 계층 등의 처지에 조금이라도 영향을 받는 것은 당연하다고 하겠다. 그러므로 누구의 주장이라도 무조건적으로 수용하지 말고 조금은 거리를 두고 판단해야 할 필요가 있다고 하겠다.

　그렇지만 반대로 누구든 자기에게 유리하게 주장할 뿐이니 별 의미 없다고 단정해서는 안 된다. 필자는 실제로 "사장 만나보면 월급 많이 줘서 힘들다고 한다. 노동자 만나보면 월급 적게 받아 힘들다고 한다. 시장에 가보면 올해가 제일 힘들다고 한다."라는 말을 들은 적이 있다. 누구나 다 그렇게 얘기할 뿐이니 특별하다고 할 것은 아니라고 치부할 수도 있겠지만 언제나 그렇게 판단할 수는 없을 것이다. 각자 자기의 주장을 하는 것이지만 그 중에도 얼마든지 특별히 관심 있게 접근할 것도 있다고 하겠다.

　오컴의 면도날(Occam's razor)이라는 용어도 있는데 특히 논설적 글쓰기에서 문제의 원인을 찾는 데 직접적으로 도움이 될 수 있다. 논리적 설명이 단순할수록 진리일 가능성이 크다는 뜻으로 정의되는데 특별히 복잡하지 않은 차원일 때에는 보다 근본적인, 그럴듯한 설명이 진리일 가능성이 크다는 뜻으로도 사용된다. 후자의 예를 먼저 들자면, 대학입학수학능력시험에서 높은 점수를 받은 사람들이 흔히 받는 질문이 '도대체 어떤 음식을 주로 먹었냐?'라고 한다. 그런데 상식적으로 그런 것이 원인일 수는 없어 보인다. 그냥 '단순히 열심히 했기 때문에'가 오히려 더 정확한 원인일 가능성이 크다.

　전자의 예로 스톤헨지(Stonehenge) 외계인 제작설을 들 수 있다. 굳이 반대 주장을 표현해 보자면 인류 제작설 정도로 들 수 있는데 외계인 제작설을 주장하려면 인류 제작설보다 설명이 복잡해진다. 일단, 존재 자체에 대한 논란이 있는 외계인이 있다는 것도 입증해야 하고 다음으로 외계인이 어떻게 와서 어떻게 흔적도 없이 왔다 갔다고 해야 한다. 반대로 인류가 만들었다고 하는 데도 한때는 의심할 만했다고 하겠는데 그렇게 큰 돌을 어떻게 옮겼을까 하는 설명의 어려움 때문이다. 통나무 위에 큰 돌을 놓고 움직이면 가능하다는 것이 밝혀졌기 때문에 현재로서는 인류 제작설이 정설이라고 하겠다.

그렇지만 오컴의 면도날 자체도 절대적이지 않다. 개연성의 특성에 있다고 하겠다. 사안에 따라서는 보다 복잡해 보이거나 보다 덜 그럴듯해 보이는 주장이 진리일 수도 있기 때문이다. 그러므로 이러한 원리를 절대적이라고 하는 것은 위험성이 있다. 여러 가능성을 두고 검토할 때에 일단은 단순한 설명 가능성부터 검토할 필요가 있다.

연습문제

홍석주(洪奭周, 1774~1842), <무명변>(無命辯)을 요약하고 원문의 분석적 이해, 비판적 평가를 진행해보자.

마땅히 그래야 해서 그러한 것이 의(義)이고 그렇게 하지 않았으나 그러한 것이 명(命)이다. 성인은 의에 말미암는데 명이 그 가운데 있고 군자는 의로써 명을 따르고 중간 이상은 명으로써 의를 끊고 중간 이하는 명을 알지 못하고 그 의를 잇는다. 이런 까닭에 명을 알지 못하고 의에 편안할 수 있는 자는 드물고 의에 통달하지 않고 그 명에 편안할 수 있는 자는 아직까지 있지 않다. 그러나 명은 때에 따라 말하지 않음이 있고 의는 가서 오지 않음이 없다. 그러므로 효로써 부모를 섬기며 그 명을 묻지 않고 충으로써 임금을 섬기며 그 명을 묻지 않고 경(敬)으로써 자신을 닦으며 그 명을 묻지 않고 부지런함으로써 행실을 닦으며 그 명을 묻지 않는다. 비록 그러하나 명은 때로 말하지 않음이 있고 또한 때로는 말하지 않을 수 없음이 있다. 그러므로 빈궁하고 영달함은 명에 있어 구할 수 없고 죽고 사는 것은 명에 있어서 도피할 수 없고 귀함과 천함은 명에 있어서 영위할 수 없고 가난함과 부유함은 명에 있어서 계획할 수 없다. 대개 명은 성현을 움직이게 할 수 없지만 중간 사람을 격려할 수 있고 일상의 일을 처리할 수 있지는 않으나 화와 복을 나눌 수 있고 명은 힘쓰기를 받아들일 수 없음을 알면 나는 기교를 베풀 바가 없고 명이 안배에서 나오지 않음을 알면 나는 그 마음을 쓸 바가 없다. 대저 어깨를 움츠리고 아첨하여 웃고 부유함과 귀함을 얻는 자가 있고 의를 잡고 위험을 무릅쓰다가 스스로 죽은 자가 또한 있다. 그러나 때가 부유함과 귀함에 이르면 도를 구하는 자가 이르지 못함이 없고 운이 사망에 대적하면 부끄러움을 참는 자도 또한 반드시 능히 명을 보전할 수 없다. 진실로 이와 같아서 바꿀 수 없다. 사람이 진실로 이것을 밝게 알고 사람이 진실로 이를 독실하게 믿으면 누가 마음을 써서 이익을 구하고 부끄러움을 안고 삶을 탐내겠는가. 그러므로 진실로 의를 알지 못하면 명은 쓸모가 없고 진실로 의를 안다면 명이 세상 가르침에 도움 있음이 또한 클 것이다. 명이 없다는 설이 일어남으로부터 명을 믿지 않는 사람이 많아지고 이에 순박함이 없어지고 기지가 많아져 천도가 업신여겨지고 인사(人事)가 더러워져 벼슬을 바라고 이익을 바라고 삶을 탐하고 죽음을 두려워하는 무리가 많아져 천하가 어지러워졌다. 이는 이른바 명이 없다는 해(害)이다. 오직 군자가 한결같이 명을 받아들이고 오직 의만을 따른다.

· **도움말**

여기서 명(命)은 운명 또는 천명(天命) 등으로 해석될 수 있겠다. 제목이 <무명변>이니 대강 해석하면 '운명이 없다는 주장에 대한 논변/의견' 등으로 볼 수 있다. 그러한 것이 없다는 주장이 '하면 된다'라는 주장과 비슷한 느낌도 들고 역경을 극복하여 무엇인가 이루어낸다는 점에서 적극적으로 권장해야 할 것도 같은데 저자의 주장은 그렇지 않다. 오히려 운명 등이 있다고 하면서 사람들이 부귀를 바라면서 과열 경쟁하는 사회상을 비판하는 것으로 보인다. 이러한 주장에 대해 지극히 일반적, 원론적으로 분석, 비판할 수도 있다. 당시 시대상, 인물 등을 고려하여 구체적, 시대적으로 분석, 비판할 수 있다. 각자 관심 정도의 차이에 따라 어떠한 분석, 비판이 가능하다. 또 원래 문단 나누기가 되어있지 않은 글인데 원문을 분석할 때 문단 나누기를 하면서 진행할 수 있다. 앞에 등장하는 주요 개념을 이용하여 검토해보자.

2장

논술의 실제

1. 예술과 논술

　논술의 대상은 확대되어왔으며 문학 및 예술 분야가 그러한 예라고 하겠다. 동일한 사안에 대해서도 다양한 주장이 있을 수 있는 것처럼 하나의 문학 작품에 대해서도 역시 다양한 해석이 있을 수 있다. 문학 작품 양식, 작가에 대한 어느 정도 독서 경험 및 지식이 있어야만 더 잘할 수 있는 측면이 분명히 있다. 그렇다고 경험과 지식을 충분히 쌓고 난 다음에 비로소 논설적, 감상적 글쓰기를 해야 한다는 말은 아니다. 자칫하면 문학 작품을 이용한 글쓰기를 하지 말고 차근히 '공부'를 먼저 하라는 선결문제를 요구하는 것처럼 비칠 수 있다. 일단 다양한 경로, 매체로 접할 수 있는 문학 작품에 대해 자신의 생각으로 적어보는 경험을 조금씩 쌓아가는 것이 중요하다. 그렇게 해나가면서 필요하다면 더 '공부'를 하는 것을 권장한다.

　문학 작품에 대해 감상하는 차원을 넘어 '연구'하는 사람들이 아닌 이상 아주 정밀하게 공부할 필요는 없고 문학 작품의 논술에 필요한 정도만 간단히 살펴보자면 문학 작품 내적, 외적 정보가 필요하다고 하겠다. 외적 정보로는 작가의 생애, 역사적 상황 등이라고 할 수 있다. 작가의 정보는 상세하게 알 필요는 없고 간단한 생애, 작품 경향 및 변천 등을 이해하면 어느 정도 충분하다고 할 것이다. 어린이 문학 교육으로 <구운몽>(九雲夢)을 많이 사용하는 것 같은데(주요 도서관을 검색해보면 엄청나게 많은 출판이 이뤄져 있는 것을 볼 수 있다) 초등학생들이 작자 김만중(金萬重, 1637~1692)의 생애를 꼭 따로 공부해서 외우는 것은 아니라고 할 수 있다.

　내적 정보로 양식 또는 갈래의 특성을 들 수 있다. 예를 들어 요즘은 꼭 그렇지 않지만 시(詩)라면 표현이 잘 다듬어져야 하고 갈등을 심각하게 드러내거나 비판적인 자세를 별로 보이지 않은 경우가 많았다. 반대로 소설, 희곡이라면 무슨 갈등이 좀 있어야 할 것 같은 느낌이 들기도 한다. 희곡, 시나리오 등은 소설에 비해 일반적으로 더 많이 접할 기회는 없는 것 같은데 실제로 공연 또는 녹화될 때 어떻게 될지 상상하면서 읽어보는 재미가 있다고 하겠다. 시 중에서 특히 한시를 감상할 때 표준적인 작품들은 대개 기승전결(起承轉結) 방식을 따르고 세 번째에 해당하는 전에서 처음 진행과 약간 다른 듯한 변화를 준다는 것을 알고 있다면 이해가 더 쉬우리라 할 수 있다.

1.1. 시와 노래

시는 형식상으로 정형시와 자유시, 내용상으로 서정시, 서사시, 극시 등으로 구별되는 것은 익히 잘 알려져 있는데 한국의 현대시는 시조 등을 제외한 대부분 작품에 고정된 형식이 있는 경우는 드물다. 사실상 자유시 시대라고 할 수 있으며 내용상으로도 현대시로 주로 접할 수 있는 것은 서정시이다. 서정시는 외부 세계를 작품화해서 작가의 눈으로 새롭게 해석하여 제시하는 특성이 있다고 하겠다. 표현이 압축되어 작가의 방식대로 잘 정리되는데 상대적으로 친근하게 정리되는 작품도 있고 상대적으로 쉽게 파악되지 않는 작품도 있다. 그래서 시가 어렵다고 느끼는 경향도 있다. 일단은 자기에게 쉽게 파악되는 작품부터 시작해 점차 다양하게 읽으면서 감상을 적는 경험을 쌓다 보면 다양한 세계와 만나는 즐거움을 경험할 수 있을 것이다.

윤동주(尹東柱, 1917~1945)의 <서시>(序詩)를 살펴보겠다. 1941년 2월 20일 지은 것으로 알려져 있다. 표기법은 현대 맞춤법에 따른다.

죽는 날까지 하늘을 우러러
한 점 부끄럼이 없기를,
잎새에 이는 바람에도
나는 괴로워했다.
별을 노래하는 마음으로
모든 죽어가는 것을 사랑해야지.
그리고 나한테 주어진 길을

> 걸어가야겠다.
>
> 오늘 밤에도 별이 바람에 스치운다.

　작가에 대해 간단히 정리하자면 윤동주는 태평양 전쟁 말기 일본 유학 중에 일제 당국의 감시를 받다가 체포되어 광복을 몇 달 앞두고 사망했다. 저항시인이라고 많이 알려지기도 했으나 작품 세계가 투쟁적이라고 할 수 없으니 저항문학가, 즉 저항시인이라고는 볼 수 없다는 견해도 있다. 어쨌든 작품 속에 시대적 고민을 담으려 했다고는 할 수 있다. 직접적인 투쟁 의식을 고취하는 작품이 아닌 마음의 자세를 다루는 작품이 인상적이며 오늘날에도 애호되는 측면이 있다고 하겠다.

　구체적으로 작품을 살펴보자면 총 아홉 줄로 된 작품인데 넷째 줄 '괴로워했다'라는 표현은 과거, 여섯째 줄 '사랑해야지'와 여덟째 줄 '걸어가야겠다'라는 표현은 미래, 아홉째 줄 '스치운다'라는 표현은 현재시제를 나타낸다고 하겠으니 전체적으로 세 부분으로 정리될 수 있다. 과거-미래-현재의 방식이니 완전히 시간적 순서는 아니다. 시간적 순서에 따라 바꾼다면 작품이 '나는 이런 마음으로 살아왔다'(과거) '별이 바람에 스친다'(현재) '내 길을 걷겠다'(미래)라는 방식이 되겠는데 강한 의지를 더 드러내는 방식은 될 수 있다고 하겠다. 그런데 작품처럼 과거-미래-현재의 방식이라면 '내 길을 걷겠다'(미래)에 '별이 바람에 스친다'(현재)라고 하면 '내 길을 걸으려 하지만 현재가 만만치 않다'라는 정도로 정리된다.

　현재에 초점을 맞추면 자기 뜻대로 하기 힘들 것 같다든지 현재가 만만치 않아 더 노력이 필요하겠다든지 정도로 이해가 되겠는데 전자의 방식이라면 그동안 진행이 무색해지고 그런 의도를 강조하려고 작품화한다는 것이 어색하다고 하겠으니 후자의 방식으로 해석하는 것이 더 좋을 것이다.

　세부적 표현을 더 살펴보자면 먼저 과거에 하늘을 우러러 한 점 부끄럼이 없기를 바랐고 작은 바람에도 괴로워했다고 해서 작은 잘못에도 괴로워했다는 의미로 파악된다. 선을 지향하는 선비가 연상되기도 한다. 가볍게 읽으면 그냥 섬세하다거나 결벽증 같은 측면이 있었다고 볼 만하다. 그런데 당시 시대적 상황을 보면 그 이상으로 읽어내는 것이 충분히 가능하다.

　일제강점기에 식민지 조선인에 대해 '친일파'와 '독립투사' 등의 용어가 사용되었는데 이 개념이 반대관계인지 모순관계인지 생각해볼 필요가 있다. 그 시기 독립을 위해 자기 인생의 많은 것을 포기하고 때로는 목숨도 바쳤다면 독립투사이고 적극적으로 일제에 협력하며 그 대가로 각종 이익을 챙겼다면 친일파일 텐데 당시 살던 식민지 조선인은 이 두 종류로만 분류될 수 있지 않을 것이다. 나라를 뺏겼지만 어쨌든 살아가야 하니 어쩔 수 없이 일제의 명령에 복종할 수밖에 없는 상태로 살아가는 다수의 보통 사람들도 있었다고 해야 할 것이다.

　윤동주 자신은 비록 광복군 등을 직접 지원했는지 확인되지 않고 독립 정신을 고취하는 글을 써서 몰래 대자보를 붙이는 등의 저항활동을 노골적으로 했는지도 잘 확인되지 않고 양심적으로 살아가려고 한, 위에 분류된 세 개념을 보면 친일파도 아니고 독립투사도 아니고 보통 사람이라고 일단 설정할 수 있다.

　그런데 혹시 이렇게 생각해볼 수도 있겠다. 당시에 대학을 졸업해서 혹시 고시를 통과해서 일제하에서 '출세'한다면 설령 마음속으로는 여전히 양심적으로 살려고 한다고 해도 상대적으로 고위 공직자가 된다면 과연 양심에 배치되는 행위를 할 수 있지 않을까 하는 식으로 생각할 수 있겠다. 또 상식적으로 생각해봐도 윤동주에게 학비를 마련해서 일본 유학을 보내주신 뜻은 공부 열심히 해서 일제하에 취직해서 잘 사는 것이겠지 대학에서 비판적 학문을 학습해서 투사가 되라고 한 것은 아닐 것이다. 이렇게 접근해보면 당시 평균적인 식민지 조선인보다 더 공부해서 학위를 얻게 되는 과정이 아무래도 결과적으로 일제와 더 가까워지는 것처럼 인식했을 수 있다.

　윤동주가 대학 재학 중에 총을 들고 일제와 싸우는 식민지 조선인도 분명히 있는데 자신은 장차 영달을 위해 공부만 하고 있고 반대로 그 순간에도 일제와 맞서는 독립투사도 있는데 혹시 자신은 잠재적인 친일파라고 생각했을 수 있다. 그렇다면 소수의 친일파, 독립투사와 다수의 보통 사람인 셋으로 분류되는 구도가 아니라 독립투사의 대열에 끼지 못하고 있으니 잠재적 친일파로 사실상 이분법을 하고 있다고 하겠다. 작품 전반을 보면 식민지 조선 보통 사람들을 그런 구도로 몰아가 독립투쟁을 하지 않으나 너희들은 어떤 면으로는 다 친일하는 것이라는 식으로 폄하하려는 것 같지는 않고 자

1. 예술과 논술　115

기 자신에게만 이분법의 잣대를 적용한 것 같다.

그렇게 보면 논리적 기준으로 보면 흑백논리, 이분법 오류 등의 표현으로 윤동주가 오류를 범하는 것이 아니냐고 할 수도 있겠다. 독립투사가 아니라고 다 친일파라고 할 수는 없다. 이 점을 윤동주가 꼭 몰랐을 리는 없을 것이다. 굳이 이런 구도를 설정했다면 흑백논리처럼 설정해서 자신에게 더 엄정한 삶의 기준을 적용하며 더 반성하는 삶의 모습을 보여주며 오늘날 독자에게 당시 열심히, 순수하게 살려고 노력했다는 생각을 들게 하고 또 특정 시대를 넘어 순수한 자세를 보이는 시인의 경지를 보여준다는 점에서 논리적 오류를 고의로 설정해서 오히려 감동을 높이는 효과가 있다고 하겠다.

별을 노래한다고 했으니 순수한 어린이의 마음을 보여준다고 하겠다. 자기에게 주어진 길을 걷겠다고 하는데 특히 모든 죽어가는 것을 사랑해야겠다는 표현은 예사롭게 보이지 않는다. 얼핏 생각하면 자신은 남보다 더 공부한 사람인 만큼 평범한 동포를 사랑하겠다는 것처럼 보이기도 한다. 즉 식민지 조선인과 일본인을 구별한 것으로 보일 수도 있겠다. 그런데 식민지 조선인이나 일본인이나 모든 죽어가는 것에 해당한다고 봐야 할 것이다. 일본인이 죽어가는 것에 해당하지 않는다면 그렇게 굳건하다는 말이 되고 그렇다면 도저히 극복할 수 없는 대상처럼 보이니 차라리 친일은 어쩔 수 없는 것처럼 보일 수도 있다. 일본인까지 포함된다면 일제 자체는 마음속으로 거부하더라도 보통의 일본인에게까지 적개심을 보이지는 않겠다는 의지의 표현으로 볼 수 있다. 당시 진정한 평화, 조화, 사랑의 세계에 대한 전망이라고 할 수 있다.

이상을 상징하는 것으로 보이는 별이 오늘 밤에도 바람에 스친다고 하는데 현상으로만 생각해보면 하늘 높이 있는 별이 바람에 스칠 수 있는지 의심해볼 수 있겠지만 상징적인 의미로 파악하면 될 것이다. 별은 밤에야 보이겠지만 밤이라고 해서 어두운 현실을 나타내는 것으로 이해될 수 있고 바람이 분다고 해서 부정적 현실을 나타낸다고 볼 수 있다. 현재를 간단한 표현으로 최대한 축약하면서도 현재 상황이 전혀 녹록지 않은 만큼 그냥 평소 마음으로는 뭔가 부족할 것 같고 더 노력해야 할 것을 암시하는 것으로 볼 수 있다. 자신을 크게 보이게 하지 않고 대단한 결의가 있는 것처럼 하지 않고 소극적인 느낌도 들게 하면서도 일관되게 살아온 인생과 결합하여 감동을 준다고 요약해볼 수 있다.

예시문제

백무산(1955~), <기차를 기다리며>의 감상문을 작성해 보자.

- **도움말**

백무산은 본명은 백봉석이며 1974년 현대중공업에 입사하였고 1984년 <지옥선>을 발표하면서 작품 활동을 시작했다. 1988년 첫 시집 『만국의 노동자』가 간행되었으며 2014년 실천문학사에서 개정판이 간행되었다. 1980년대 당시 투쟁을 반영한 작품이 많은데 이 작품은 강한 투쟁 의식을 드러내기보다 쉬운 표현으로 당대를 풍자, 비판한 측면이 있다고 하겠다.

총 4연으로 구성되어 있는데 1연에 새마을호, 무궁화호, 통일호, 비둘기호의 당대 기차 네 등급이 소개되어 있다. 당대에 새마을호 > 무궁화호 > 통일호 > 비둘기호, 이러한 순서대로 요금 단가가 비싸고 그런 만큼 소요 시간이 적게 걸렸다. 비둘기호 열차 등급은 2000년에 없어졌고 통일호 열차 등급은 2004년에 없어졌다. 작가는 열차 등급의 차이를 표현에 반영해 새마을호는 '아주 빨리', 무궁화호는 '빨리', 통일호는 '늦게', 비둘기호는 '아주 늦게'라는 표현으로 나타내고 있다.

2연과 3연의 이해를 위해서는 열차 등급의 지식이 약간 필요한데 역의 이용객 정도에 따라 비둘기호만 서는 역, 통일호까지 서는 역, 무궁화호까지 서는 역, 새마을호까지 서는 역의 네 등급이 있었다. 예를 들어 아주 특별한 경우가 아니라면 비둘기호만 서는 역은 무궁화호 등은 통과한다. 다음으로 하위 등급의 열차를 뒤따라오던 상위 등급의 열차가 앞지르기하는 일이 있었다. 2연에서는 상위 등급의 열차는 대도시에 서고 하위 등급의 열차는 작은 읍면 지역에도 서는 현실을 지적했다. 또 등급 간 요금 차이가 있기 때문에 승객의 경제적 차이가 있음을 지적했다. 3연에서는 상위 등급의 열차가 하위 등급의 열차를 세워 두고 앞지르기 하는 현실을 지적했다. 여기까지에도 작가의 표현에 좀 '뼈가 있다는' 느낌이 들기는 하지만 대충 보면 당대 열차 등급에 대한 설명하는 듯한 느낌이 들 수도 있다.

마지막 4연을 보면 작가의 시각이 분명하게 드러난다. 앞에서 기술한 열차 등급이 모두 상징성이 있다는 것이 확인된다. 새마을호는 새마을운동, 무궁화호는 국가주의, 통일호는 통일, 비둘기호는 평화로 바꿔보면 작가의 시각이 확인된다고 하겠다. 속도 전처럼 밀어붙이던 새마을운동을 최고의 가치로 놓고 국가주의도 다음 가치로 놓다 보니 통일이나 평화 같은 가치는 뒷전 아니냐는 비판 의식이 드러난다고 하겠다. 당대 정부 당국이 꼭 그런 의도를 갖고 열차 등급을 설정했는지야 확실하지 않지만 당대의 열차 등급과 운행 상황이 작가의 눈에는 각별하게 보였다는 것을 알 수 있다.

한국의 노래라면 향가(鄕歌), 시조, 잡가 등도 살펴야 할지 모르지만 해독 자체가 어렵거나 작가 등 정보를 알아야 할 것도 많기 때문에 이 자리에서는 다루지 않는다. 상대적으로 그러한 문제에서 자유로운 비교적 최근 노래를 다룬다. 노래는 적어놓고 보면 시와 유사해 보이고 문학의 여러 갈래 중에 줄거리 문학과 다르고 상대적으로 시와 가까워 이 자리에 다룰 만하다. 장기하(張基河, 1982~)의 <TV를 봤네>를 들어본다. 이 노래는 2011년 발표되었으니 10년 정도 되었는데도 현재 상황과 크게 다르게 느껴지지 않는다.

'눈이 시뻘개질 때까지 TV를 봤네 (봤네)'로 시작해서 'TV 속 사람들은 기쁘다 슬프다 말도 잘해 (잘해)'로 이어지는데 마지막에도 같은 방식으로 반복된다. 여기에서 눈에 띄는 것은 TV를 통해 이쪽과 저쪽이 구분된다는 점이다. 나나 그 사람들이나 똑같은 사람이지만 이 표현에서도 동질성보다 이질성이 커 보인다. TV를 통해 보는 만큼 직접 접할 일도 없다. 투명한 벽을 두고 보는 느낌이라고도 할 수 있는데 그 사람들은 나를 모른다. 그런데 TV 속의 사람들은 말을 잘한다고 하는데 나도 말을 잘한다는 것은 아니고 나는 말을 그렇게 잘하지 못하는데 그 사람들만 말을 잘한다고 하니 나와 다른 세상 사람이 된다. 이러한 반복이 기본 설정과 결론의 성격을 나타낸다고 하겠다.

다음으로 드라마, 쇼프로, 코미디를 거론하는데 '일단 하는 동안에는 도대체 만사 걱정이 없는데'라고 하여 어떤 프로그램이든지 진행하는 동안에 몰입해서 보기 때문에 보는 동안에야 특별히 걱정할 일은 없다. 그래서 사람이 시청하게 된다고 하겠다. 그런데 그런 프로그램이 계속 진행될 수는 없는데 두 가지 상황이 있다고 하겠다. 프로그램이 완전히 끝나고 자막이 올라가거나 아니면 중간 광고가 나오는 상황이 그러한 예라고 하는데 그렇게 상황만 소개하고 어떤 느낌이 드는지 등 나의 생각은 보이지 않는다. 이 부분도 후반부에 비슷한 표현으로 다시 등장한다.

이렇게 나의 생각은 나타내지 않고 '결국 나는 눈이 시뻘개질 때까지 TV를 봤네 (봤네) 그냥 봤네'라고 하는 표현으로 이어진다. 처음 부분이 반복되는 면도 있지만 변화가 보인다. 먼저 '결국'을 들 수 있다. 끝나고 자막이 올라가거나 중간 광고가 나와서 잠시라도 몰입할 일이 없으니 잠시 평소의 자신으로 돌아왔다고 하겠는데 특별히 다른 대책이 없다는 것이 '결국' 한 단어를 통해서도 드러난다. 다른 선택이 없었음을 보여준다고 하겠는데 '그냥'을 통해서도 확인된다고 하겠다.

다음으로 'TV 속 사람들의 별스럽지도 않은 농담에도' 웃음이 난다고 하니 천성을 말하는 것은 아닌 것 같다. 위에 언급한 드라마, 쇼프로, 코미디 등을 생각해보면 드라마보다 예능이라는 말로 정리되는 프로그램들이 서로 웃기고 웃는 장면이 많이 나오는데 그러한 프로그램을 생각하게 한다. 서로 웃기고 웃는 장면을 보면서 웃는 일은 흔하다고 하겠는데 프로그램이 삶의 스트레스를 웃고 털어버리게 하는 긍정적인 측면만 거론하는 것은 아닐 것이다.

다음으로 프로그램이 끝나고 자막이 올라가는 순간을 나타내는 표현이 반복되다가 이후에는 중간 광고를 나타낸 표현은 빠지고 더 이상 볼 것도 없을 때까지 채널을 돌리다가 꺼버리게 된다고 했다. 24시간 하는 채널이 상당히 많지만 상식적으로 새벽으로 가는 시간에 가까워질수록 볼 만한 프로그램을 만날 기회는 줄어들 테니 최대한 보려고 해도 결국 보다가 피로해지고 볼 것 없다는 생각이 들어 결국 끄고 자게 될 것이다.

마지막으로 '눈이 시뻘개질 때까지 TV를 봤네 (봤네)'로 시작해서 'TV 속 사람들은 기쁘다 슬프다 말도 잘해 (잘해)'가 다시 등장하며 '참 잘해'가 추가되어 끝나는 점이 다르다. 앞에서 이렇게 처음과 끝에 나오면서 설정과 결론의 성격이 있다고 했는데 여전히 나와 그 사람들은 TV를 통해 구분되고 나와 달리 말을 잘한다는 점이 반복을 통해 강조된다. TV를 보는 동안에 잠시 다른 생각이 들기도 했지만 그래서 TV에서 벗어난 것은 아니고 결국 TV에 매어 사는 삶을 나타냈다고 하겠다.

이 노래에서 중간에 여러 번 반복되는 '아 아 아'는 '하하하'는 아니니 즐겁게 웃는 것은 절대 아니고 신음인지 탄식인지 모르는 소리라고 하겠다. '아 아 아'라고 하면서 TV를 통해 일방적으로 주어지며 자기들끼리 웃기고 웃는 상황을 수동적으로 받아들이는 사람들의 허전함, 어색함, 회의감 등을 생각해볼 수 있다. 실제 뮤직비디오에서도 이런 점이 잘 드러난다고 하겠다. 우스갯소리로 촬영비용이 많이 들지 않았겠다고 생각이 들게 하는데, 배경이 전환되는 일이 없다. 좀 어두운 방에서 TV를 보는 장기하 한 명만 나온다. 좀 멍한 듯한 표정에 '아 아 아' 하기만 하고 결국 끄고 잔다.

이 노래 자체가 방송의 문제점을 지적하고 행동의 변화를 직접적으로 요구하는 정도에 이르는 것은 아닐 것이다. 그리고 이러한 문제점이 그동안 아무도 생각하지 못할 정도는 아니다. 어쩌면 현재 우리가 이러한 상황에 놓여있다고 말하는 정도일 수 있다. 하지만 방송이 쇼 프로그램 중심으로 보는 순간에 웃고 즐긴다고 해도 반대로 끝난 이후의 공허한 느낌을 주고 시청자는 그것을 모르지 않으면서도 묶여 살게 되는 현실을 인식하고 조금이나마 방송 시청 위주의 수동적 태도에서 벗어나 스스로 행복해질 수 있는 방법을 찾아야 하지 않을까 생각하게 해주는 점에서 의의가 있다고 하겠다.

예시문제

노래 감상문을 써보자. 일부를 이용하는 것도 가능하다. 단 제목을 붙여야 한다.

· 도움말

노래 자체의 분석에 치중하지 않은 감상문을 쓸 수 있는데 감상문의 수필화라고도 할 수 있다. 제목도 따로 붙이고 노래도 전체를 활용하지 않더라도 일부를 이용해 다른 자료를 추가해서 써 볼 수 있다.

제목: 변하지 않는 세상

유영석(劉永碩, 1965~)이 '푸른하늘'로 활동할 당시에 2집 <눈물나는 날에는>의 대표곡 <눈물나는 날에는>의 주제부는 다음과 같다.

사랑이란 사랑이라는 마음만으로
영원토록 기쁨 느끼고 싶어
슬픔 안은 슬픔 안은 날 잠이 들고파
변하지 않는 세상을 꿈꾸며

마지막 줄 '변하지 않는 세상을 꿈꾸며'만 보면 세상 변화에 관한 심각한 이야기인가 하는 생각도 들지 모르겠지만 전체 가사를 놓고 보면 그런 노래는 아닌 것 같고 사랑과 이별에 관한 것을 직접적으로 다룬 것 같다. 세상의 경박함을 다루고 사랑의 가벼움을 다룬 글을 많이 본 적이 있다. 사람들이 신중하지 못하고 사랑을 가볍게 여겨 너무 가볍게 행동하고 마음이 변해 상처를 준다고 특히 '요즘 사람들'을 비난하는 글도 보았다.

위 노래와 연관되는 영화가 한 편 떠오르는데, 2001년 개봉된 <봄날은 간다>에서 남자 주인공의 '사랑이 어떻게 변하니?'라는 대사가 지금도 널리 기억되는 것 같다. 영화 속에서 여자 주인공은 이혼 경험이 있고 사랑 자체에 대해 그다지 확신이 없다. 보기에 따라서는 가볍게 사랑하는 것을 당연하다고 생각하는 사람이기 때문일 수도 있다. 어떻게 보든지 사랑은 지속하지 않고 헤어짐을 담담하게 받아들여야 하는 것으로 기억되는 작품이다. 어느 정도 몰입해서 사랑이 스러져 가는 모습을 안타깝게 보았던 기억이 있다. 지금 돌이켜 생각해보면 이별이 미화된 것 같은 느낌도 들긴 한다.

고등학교에서 대학을 거치며 몇 년 사이에 다른 분들한테 정반대되는 것으로 보이는 수업과 강의를 거의 연달아 듣게 되었던 기억이 있다. 고등학교 선생님 한 분은 사람들이 잘 변한다는 문제를 지적하는 말씀을 종종 하셨던 기억이 있다. 그러다가 대학에 입학했을 때 당시 유명한 교양과목(나중에 알고 보니 일부 학생들 사이에 '전략 과목'으로 소문난 과목이었다) 강의하시는 분께서 어떤 사람이 결혼하고 나서 친구도 덜 만나고 집에 일찍 들어가서 좀 불만이라는 식으로 하는 이야기를 들으셔서 사람이 상황이 바뀌면 마땅히 바뀌어야 한다고 강의 시간에 말씀을 하셨던 것이 기억난다. 거의 정반대의 이야기를 들은 만큼 약간 신선한 충격을 받았던 기억이 있다. 지금 돌이켜보면 신선한 충격을 받았다는 것이 충격이라고 해야겠다.

자꾸 거론할 필요도 없지만 상황에 따라 달라져야 하는 것은 당연한 일이다. 혼인, 출산, 입사 등 생애 상황에 달라질 때 달라지지 않는다면 대단한 능력자이거나 아니면 마땅해 보이는 변화를 거부하는 사람일 것이다. 의식적으로 변할 수도 있겠지만 무의식적으로 변하는 일도 많다. 그래서 주변에서 변했다는 말을 들을 때 본인이 알아차리지 못하고 있다가 뒤늦게 놀라는 일도 종종 볼 수 있다. 이미 답이 나와 있는 것처럼 보이기도 한다.

이러한 변화도 친구 관계 등 각각 인간관계에서 생각해 볼 수 있다. 사람에 따라서 한두 번 경험해 볼 수도 있겠는데 친해진 사람이 어느 순간 너무나 편안히 생각했는지 과거보다 편안히 대해서 기분이 좋지 않게 느껴질 수도 있다. 뭐 서로 격의가 없기 때문이라고 생각하고 관계가 더욱 발전할 수도 있겠지만 반대의 경우도 종종 볼 수 있다. 처음에는 이해한다고 하다가 조금 거슬리지만 넘어가자고 하다가 살짝 기분이 나쁘지만 넘어가자고 하다가 어느 날 드디어 못 참겠다 하면서 관계가 틀어지는 일도 볼 수 있다. 그것도 보기에 따라서는 변하는 과정에서 그렇게 관계도 수명이 있겠지 하고 상처를 크게 받지 않기 위해 미리 생각해서 방패처럼 사용하기도 하는 것 같다.

이런 상황에 오랜 세월을 거치며 별로 변하지 않는 사람에 대해 언젠가부터 조금씩 달리 생각하게 되었다. 천성적으로 그냥 그렇다고 할 수는 없을 것이다. 대부분 상황에 따라서 조금씩 변하기 때문이다. 그런 만큼 그러한 사람들을 당연하게 생각하면 안 될 것이다. 혹시 조금이라도 잘해준 사람이라면 더욱 그렇게 생각하면 안 된다. 잘해주었다면 어느 순간에 자신이 우위에 있다고 생각할 수 있기 때문이다.

그런데 도대체 어떻게 그렇게 일정해 보일 수 있을까. 변할 줄을 몰라서가 아니다. 변해서 인간관계에 불필요한 상처를 주고받게 되는 것을 미리 인식하고 유의했을 수 있다. 잘해준 것은 잘해준 것일 뿐이고 특별한 대우를 요구하면 안 된다고 생각했을 수 있다. 아니면 혹시 잘해준 것조차 잊었을 수 있다. 어떠한 경우든 변하는 세상 속에 일정한 변화를 거쳐 일정한 좌표를 지키고 있다고 할 것이다. 흔해 빠진 상식이 되었지만 물 위에 떠 있는 새도 물 속에서 두 발이 바삐 움직이는 것처럼.

이러기에 잠시 생각해본다. 지금 이 순간, 내게 조금이라도 잘해준 사람에게 내가 고마움을 잊고 편안하게 행동하는 것은 아닌지. 그리고 변하지 않을 수는 없더라도 적어도 덜 변하려고 노력은 해봤는지.

연습문제

자신이 관심 있는 시, 노래, 뮤직비디오 등의 감상을 적어보자.

- **도움말**

  특별히 어떤 작가의 어떤 작품인지는 상관없으며, 자신이 관심이 있으며 어느 정도 잘 이해되는 작품을 골라 감상을 적어보면 된다.

1.2. 소설

　소설을 살펴보자면 먼저 외적 기준에 대해서는 시와 같다고 하겠으니 내적 기준만 다룬다. 위에 서술된 시에 비해 일단 산문으로 되어있다. 또 다른 특징으로 갈등의 문학이라고 할 수 있다. 이효석(李孝石, 1907~1942)의 <메밀꽃 필 무렵>처럼 그다지 큰 갈등이라고 할 만한 것이 별로 없지만 오래 기억되고 애호되는 작품도 있기는 하지만 일반적이지는 않다. 오늘날 각종 방송 매체에서 방영되는 드라마에서 남녀 주인공의 애정을 방해하는 대상의 행위가 등장하고 그런 행위 외에 각종 갈등이 많이 등장하며 부패한 인물의 책동을 막아내는 등의, 갈등으로 인한 각종 사건, 사고가 많이 보인다. 소설 작품이 꼭 이와 같은 수준은 아니지만 일반적으로 갈등이 등장하며 그 양상이 복잡하다.

　소설이 현실을 반영한다고 하지만 한계가 있는 것도 사실이다. 작자가 폭넓은 경험을 통해 창작한다고 해도 경험 및 지식의 범위가 한계가 있을 수밖에 없다. 어떤 작가가 군대에서 30년 복무한 경험을 바탕으로 소설을 창작한다고 해도 '우리 부대는 그렇지 않다'라는 반응이 얼마든지 있을 수 있다. 소설은 있을 법한 이야기를 다룬다는 점에서 개연성의 문학이라고 하지만 논리학에서 다루는 개연성과 다르다. 범위가 좀 더 넓다고도 할 수 있고 좀 더 느슨하다고 할 수도 있다. 기본적으로 작가의 상상력에 기인하기 때문에 실제로 우리 주변에 발생할 수 있다는 말은 언제나 성립하지는 않는다. 예를 들어 판타지 소설이라면 더욱 현실성이 떨어질 수밖에 없다. 굳이 초현실적인 작품을 거론하지 않더라도 꼭 우리 주변에 흔히 접할 수 있는 내용으로만 구성되지 않는 작품도 볼 수 있다.

　소설의 감상 서술 방식을 살펴 보자면 먼저 줄거리를 정리하고 뒤에 감상을 추가하는 방식이 있다. 과거에 학교 문학 감상 교육에서 많이 사용되던 방식이다. 언제나 그랬던 것은 아니지만 대개 줄거리는 길게 쓰고 감상은 짧게 쓰는, 예를 들자면 200자 원고지 10장으로 '독후감'을 쓴다면 8장은 줄거리, 2장은 감상(실제로는 9장 줄거리, 1장 감상도 있었다)으로 해서 줄거리 정리만으로 편안하게 양의 대부분을 차지하게 되는 방식이다. 다음으로 자신이 정한 기준에 따라 서술하며 줄거리는 필요한 부분만 이용하는 방식이 있다. 물론 두 가지를 혼합하는 방식도 가능하다. 줄거리 위주로 진행하면서 중간중간 감상을 추가하는 방식도 가능하다. 특별히 어떤 방식을 써야 한다는 규정이 어디 있는 것은 아니지만 줄거리 중심에 감상을 추가하는 방식보다는 자신의 감상에 줄거리를 추가하는 방식이 더 쓰기 어렵다고 할 수는 있지만 감상이 더 풍부해질 수 있다.

한강(韓江, 1970~)의 <채식주의자>(창비, 2007)를 검토해 보겠다. '작자의 말'을 통해 2002년부터 2005까지 세 편의 중편소설을 썼는데 하나로 합쳐서 출판하게 되었다고 한다. <채식주의자>는 『창작과비평』 2004년 여름호, <몽고반점>은 『문학과사회』 2004년 가을호, <나무 불꽃>은 『문학 판』 2005년 겨울호에 실렸으며 이 순서대로 세 작품으로 구성되어 있다. 대체로 60~80면 내외로 세 작품이 양적으로는 비슷하다. 이러한 작품의 감상문 쓰는 방법은 세 작품을 따로따로 정리하다가 결론적으로 합치는 방식이 있고 처음부터 전체적으로 다루는 방식이 있다. 각각 줄거리를 정리하고 간단히 감상을 적는 방식과 항목화하는 방식을 차례로 소개한다.

<채식주의자> 주인공 영혜는 점점 고기 먹기를 싫어하다가 거부하게 된다. 남편 및 직장상사 가족과 함께하는 행사에서도 고기를 거부하여 분위기를 어색하게 만든다. 이후에 가족들이 강제로 고기를 먹이려고 하다가 거부하자 영혜는 친정아버지로부터 뺨을 맞고 영혜는 자해를 시도한다. 영혜는 정신병원에 입원해서 몸을 노출하고 새를 잡아 피를 핥아먹는 모습을 보이기도 한다.

<몽고반점> 영혜의 언니인 인혜의 남편은 미디어아트 예술가인데 인혜로부터 영혜는 스무살에도 몽고반점이 있었으며 아직도 좀 남아 있으리라는 말을 듣고 묘한 관심이 생긴다. 그는 영혜에게 영혜의 나체에 식물을 그려 촬영하고 싶은 계획을 알리고 영혜가 동의하자 촬영하게 된다. 더 완결성을 높이기 위해 후배 남성 J에게 영혜와 함께 나체로 몸에 그림을 그리고 함께 촬영해달라고 부탁한다. 촬영이 계속될수록 점점 장면이 성적인 방향으로 설정되자 J는 수치심으로 촬영을 포기하고 떠나고 이후에 그는 자신의 몸에 그림을 그리고 촬영을 하고 영혜와 성관계를 갖는데 이후에 인혜가 남편과 영혜 사이에 벌어진 일을 알게 된다.

<나무 불꽃> 인혜는 남편과 헤어졌으며 영혜는 정신병원에 입원해 있다. 인혜는 영혜의 면회를 하러 가는데 영혜의 상태는 더 심해진 것처럼 보였다. 음식을 아예 거부하며 더 말라가고 있었다. 인혜는 이렇게 하면 죽는다고 설득하려 하지만 영혜는 죽으면 어떠냐고 반박한다. 영혜는 자신이 식물이 되어가고 있다고 생각하는 것으로 보인다.

작품이 진행될수록 방향성이 느껴지는 측면이 있는데 원래 영혜는 처음에는 고기를 그냥 먹던 사람으로 소개되는데 어느 순간 고기를 거부하고 채식을 하게 되는데 나중에는 채식조차도 거부하고 식물처럼 살아가려는 태도를 보인다는 점이 그렇다. 육식에서 출발해서 채식을 거쳐 거식의 단계로 접어들었다고 할 수 있다.

작품을 통해 영혜가 가장 활기 있어 보이는 부분은 중간이라고 하겠다. 생기가 없어 보이다가 몸에 식물 그림을 그리고 촬영을 하는데 비교적 동조했다고 하겠다. 혼자서 촬영할 때보다 남자 모델과 함께 촬영하며 이어서 형부와 촬영하는 데에 특별히 협박 또는 폭력으로 하게 된 것은 아니다. 이후에 형부와 영혜의 성관계도 자발적인 것으로 보인다. 다만 촬영에 적극적으로 임한 것은 영혜가 채식에서 거식의 단계로 넘어가는 과정에서 점차 자신의 식물 지향성을 발견해 가는 단계를 보여준다고 할 수 있다.

전체적으로 영혜는 아버지, 남편, 언니라는 가족 속에서 제대로 이해받지 못하고 이상한 사람으로 평가되다가 미친 사람으로 인식되어 병원에 입원하게 되고 결국 조금씩 죽어가는 과정에 놓인다는 작품으로 사람 사이의 단절로 인한 문제의 심화, 트라우마의 확대, 각종 억압에 대한 저항의 태도를 보인다고 하겠다.

[타자화]
이 작품 속에서 주인공 영혜의 관점이 전혀 드러나지 않는 것은 아니다. 그러나 세 작품 모두 영혜는 다른 관찰자를 통해 관찰되는 대상일 뿐이다. <채식주의자>에서는 남편, <몽고반점>에는 언니 인혜의 남편인 형부, <나무 불꽃>에는 언니의 관점에서 영혜가 서술된다. 그런데 공통점이 있다. 그 누구도 진지하게 영혜를 이해하려고 시도하지는 않는다. 물론 그 세 인물이 모두 악인으로 묘사된 것은 아니다. 특별히 나쁜 사람이라서 더 영혜를 이해하지 못하는 것까지는 아닐 것이다. 그러나 자기의 사고나 생

활의 틀을 그대로 둔 채 영혜를 바라보니 영혜는 정신병원에 가야 할 대상일 뿐이다. <몽고반점>에서 형부가 영혜를 정신이 이상한 사람이라고 규정하는 것 같지는 않지만 그렇다고 해서 영혜가 형부에게 제대로 이해된 것은 아니다. 형부에게 영혜는 몽고반점을 지닌, 흥미로운 존재일 뿐이고 점차 성적인 대상이자 자신의 예술 작품의 부분일 뿐이다.

[가족 갈등]
　이 작품 속에서 주인공 영혜는 주변 인물과 갈등을 빚는다고 하겠는데 가족의 범위를 벗어난 주변 인물과의 갈등은 전혀 보이지 않는다. 어린 시절 억압의 대상은 일단 아버지이다. 아버지의 설정에서 눈여겨볼 점이 있는데 아버지는 월남전 참전용사이고 옳다고 생각하는 것을 강하게 추진하는 인물로 보인다. 전쟁에 참여해서 비록 임무를 다하는 측면이 있더라도 다른 사람을 죽였을 것이라는 측면을 보인다고 생각한다. 어려서 영혜를 물었던 개에게 가혹하게 복수하는 장면이 나오는데 다른 생명의 소중함을 생각하지 못한다고 하겠다. 다음으로 영혜의 남편은 작품 속에서 영혜와 심각한 갈등을 빚지는 않지만 달라진 모습을 보이는 영혜와 타협을 시도하지는 않는다. 자신을 위한 삶을 살지 않을 것이라는 확신이 들게 되자 영혜를 버린다.
　언니 인혜는 같은 여성이기는 하지만 작품 속에서도 네 살의 차이가 나서 어려서부터 영혜를 관리하는 처지였지 함께 어울리는 처지는 아니었다. 영혜를 위해 맞는 말을 하며 거식증 증세에 대해 걱정하며 영혜와 갈등을 일으키는데 '정상적으로', '일반적으로' 행동할 것을 요구하는 것 이상은 아니다. 영혜와 남편과의 관계를 확인한 후 영혜를 입원시킨 사람은 인혜이다. 인혜와 남편의 갈등도 있다. 인혜 남편과 영혜의 관계는 인혜의 입장에서는 어쨌든 불륜이라고 느낄 수밖에 없다. 결국 인혜 부부의 관계도 파탄에 이른다고 하겠는데 이후에 인혜 남편으로부터 온 전화에서 자식의 소식만 묻는다. 파탄에 이른 가정에 있어서 당연하다고도 할 수 있지만 인혜의 남편은 '자기 것'에만 관심이 있는 것으로도 볼 수 있다. 인혜 남편에게 있어서 예술 작품도 작품이고 자기 아이도 작품일 수 있다. 이런 점에서는 인혜는 가해자이자 피해자라고 하겠다. 이렇게 가족 갈등을 통해 가부장제의 억압, 상위 서열자의 억압을 드러냈다고 할 수 있다.

[상징성]

먼저 채식주의는 이 작품에서 분명히 중간단계이다. 영혜는 어려서는 육식을 분명히 하기도 했었다. 그러다가 꿈을 통해서 채식주의로 바꾸고 작품의 후반부에서 거식증 증세를 보인다. 육식에서 채식을 거쳐 거식으로 간다고 할 수 있다. 그래서 중간단계라고 할 수 있다. 작품에서 생명에 대한 인식이 강화한다면 채식주의도 중간일 수밖에 없다. 채식도 결국 생명을 죽이는 행위로 확대해서 볼 수 있기 때문이다. 완전한 거부는 식물이 되는 수밖에 없다고 하겠고 작품 속에서 영혜가 식물을 지향하고 있는 것을 볼 수 있다.

다음으로 여성의 가슴이다. 영혜는 가슴에 대해 특별히 어떤 나쁜 일을 하지도 않는 기관으로 인식하고 있다. 가슴을 주먹, 발 등과 비교하고 있다고 할 수 있는데 폭력과 직접 연결되지 않으며 젖 먹이는 기관이니 생명을 해치는 기관이 아니고 살리는 기관이라고 하겠다. 여성만이 갖고 있으니 일단 여성성의 긍정이라고 하겠고 더 나아가서는 생명 죽이기가 아니라 생명 살리기로 인류가 나아가야 할 것이라는 생각이 들어있다고 할 수 있다. 작품 속에서 영혜가 브래지어를 잘 하지 않는 장면이 나오는데 여성의 가슴으로 상징되는 긍정적 측면을 드러내는 측면이 있다고 볼 수 있다.

몽고반점이 어려서 있다가 나이 들어가면서 점차 사라지는 것은 상식이라고 하겠는데 영혜의 몽고반점이 그만큼 늦은 나이까지 있다는 것은 어린이의 순수함 같은 것이 더 남아있다는 상징이라고 할 수 있고 인혜의 남편도 그러한 측면에서 호기심을 느껴서 접근했을 수 있다. 그래서 영혜에게 영혜의 몽고반점을 자기에게로 옮겨오고 싶다고 했다. 그렇지만 어린이의 순수함과는 좀 거리가 있는 인물이라 그렇게 할 수는 없을 것이다. 설령 그렇게 할 수 있다고 해도 마음이 아니라 겉으로 드러난 형식일 뿐이다.

꿈은 작품 속에서 몇 번 등장하는데 행복한 시절의 회상 같은 것이 아닌, 기괴한 느낌인 경우가 많다. 꿈에서 매우 공격적이기도 하다. 생명에 대한 이기적, 공격적 태도가 쌓여 꿈에서 나타났다고 할 수 있다. 의식적으로 해오지 않았더라도 무의식적이더라도 반복적으로 생명에 대한 각종 이기적, 공격적 태도, 행위가 쌓인 결과일 수 있다. 영혜가 꿈에 대해 형부와 대화하면서 꿈의 얼굴은 뱃속에서부터 올라온 얼굴이라고 해서 내면에 쌓였던 것이 표출된 것이라고 하고 있다. 그러한 꿈의 해석을 통해 채식 이상의 단계가 필요할 것을 보여준다. 영혜가 이제 두렵지 않다고 말하는 것이 그러한 의미일 수 있다.

다음으로 하퍼 리(Harper Lee, 1926~2016)의 <앵무새 죽이기>(*To Kill A Mockingbird*)를 살펴본다. 하퍼 리는 앨라배마주 출신으로 변호사 아버지를 두었으며 법학을 공부하기도 했다. 대학 재학 시절부터 글쓰기를 했지만 항공사 직원으로 근무하면서 본격적으로 작품을 썼다. 다작한 편은 아니라 주요 작품 두 편만 알려져 있다. 두 작품 모두 작자의 일생과 관련이 있다고 보기도 한다.

주요 인물로 주인공의 아버지 애티커스 핀치와 주인공의 오빠인 젬으로 불린 제러미 애티커스 핀치와 스카웃으로 불리는 주인공 진 루이스 핀치와 오빠의 친구 딜로 불리는 찰스 베이커 해리스가 있다. 주인공 어머니는 주인공 두 살 될 때 심장마비로 죽었다고 한다. 집에는 캘퍼니아라는 흑인 가정부가 있다. 부로 불리는 아서 래들리는 마을 사람들과 접촉이 별로 없는 신비로운 존재로 알려져 있었고 마당에 잡초가 우거져 있었다. 젬은 딜과 내기를 하여 몰래 그 집 마당에 갔다 오기도 한다.

다음으로 유얼 집안의 인물은 마을 다른 인물들과 거리가 있는데 아버지 밥 유얼은 일정한 직업도 없이 사실상 사회보장 혜택으로 살지만 게으르고 알콜 의존적인 태도를 보이며 자녀를 학교에 보내지 않고 사실상 방치한다. 아들 버리스 유얼은 처음 스카웃이 1학년으로 입학했을 때 낙제하여 같은 반에 와 있었는데 지저분하고 학교 다닐 의사도 없이 단순히 하루만 왔다 갔다. 딸 메이엘라 유얼은 친구도 별로 없고 외롭게 지내다 집 주변을 종종 지나는 흑인 톰 로빈슨을 집으로 유인하여 성적 유혹을 시도하다가 실패한다.

보통 이 작품을 통해 많이 주목하는 것이 성장, 평등 정도라고 할 수 있다. 먼저 성장부터 살펴보자면 처음에 스카웃이 1학년이고 젬이 5학년인데 작품 끝에는 스카웃이 3학년이고 젬은 7학년이 된다. 미국식 학제로 9월에 새 학년이 시작하기 때문에 첫해에는 스카웃 기준으로 초등학교 진학하기 전부터 1학년이 되고 2년 후에 스카웃이 3학년이 되고 젬은 7학년이 된다. 이 남매가 네 살 차이라는 것이 아주 적은 것도 아니고 아주 많은 것도 아니고 상황에 따라 달라진다고 하겠다. 남매 모두 2년의 세월이 흘렀지만 2년 후에는 다니는 학교가 달라지고 스카웃의 관점에서 보기에 자기주장이 강해지고 스카웃에게 설명하려는 듯한 태도를 많이 보이는 오빠인 젬에게는 남성성이 더 드러난다고 하겠다.

스카웃도 자기주장이 강해지면서 작품의 후반부에는 어른과 대화할 때 중간에 말을 끊고 자기 말을 하는 장면도 있다. 물론 어른에게 불손한 행동이라고 아버지 애티커스로부터 제재를 받기는 한다. 작품 초반에 멜빵바지를 입고 젬과 딜과 함께 어울려 노는 모습을 보이는데 동네 어른들은 여자답지 않다고 탐탁하지 않게 여기는 모습이 보인다. 그런데 후반부에 어른들이 보이게 좀 지나치게 활발한 스카웃은 성장해서 변호사가 되지 않겠냐는 질문을 받았을 때 숙녀가 되겠다고 하는 다소 의외의 답을 한다. 하지만 작품 후반부에 젬과 스카웃이 공격을 받고 집에 돌아왔을 때 갈아입으라고 스카웃에게 다시 멜빵 바지가 전달되는 장면을 보면 과연 이전의 활발한 태도에서 벗어나 확실히 숙녀가 되겠다는 마음의 변화가 있었는지까지는 확인되지 않는다고 하겠다.

젬과 스카웃이 함께 변화하는 모습을 보여 흥미롭기도 한데 작품 진행에 따라 점차 귀신 걱정을 하지 않은 상태로 성장하는 것을 볼 수 있다. 핼러윈데이 행사에 참석하지만 전통문화 차원에서 받아들인 것이지 특별히 귀신에 대한 믿음 때문인 것은 아닌 것으로 보인다. 작품 초반부에는 귀신의 존재에 대해 다소 두려워하는 모습을 보이기도 하는데 작품 후반부 핼러윈데이 행사는 그냥 행사 자체를 즐긴다고 하겠다. 핼러윈데이는 본래 귀신이 기존에 있던 사람의 몸에서 벗어나 다른 사람의 몸으로 옮기는 때에 자기 집에 귀신이 오지 못하게 하려는 의식에서 나왔다고 하는데 실제 작품 속에서 그러한 믿음이 보이지는 않는다.

스카웃과 젬 남매와 함께 노는 존재로 설정된 딜도 변화를 보인다고 하겠다. 딜 자기 가정에 대해 상세한 거론을 피하기 때문에 정확히 알 수 없지만 부모의 이혼과 재혼으로 양부와 함께 살게 된 것 같은데 특별히 자신에 대한 관심이 적어 외로움을 느낀다. 톰 로빈슨 소송을 지켜보며 눈물을 흘리기도 하는데 세상의 불공정, 불평등 문제에 대해 약간이나마 자각하는 모습을 보인다. 다만 작품 자체에서 세월이 오래 지나지 않은 한계가 있어서 어떤 생각을 지닌 사람으로 성장하는지까지는 알기 어렵다.

다음으로 흔히 주목받은 것이 흑인 톰 로빈슨 소송 과정이다. 작품 중반 이후에 이 소송이 중요한 부분이 된다. 밥 유얼의 딸 메이엘라 유얼이 자신의 집앞을 자주 지나고 종종 사소한 도움을 주었던 톰 로빈슨을 유혹하려다 실패했는데 이 장면을 본 밥 유얼이 들어오고 메이엘라 유얼을 폭행하고 이후에 톰 로빈슨을 성폭행 혐의로 고소하여 톰 로빈슨은 체포되어 재판을 받게 된다. 이 사건의 변호를 맡은 애티커스는 당시 메이엘라 유얼의 오른쪽 눈 부위가 맞아 멍이 들었는데 톰 로빈슨은 오른손잡이고 왼손은 부상을 당해 잘 쓰지 못하고 밥 유얼은 왼손잡이라는 사실에 기초하여 실제 폭력을 행사한 것은 밥 유얼이며 톰 로빈슨의 진술이 더 신빙성 있음을 입증했지만 결국 배심원들은 톰 로빈슨의 유죄를 선고하고 당시 법으로 사형이 선고될 예정이라 애티커스는 상소 제도를 통해 끝까지 해보자고 톰 로빈슨을 설득하던 중에 톰 로빈슨은 탈옥을 시도하다가 집중 사격을 받아 살해된다.

톰 로빈슨 소송이 처음 시작할 때 그다지 승산이 없어 보인다는 뜻으로 애티커스는 동생과 대화를 나누는 장면이 있는데 어차피 당시 상식으로 배심원단이 잘 구성된다고 해봐야 백인 위주이고 백인에게 불리한 배심원 평결이 나올 수 없을 것이라고 변호사인 애티커스조차도 이미 생각하고 있다고 하겠다. 예상대로 결과가 나왔다고 하겠다. 이뿐만 아니라 애티커스가 흑인을 변호한다는 문제로 같은 학교 학생 및 마을 할머니로부터 각종 모욕을 당할 때 스카웃은 당연히 맞서 싸워야 한다고 생각했는데 애티커스는 침착하게 행동하며 결코 보복 행위를 하지 말아야 한다고 했다. 백인이 흑인을 변호한다는 것 자체가 비판 및 공격의 원인이 되었다.

상소 제도를 통해 끝까지 해보는 것이 먼저 취할 타당한 행동이니 탈옥을 시도하다가 살해된 톰 로빈슨은 어리석었다고 볼 수도 있을 것 같다. 그런데 이미 결과가 예상되어 있고 어차피 사형당할 텐데 이렇게 죽나 저렇게 죽나 마찬가지라는 생각에 탈옥을 시도했다고 하겠다. 사법제도의 공정성을 믿지 않고 있으며 충분히 그럴 만한 이유가 있다고 하겠다. 또 한 손에 장애가 있어서 실제로 담을 넘을 수 없는데도 집중 사격을 해서 살해할 필요가 있을까 하는 생각도 하게 하면서 흑인에 대해 제대로 심판하지 않을 뿐만 아니라 처벌 자체도 제대로 하지 않았다는 생각을 하게 한다.

당시 흑인과 백인의 거주 구역이 구분되어 있고 교회도 따로 있어서 흑인은 흑인 교회에 가고 백인은 백인 교회에 가는 것이 당연한 것으로 여겨지던 시대의 특징이 보인다. 특별히 법에 규정되어 인종 분리가 된 것은 아닌데 실제로 서로 분리되어 섞이지 않은 삶을 보여준다. 이후 톰 로빈슨 재판 중에도 앉는 자리가 분리되어 있음을 볼 수 있다. 지역사회가 흑인 사회와 백인 사회로 분리되어 있다고 하겠는데 애티커스 집에서 일하는 흑인 여성 캘퍼니아는 두 사회에 모두 속하는 특이한 인물로 설정되어 있다고 하겠다. 캘퍼니아는 애티커스 집에서는 백인 영어를 하고 흑인 거주지에는 흑인 영어를 사용한다.

캘퍼니아와 젬, 스카웃은 어느 일요일에 흑인 교회인 퍼스트 퍼처스 교회(First Purchase church)에 함께 가게 된다. 실존하는 교회인지까지는 확인되지 않는데 흑인이 노예 해방된 이후에 자기들 돈을 모아 처음으로 구한 교회라 그렇게 이름을 붙였다는 데서 흑인들의 자부심 같은 것을 느낄 수 있게 한다. 이곳에서 비록 어린이 둘이지만 백인이 방문한 것이 처음인데 일부는 적대감을 보이기도 하지만 많은 흑인들은 백인에게 조심해야 한다는 의식에서인지 더 공손하게 행동하는 듯한 느낌을 보이기도 한다. 흑인 교회에 그곳에 찬송가 책이 없어서 선후창 방식으로 찬송가를 부르는 모습을 보면서 스카웃은 충격을 받는다. 처음에는 단순히 돈이 없어서 찬송가 책을 마련하지 못한 줄로만 생각했는데 캘퍼니아와 대화를 통해 실제 책이 있더라도 대부분 문맹이라 읽을 수 없음을 알게 된다. 저학력 저소득의 악순환 고리가 흑인 사회에 만연함을 볼 수 있다.

톰 로빈슨 소송 이후로 백인 여성이 모여서 대화하는 장면에서 꼭 여성이 아니더라도 당시 백인 생각의 단면을 보여준다고 하겠는데 동네 백인 부인들이 모인 자리에서 아프리카 원시적 삶을 사는 여성들의 고통에 공감하는 장면이 보이는데 여성 차별에 대한 인식이 보인다고도 할 수 있겠는데 막상 소송 결과에 대해 누구도 불만을 보이지 않는다. 원시적 삶을 사는 여성의 문제도 인간의 문제로 보는 것 같기도 한데 보기에 따라서 문명과 미개라는 잣대로 보는 것이라고 생각할 여지도 있다고 하겠다. 스카웃이 학교에서 접한 게이츠 선생님은 히틀러의 유태인 박해를 비판하는 장면이 보이는

데 보편적 인권 차원에서 박해 문제로 보는 것 같은데 역시 톰 로빈슨 소송 과정, 결과에 아무 불만이 없으며 오히려 흑인에 대한 선입견을 보이는 것 같아 보인다.

스카웃의 고모인 알렉산드라는 젬과 스카웃을 각각 일반적인 신사 숙녀로 성장해야 한다고 생각하는 것 같았으며 가문 인식이 커서 가문별로 재단하려고 하는 것 같았다. 어느 가문은 어떻게 대체로 신체적인 특징이 있고 성격적인 특징이 있다는 식으로 생각하는 것을 볼 수 있다. 미국은 건국 초기부터 유럽 지역과 달리 직접적인 귀족 출신이 별로 없는 나라고 공식적으로 귀족 제도를 가진 적도 없는데 혹시 흑인들과 비교해서 조금이라도 더 우월하다고 하는 생각에 백인 사회에서 가문 의식을 부추기고 있지 않은가 생각하게 한다. 작품 속에서 경제적, 사회적으로 크게 성장한 것처럼 보이는 흑인이 한 명도 보이지 않는데 흑인 가문이라는 것 자체가 성립할 수 없는 것과 대비된다고 하겠다.

흑인과 백인의 문제 관점에서 더 생각하게 할 수 있는 것이 작품 최후의 사건이라고 하겠다. 톰 로빈슨 소송 이후로 마을 사람들은 이제 안정을 찾을 것으로 생각했지만 실제로 승소한 셈이라 할 수 있는 밥 유얼은 자신이 톰 로빈슨을 모함해서 결국 죽게 만드는 데 성공했지만 자신이 재판 과정에 애티커스와 판사로부터 망신을 당했다고 느껴서 판사 집의 방충만을 몰래 뜯어 겁을 주려 하고 직접 애티커스를 공격하지 못하고 핼러윈데이 행사에 참석한 스카웃과 젬을 공격해서 둘 다 죽음의 위기에 몰아넣었는데 평소 주민과 교류가 별로 없는 부로 불리는 아서 래들리가 나타나 밥 유얼을 죽인 것이 아닌가 하는 생각을 하게 한다.

작품 속에서 소녀 스카웃 서술을 보면 완력으로 밥 유얼을 제압해서 찌른 것은 아니고 젬은 격투를 벌이나 팔이 꺾이며 기절한 것 같은데 옆구리에 칼이 찔려 죽은 채로 발견된 밥 유얼을 보면 후에 스카웃과 젬을 구해준 아서 래들리가 사건 현장의 소리를 듣고 나타나 밥 유얼을 죽인 것이 아닐까 하는 의심을 하게 하는데 사건 조사를 위해 나타난 보안관 테이트는 밥 유얼이 잘못 쓰러져 스스로 칼이 박힌 것이라고 하여 젬의 정당방위 같아 보이지만 그래도 수사를 해야 한다는 애티커스의 주장을 일축하고 밥 유얼이 사고로 죽었을 뿐이라고 한다. 남을 억울하게 하더니 자기도 그렇게 됐을 뿐이라는 의미의 말도 남긴다.

흥미로운 것은 애티커스와 테이트 어느 누구도 범인으로 보이는 아서 래들리를 의심하는 발언을 하지 않는다. 혹시 둘 다 범인이 아서 래들리로 보이지만 심정적으로 아서 래들리를 보호하고 싶은 마음이 있기 때문일 수 있다. 살인은 당연히 나쁜 일이지만 비난받을 사람이 전혀 처벌받지 않고 오히려 억울한 죽음을 유발했고 나아가 살인을 시도하던 과정에 벌어진 살인은 정상을 참작해야 하지 않을까 하는 생각을 보인다고 추측하게 한다.

결국 작품 속에서 최고의 문제를 일으키는 것은 자주 취하고 고약한 백인이고 다수의 흑인은 선량하게 설정되어 있다는 점을 고려한다면 설정을 백인에게 불리하게 했다고 해서 역차별이라고 느낄 수 있겠지만 실제 누가 위험한지 생각하게 한다고 하겠다. 다수의 선량한 흑인에 비해 문제 있는 백인이 오히려 더 공동체에 위협이 된다고 하는 생각을 보여준다고 하겠다.

흑인이든 백인이든 공정하게 대우받아야 한다는 생각을 애티커스를 통해 보인다고 하겠는데 판사가 톰 로빈슨 소송 초기에 판사가 자기를 변호인으로 지명했다고 하는데 수락하지 않고서야 자기 아이들을 대할 수 있겠냐고 한다. 총을 구해주면서 "(전략) 새들도 쏘게 되겠지. 맞힐 수만 있다면 쏘고 싶은 만큼 어치새를 모두 쏘아도 된다. 하지만 앵무새를 죽이는 건 죄가 된다는 점을 기억해라."(174면)라는 대화를 통해 특별히 세상에 해악을 끼치지 않고 살아가는 흑인을 앵무새로 설정하고 그들을 해치지 말라는 식의 주장을 하는 것으로 보인다. 필자의 생물 지식의 한계로 정확한 것은 알 수 없지만 잡식성 새로 곡식도 먹는 새가 어치이니 그것은 사냥해도 되고 특별히 해를 끼치지 않는 새가 앵무새(번역자도 실제로 흉내(쟁이)지빠귀이고 앵무새가 아닌데 초기에 그렇게 알려져 제목을 고치지 않았다고 했다)인 만큼 사냥하면 안 된다고 한 표현으로 보인다.

정리하면서 작품의 의미를 생각해 보자면 일단 작품 속에서 많은 사람이 선입견, 고정관념으로 사로잡혀 있다는 생각을 하게 한다. 앞에서 서술한 것처럼 자기모순이라고 할 만한 생각을 보인다고 하겠다. 작품 속의 톰 로빈슨 사건은 어찌 보면 단순 무고 사건이라고 할 수 있는데 이미 마을에 문제 있는 사람으로 알려져 있는 백인의 허술한 진술을 받아들이고 선량한 흑인의 상대적으로 진실해 보이는 진술을 받아들이지 않아 결국 억울한 죽음이 발생했고 두 번째의 억울한 죽음이 발생할 뻔했다. 하지만 작품 속에서 애티커스는 다수의 백인을 직접적으로 비난하지 않았다. 선입견, 고정관념으로 세상을 보지 말고 세상을 그대로 보아야 하며 세부적으로 누구나 문제가 있지만 기본적으로 사람에 대한 신뢰를 보이는 작품이라고 하겠다. "스카웃, 결국 우리가 잘 만 보면 대부분의 사람은 모두 멋지단다."(517면)라고 하여 세상에 대한 신뢰를 지켜가면서 변화를 모색해야 한다는 생각이 담겨 있지 않을까 생각하게 한다.

> **연습문제**
>
> 자신이 관심 있는 소설, 희곡 작품을 골라 감상을 적어보자.
>
> · 도움말
>
> 특별히 어떤 작가의 어떤 작품인지는 상관없으며, 일단 자신이 관심 있고 어느 정도 이해되는 작품을 골라 감상을 적어보면 된다. 단, 희곡은 부조리극처럼 다소 어렵게 느껴질 수 있는 작품이라도 이해되는 부분만으로 감상을 적어보면 된다.

1.3. 영화

영화감상은 사람에 따라서는 시 읽기, 소설 읽기보다 더 친근하게 느껴지기도 한다. 일반적으로 두 시간 전후로 끝나고 극장에서 본다면 대형 화면에 간식도 먹어가면서 편안히 잘 쉬었다 간다고 생각할 수 있다. 독서는 부담이 있어도 영화감상은 부담이 없다는 사람도 있다. 이러한 영화감상 방법을 일단 '그냥 보기'라고 할 수 있다. 다음으로 사전에 검색을 해보고 어떤 감독이 만들었는지, 어떤 갈래(장르)인지 어떤 사람이 출연했는지 등을 확인하고 볼 수 있다. 이를 '알고 보기'라고 할 수 있다.

위에서처럼 보기 전에 특별한 준비가 있는지의 여부로 나누지 않고 또 감상하는 방식으로도 두 가지 방식을 나눌 수 있다. 여기에도 '그냥 보기'는 또 있다. 화면에 보이고, 소리가 들리니 보이는 대로 보고 들리는 대로 들으며 재미있으면 웃고 끝나면 영화관에서 나오면 된다. 물론 잘 쉬러 갔다는 경우라면 이것이 잘못된 것은 아니다. 여기에 '따져 보기'가 있다. 장면, 줄거리, 소리 등을 살펴보며 어떤 주제, 장면 등에 주목하게 하는지 등을 생각하면서 본다. 눈이 아주 좋은 사람은 영화 속에서 문제점을 단번에 알아보기도 한다. '그냥 보기'는 편안히 보기라면 '따져 보기'는 재미 찾아보기라고 할 수 있다.

이렇게 둘을 합쳐서 사전에 알고 보며 볼 때 따지며 보며 이후에 글쓰기로 마무리된다면 좋은 기억으로 남을 뿐만 아니라 장차 다른 작품을 접할 때도 이러한 능력을 통해 더 잘, 재미있게 볼 수 있는 측면이 있기 때문에 분석 능력의 향상에 도움이 된다고 할 수 있다. 분명히 사전에 준비하려면 귀찮은 측면이 있고 열심히 따지면서 보면 좀 덜 편하게 볼 수도 있고 글쓰기로 마무리하려면 더 귀찮을 수 있다. 그러나 충분한 보람은 있다고 할 수 있다.

이 세상에 영화감상문을 위한 글쓰기 방법이 따로 존재한다고 할 수는 없다. 다만 영화의 특성을 이해하면 감상문 쓰기에 더 편리한 점은 있을 것이다. 다른 예술처럼 갈래 특성이 있다는 점은 같다고 하겠다. 블록버스터급이라는 영화라면 시원하게 때려 부수는 장면을 상상하게 되는데 실상 우리 생활 주변에서 그런 일을 볼 일이 과연 있을까, 그러니 비현실적이라고 감상문을 쓸 수는 있겠지만 이미 아는 사항이라 감동은 덜 할 것이다. 어떤 갈래 영화에도 위와 같은 지적은 있을 수 있지만 그러한 갈래 특성은 인정해야 한다.

영화감상문 쓰기 위래 위에 언급한 갈래적 특성을 포함한, 영화의 역사를 알면 더 흥미롭게 감상할 수 있다. 기존의 영화를 꼭 베끼기, 흉내 내기를 한 것이 아니더라도 분류해보면 같은 유형에 해당하는 작품을 찾아낼 수 있다. 꼭 영화감상문에 주로 다루는 작품과 기존 작품을 일일이 비교해가면서 반영할 필요는 없지만 알고 있으면 정리해 보는 데에 도움이 될 수 있다. 필요한 부분을 일부만 비교해가면서 쓰는 영화감상문을 흔히 볼 수 있다.

영화만의 특성으로 장면, 소리의 측면을 들 수 있다. 똑같이 줄거리 위주의 예술이라고 한다고 하더라도 소설은 상상해가면서 읽어야 하는데 언제나 늘 선명하게 상상이 잘 되는 것은 아니다. 그런데 시청각 효과를 직접 제공하기 때문에 상상하지 않고 직접 접하게 된다. 꼭 진행에 매우 중요한 역할을 하지 않을 수도 있지만 장면 자체가 효과를 주는 일도 종종 볼 수 있다. 2017년 제작되었고 2019년 우리나라에 개봉되었던 영화 <아틱>에는 대사도 얼마 없고 사방에 뒤덮인 눈 속에 사람이 걸어가는 것처럼 장면의 비중이 매우 높아 보이는 작품도 있다.

영화감상문 쓰는 초보자(연령 등에 관계없이 경험이 적다면 초보자로 분류할 수 있다)라면 일단 기존의 영화감상문 읽기를 권하기도 한다. 다른 사람들이 쓰는 방식을 보면서 취사선택해서 자신만의 방식을 만들어가는 측면이 있기 때문이다. 초보자에게라면 일단 줄거리를 요약해가면서 줄거리 자체에서 주는 결말을 통해서 주제의식을 생각해 볼 수 있고 부차적으로 특별히 주목할 만한 대사, 장면, 소리 등을 덧붙이는 방법에서 시작해도 무방하다고 하겠다.

이러한 초보자가 아니라면 독후감 쓰듯이 줄거리가 대부분을 차지하고 후에 감상을 약간 추가하는 방식에 구애될 필요가 없다. 실제로 유명한 영화의 감상문을 인터넷을 통해 검색해 보면 정말 다양하게 파악하며 동시에 다양한 방식으로 쓰여 있다는 것을 확인할 수 있다. 다양성에 참여하고 또 다른 다양성을 만들어가는 것이 영화감상문 쓰기가 될 수 있다. 줄거리 위주의 영화감상문 쓰기는 익숙해지면 줄거리를 조금씩 서술하면서 감상을 추가하면서 쓸 수 있다. 줄거리 위주의 영화감상문 쓰기도 세부적으로는 다양한 변화를 가할 수 있다. 일단 줄거리 위주의 짤막한 영화감상문을 <베라크루스>(Vera Cruz)를 통해 한번 해볼 수 있다.

작품의 배경은 1864~1867년 존재했던 멕시코 제2제국 시기이다. 프랑스에서 멕시코의 문제에 개입해 당시 오스트리아제국 황제의 동생을 황제로 옹립했는데 이에 반대하는 멕시코 주민들이 각지에서 저항을 시작했다. 사실상 프랑스 병력으로 유지되는 정권이라 용병을 모집하려고 했는데 이러한 임무를 맡은 사람을 호위할 총잡이가 필요했다. 그러한 총잡이로 주인공 둘이 멕시코제국 황제에게 고용된다.

주인공 중 하나는 사실상 무법자인 조 에린이고 다른 하나는 남북 전쟁 이후 실업자가 된 벤 트레인이다. 이외에 백작 부인과 후작 등을 주요한 인물로 볼 수 있다. 조와 벤은 황제에게 고용되어 항구인 베라크루스로 백작 부인을 호송하게 되는데 호송 중 마차에 다량의 금이 있는 것을 알고 조, 벤, 백작 부인이 함께 빼돌리려고 하다가 낌

새를 알아차린 후작이 먼저 기지로 금을 갖다 놓는다. 조와 벤은 반군에게 포위되지만 금을 찾아주겠다고 설득해서 반군과 함께 기지를 공격하여 금을 되찾게 되는데 조는 혼자서 금을 빼돌리려다가 벤과 대결에서 사망한다는 줄거리이다.

조는 철저하게 이익을 따라 움직일 뿐이고 등장인물 대부분은 그러한 측면이 있다고 하겠다. 조, 벤, 백작 부인 모두 멕시코 황제를 위해 위험한 호송에 목숨을 걸어야 할 이유는 없다고 하겠다. 조는 혼자서 금을 독차지하려고 하다가 목숨을 잃었다고 하겠다. 이상적인 인간보다 이익에 따라 움직이는 인간의 모습을 보인다고 하겠는데 고전적인 서부영화에서 주인공은 이상적 선을 실천하는 모습이 자주 보이는데 그러한 전형과는 약간 달라져 있다고 하겠다. 다만 벤은 이익을 위해 움직이다가 작품 후반부에 금을 멕시코 민중에게 돌려줄 것으로 생각하는 것 같은데 생각의 변화 과정이 자연스러운지는 사람에 따라 생각이 달라질 것으로 보인다.

다음으로 주요 장면을 중심으로 감상문을 쓸 수도 있다. 2006년 개봉된 영화 <카모메 식당>(かもめ食堂)을 살펴본다. 크게 네 장면 정도로 정리가 될 수 있는 영화라고 생각한다. 핀란드에 정착한 주인공 사치에가 개업 이후 한동안 손님 하나 없었는데 우연히 일본 여성 미도리, 마사코가 차례로 식당에 일하러 들어오게 되고 점차 식당에 손님이 많아진다는, 비교적 복잡하지 않은 줄거리이다. 인물의 표정을 통해 웃음을 주기도 한다. 코믹 영화로 분류된다.

첫 장면으로는 식당이다. 처음에는 손님 하나도 없고 중간에 조금 생기고 나중에는 손님으로 가득하게 된다. 줄거리와 직접적으로 연결되는 장면이라고 하겠다. 현지인들이 좋아할 만한 메뉴로 꾸려나가니 성공하게 되었다고 할 수 있다.

두 번째 장면으로는 수영장이다. 사치에가 수영장에 가는데 다른 사람과 다른 방향으로 수영을 하기도 하고 혼자서 수영을 하기도 하고 수영장 속에서 현지인들의 박수를 받기도 한다. 줄거리에 필수적인 장면은 아니다. 다만 넓은 수영장에서 수영하는 장면에서 커다란 새로운 세상이 뛰어들어 점차 적응하고 중심으로 성장해 나가는 삶의 광장을 상징하는 것으로 보인다.

세 번째 장면으로는 식당에서 바라본 창밖이다. 처음에 현지인들이 식당에 들어오지 않고 텅 빈 식당을 약간 흥미롭기는 한지 모르겠지만 말 한마디 하지 않고 밖에서 구경만 하다가 후반에는 들어와 음식을 즐기게 된다. 단절에서 소통으로 변화하는 과정을 보인다고 하겠다. 화난 표정에서 밖에서 보다가 가는 현지인이 나오는데 언젠가 한 번 들어와 술을 마시고 가정 문제를 털어놓고 점차 친숙해진다. 북유럽 살기 좋은 곳이라는 생각이 있고 일본은 자살 많이 하는 나라라는 생각이 있는데 삶은 어디나 똑같고 어떻게 받아들이냐의 자세가 중요하다는 것을 보여주려는 의도의 설정으로 보인다.

  네 번째 장면으로 사치에가 집안에서 합기도 운동을 하는 장면이 보인다. 키는 작지만 주인공이 유연하다는 생각을 하게 한다. 합기도가 우리나라 운동인지 일본 운동인지 논란이 있는 것으로 아는데 여기서는 핀란드에 사는 일본인 사치에가 일본 운동을 하며 일본 음식을 만드는 등의 정체성을 잃지 않으면서도 얼마든지 새로운 문화에 적응할 수 있다는 것을 보여주려는 의도의 설정으로 보인다.

  이와 같이 주요 장면을 뽑아서도 영화감상문을 쓸 수 있다. 여기에 종합적인 정리를 해서 조금 더 쓸 수도 있다. 이 영화의 원작은 무레 요코(群ようこ, 1954~)의 <카모메식당>(かもめ食堂)으로 우리나라에 번역 출판되었다. 원작 소설과 비교해가면서 영화감상문을 쓸 수도 있다.

  다음으로 영화에서 주요 항목을 뽑아 항목 위주로 감상문을 서술할 수 있다. 상대적으로 긴 길이의 영화감상문에서 자주 사용된 것 같다. 이러한 방식에서 독자들이 영화를 (거의) 다 보았기 때문에 잘 안다는 가정하에서는 줄거리 자체의 서술을 아예 하지 않거나 하더라도 조금만 할 수 있다. 항목을 어떻게 설정하고 또 어떻게 배치하느냐에 따라 다양한 변화가 가능하다. 비교적 사소해 보이는 항목을 앞에 배치하고 점차 중요해 보이는 항목을 뒤에 배치할 수 있다. 대체로 이러한 배치 순서를 따르면서도 비교적 사소한 항목은 묶어서 마지막에 배치할 수도 있다. 이러한 항목 위주 영화감상문 예시로 봉준호(奉俊昊, 1969~)의 <기생충>(2019) 감상문을 올린다.

> 제목: 선을 넘을 계획이 필요할 때
>
>   2층, 반지하 그리고 지하
>
>   작품 속에서 박사장 동익네는 예술을 사랑하는, 현대적인 분위기의 넓은 이층

집이고 기택네는 변기의 높이가 비상식적으로 높아 보이는, 좁은 반지하 집으로 설정되어있다. 이러한 설정의 의미는 어렵지 않게 파악된다. 지표를 기준으로 상대적으로 높은 곳에 위치한다는 것으로 상위 계층을 상징하고 집 안에 위치할 때 상반신은 지표 위에 있고 하반신은 지표 밑에 있는, 즉 지표에 걸친 반지하 주택은 재산의 가치가 0에 가까운 하위 계층을 상징한다고 하겠다. 이렇게 하위 계층의 상승 욕구 및 활동을 보여주며 초반 진행이 이뤄진다. 과연 잘될까 하면서도 흥미롭게 보게 만든다고 하겠다.

기택네의 계략으로 동익네에서 쫓겨난 문광을 통해 지하실이 드러나는데 이곳에 살고 있는 문광의 남편 근세를 통해 재산이 0도 아니고 쌓인 빚만 있는 상황을 나타낸다고 하겠다. 이런 곳은 어쩌다 며칠 있을 수는 있어도 계속 있는 것은 불가능해 보이기도 하고 왜 빨리 나가서 다른 삶을 알아보지 않을까 하는 생각이 들게도 하지만 적어도 나가서 채권자들에게 쫓길 일이 없으니 상대적으로 안전하다고 하겠다. 아무런 계획도 없이 지하에 산다고 비난할 수 있겠지만 실패해서 스스로 감금된 삶을 사는 것이 어떤 면으로는 안전하고 속 편하다고도 할 수 있다.

그런데 기택네 식구들과 갈등으로 발생한 위기에서 잠시 벗어나 정말 오랜만에 지표로 나온 근세가 자기를 위기로 몰아넣었던 기택네 딸인 기정을 죽이는 장면에서 '묻지마 살인'의 재해석이 시도된다고 하겠다. 작품의 후반부에 뉴스를 통해서도 '묻지마 살인'이 또 벌어졌다고 하는데 근세의 사건과 연관 지어 보면 과연 맹목적이고 우연한 살인이라고 할 수 있을지 의문을 갖게 한다. 세상에 알려지지 않은, 지하에 머무는 사람이 어쩌다 지상에 나와서 자신의 쌓인 분노를 표출하는 방식이 그러한 살인이라고 한다면 우리 사회는 과연 그러한 지하에 사람들을 적어도 반지하라도 살 수 있도록 관심을 가져야 하지 않을까 생각하게 한다고 하겠다.

선(線)과 냄새

동익네 운전기사를 모함해서 내보낸 후 운전기사로 들어오려고 하는 기택은 동익을 태우고 운전 면접을 하게 된다. 기택은 자신이 운전을 잘한다고 과대선전을 하면서도 동익에게 부인 연교를 사랑하느냐고 묻고 동익은 약간 어색해하면서 그렇다고 한다. 집으로 돌아와서 연교에게 대체로 만족스럽지만 선을 넘을 뻔하기는 했다는 취지로 말한다. 그냥 동익의 눈에 들려고만 노력하면 되지 굳이 아슬아슬한 질문을 할 필요가 있을까 생각하게 한다. 아마도 기택의 눈에는 정략결혼으로 맺어진 부부가 아닐까 생각했을 수 있다.

두 번째로 동익이 아들 다송 생일잔치에 인디언 놀이를 해주러 휴일에 기택이 출근해서 동익과 인디언 복장을 하고 행사가 시작하기를 기다린다. 약간 지쳐 보이는 표정의 기택은 동익에게 이렇게까지 하니 수고가 많다고 동정하는 듯한 표현을 하고 동익은 약간 짜증스러운 기색을 보이며 그냥 이게 일이라고 생각하라고 하는데 그러한 말은 선을 넘는 행위로 간주한다는 뜻으로 보인다.

선을 넘지 말라는 것이 그 자체로 나쁜 말일 수야 없다. 다만 이 작품에서 선을 넘지 말라는 것은 단순히 직책에 맞게 행동하라는 뜻 이상의 의미가 있어 보인다. 부유한 사람과 가난한 사람의 경계선 같은 의미로 보이기도 한다. 그러면 기택은 굳이 동익이 불편하게 느낄 수 있는 발언은 반복할까 하는 문제를 생각해본다면 비록 경제적으로 당시 기택이 하층에 머물러 있지만 계속 그랬던 것도 아니고 만일 기택이 동익과 비슷한 경제적 수준이었다면 기택은 동익에게 좋은 친구 내지는 형님으로 삶의 조언해줄 수도 있을 상황이라고 할 것이다. 기택은 아무리 현재의 가난한 삶에 적응해 있다고 해도 다른 한 편으로는 정신적으로 선 위쪽을 지향하는 태도가 남아 있었다고 할 수 있다.

선과 함께 등장하는 특이한 요소가 냄새다. 실제 사실일 수야 없겠지만 기택을 처음 만나고 온 동익이 연교에게 냄새가 난다고 한다. 동익네 가족이 캠핑을 떠났다가 큰비로 일정을 취소하고 돌아와 동익이 연교에게 지하철 냄새 같은 것이 난다고 하고 연교는 자신은 지하철 타본 지가 워낙 오래돼서 그 냄새 기억을 잘 못하겠다고 한다. 기택네 식구들은 돈이 있다면 옷을 비싼 것을 사 입어 가난한 상황을 감출 수 있겠지만 그렇게 냄새난다고 하는 데 대해서는 사실 별다른 방법이 없을 것이다. 상류층 동익은 하류층의 냄새를 구별하는 능력이 있는 것 같다.

다송의 생일 잔치에 지하에서 탈출한 근세가 기정을 찌르고 이 장면을 지켜본 다송은 기절한다. 근세도 찔리고 난장판이 벌어진 와중에도 동익은 냄새 때문에 괴로워하는 모습을 보이고 결국 기택이 분노하여 동익을 찌르게 된다. 이러한 사건은 동익 입장에서는 억울하다 할 여지가 있을 것도 같다. 아래 계층 인간의 냄새가 나서 난다고 했는데 기택이 칼을 휘둘렀으니 말이다. 하지만 냄새는 기택이 보기에 동익이 갖고 있는 아래 계층에 대한 뿌리 깊은 멸시 의식이 반영된 것으로 볼 수 있다. 기택은 '우리도 같은 사람이다.'라는 생각에서 분노하고 결국 과격한 행동을 보였다고 하겠다.

큰비

이 작품은 큰비를 기준으로 전반부와 후반부와 갈린다고 할 수 있을 정도이다. 작품 속에서의 큰비는 이중적으로 해석 가능하다. 먼저 계층적 차이를 드러내주는 직접적인 원인이라고 하겠다. 박사장네는 다송의 생일을 맞아 떠났다가 큰비를 만나 돌아오고 다송은 혼자라도 인디언놀이를 하고 싶어서 마당에 인디언텐트를 치고 안에서 혼자 노는데 박사장 부부 대화를 들어보면 비가 새지 않을 것이라고 한다. 박사장네 부부 입장에서 큰비가 오는 것을 함께 바라보지만 영화 속에서 그다지 위험해 보이지 않는다.

그런데 기택의 경우는 다르다. 박사장네 가족이 그날 돌아오지 않을 것으로 여기고 박사장네 집에서 자기들 집인양 마음 편히 놀다가 천신만고 끝에 무사히 들키지 않고 박사장을 집을 빠져나와 집으로 돌아왔지만 이미 큰비에 집은 물에 잠겼고 마을에 대규모 이재민이 발생했다. 큰비는 직접적으로 위험이 될 뿐만 아니라 경우에 따라서는 지속적인 문제도 될 수 있다. 박사장네 경우처럼 방관할 수 없고 생사의 문제까지 될 수 있다. 천재지변 등 어떤 사건, 사회적 변화 등이 계층에 따라 주는 충격이 다를 수 있음을 보여준다고 하겠다.

두 번째로 천벌 같은 방식으로 해석이 가능하다. 기택네 네 식구 중에 처음에 기우, 다음에 기정, 다음에 기택, 마지막으로, 충숙이 차례로 동익네로 일하러 들어가게 된다. 엄밀히 말하자면 넷 다 일하러 가는 과정이 도덕적으로 문제가 있다고 할 수 있다. 기우와 기정은 학력을 위조했고 기택과 충숙은 경력을 위조했다고 하겠다. 그런데 앞의 둘은 약간의 변명의 여지는 있어 보이고 관람객 입장으로도 작품 진행 중에 비도덕적이라고 분노하기보다는 걸리지 말고 잘됐으면 좋겠다는 생각이 들게 되는 측면이 있다. 원래 기우는 과외를 내키지 않아 했는데 친구가 자꾸 권했고 기정이 다송 미술 과외교사를 하러 갈 때 다송이 일반 성인 기준으로 감당이 잘 안 되는 측면이 있어서 다른 과외교사들이 잘 버티지 못하고 일찍 떠났다고 했기 때문이다.

그런데 기택이 운전사로 취업하는 과정에 기존의 운전사를 모함해서 내쫓았고 충숙도 역시 기존에 일하던 사람을 모함해서 내쫓는 과정을 통해 들어오게 된다. 이 과정도 미세한 차이가 있다고 하겠는데 기택이 쫓아낸 기사는 상대적으로 젊은 사람이니만큼 곧 다른 곳에서도 취업해서 생활할 수 있을 것 같다는 생각을 할 수도 있을 것 같고 기택네 식구들 대화에서도 같은 내용의 대화가 오간다. 그런데 마지막으로 내보낸 문광은 나이도 많고 다른 데서 쉽게 일거리를 얻을 수 있을지 좀 의심하게 만든다. 네 명이 취업하는 과정에 속이는 강도가 세진다고 하겠다. 이후에 아예 집이 빈 날 단체로 모여 동익네 술과 음식을 마음대로 소비한다.

이렇게 마치 부를 거머쥐고 행복에 넘치는 것 같은 상황에 갑자기 큰비가 쏟아져 동익네가 모든 일정을 취소하고 돌아오는 바람에 갑자기 집안을 치우고 그곳에 그 순간에 있으면 안 되는 사람들은 잠시 숨어있다가 빠져나와 집으로 돌아왔는데 이미 기택네 반지하 집은 물바다가 되고 결국 머물 수가 없어서 인근 체육관으로 이재민이 되어 머물게 된다. 이러한 상황은 전통적인 표현을 쓰면 나쁜 짓을 했으니 하늘이 벌로 비를 내렸다고 해석할 수도 있을 것이다. 다만 하늘만 온전히 탓할 상황은 아니다. 기택의 가족이 이전에 어떤 단계에서 멈췄으면 그렇게까지는 되지 않았을 것이다. 하늘의 공정성을 강조하기보다는 이익을 극대화하기 위해 점점 위험한 행동을 하며 스스로를 위험에 노출시키는 것이 우리 인간들 삶의 흔한 모습이 아닐까 생각하게 한다.

돌, 계획

작품 초반에 기우의 친구가 기우에게 집안을 꾸미는 용도로 쓰이는 돌을 줄고 간다. 거의 모든 능력이 발휘될 것 같지 않은 기택의 가정에 전혀 필요 없어 보이는데 혹시 나중에 잘 되라는 희망을 줄 것 같은 기분에 받아두게 된다. 그런데 작품이 후반부로 접어들면서 이 돌이 실용적인 목적을 갖게 된다. 비밀 지하실에 있는 근세가 만약 탈출해서 누군가에서 비밀을 말한다면 모든 일이 틀어질 수 있는 상황이라 기우는 이 돌을 들고 근세를 처리하러 간다. 하지만 근세에게 먼저 공격을 당하여 실패한다. 기우는 장시간 혼수상태에 있다가 깨어나서 후에 돌을 비슷한 돌들이 많이 보이는 물가에 버린다. 돌이 가져다줄지도 모른다는 행운 따위는 이제 믿지 않는다는 마음을 보인다고 하겠다.

기우는 계획이라는 점에서 기택과 정반대이다. 처음에 학력을 위조해서 과외를 시작할 때에도 진짜로 입시를 통과해서 위조한 대학에 다닐 것이라고 하고 근세, 문광에게 자신들의 속임수가 들통났을 때, 수해를 입었을 때 이제 어떻게 할 것이냐고 기택에게 묻는데 계획을 물었다고 하겠다. 친구에 대한 배신이지만 과외 하는 다혜를 사로잡아 나중에 결혼할 계획이 있다. 나중에 지하실에 숨어있는 기택에게 정식으로 그 집을 구입해서 구출해줄 계획이라고 했다. 기택은 이런 기우와 달리 작품 진행 중 반복적으로 특별히 계획이 없는 것이 계획이라고 하고 있다. 계획대로 살 수 없는 것이 인생이라는 말을 흔히들 하는 것을 보면 기우가 아직 어리기 때문이라고 할 수도 있다.

동익 부부를 살펴본다고 할 때 작품 속에서 비록 명시적으로 드러내지는 않아도 그들에게 적어도 자녀 교육에 있어서는 계획이 있어 보인다. 딸 다혜는 보다 좋은 성적으로 보다 수준 있는 대학에 보내고 아들 다송은 약간 지나쳐 보이는 개성을 창의성으로 잘 발휘하여 동익의 사업을 장차 이어나갈 수도 있는 것을 계획으로 삼은 것 같아 보인다. 그들이라고 계획대로 다 되지는 않겠지만 적어도 기택네 계획보다야 성사 가능성이 좀 높아 보인다. 여기서 인간은 너무 계획에 집착하지 말아야 한다는 평범한 진리를 드러내기도 하면서도 실제로 계획이 잘 될 것 같은 사람, 잘 안 될 것 같은 사람이 계층적으로 구별되기도 한다는 생각을 하게 만든다고 하겠다.

인디언과 짜파구리

인디언은 이미 두 번 언급되었는데 인디언 자체의 상징성이 무엇일까 생각하게 한다. 다송은 인디언 문화(?)를 동경하는지 빗속에서 인디언 텐트에서 밤을 보내고 작품 후반부의 생일잔치도 (이 상황에는 굳이 '잔치'보다 '파티'라는 단어를 써야 하는가 생각이 든다) 인디언 놀이로 계획되어 있어 보인다. 개인적인 취미야 다양할 수 있다고 하고 넘어갈 수 있겠지만 그러한 차원은 아닌 것으로 보인다. 영화 속에서 보이는 인디언 취미생활은 평범한 사람이 할 수 없어 보인다. 비를 막아 주는 고성능이다. 다음으로 비록 '사고'로 끝났지만 만약 영화 속에서 생일잔치가 제대로 열렸다면 인디언 놀이가 어떻게 되었을까? 기택과 동익이 인디언 분장을 하고 있는 모습이 보이는데 혹시 비록 장난이라고 하더라도 둘 다 다송에게 붙잡히고 맞고 하지 않을까 한다. 동익이야 심리적 타격이 별로 있지는 않을 것이다. 그냥 함께한 놀이일 뿐이다. 그러나 기택에게는 (세상만사가 다 생각하기 나름이라고 할 수는 있지만) 생일잔치에 참석한 많은 사람 앞에서 굴욕을 당한다고 느낄 수 있다. 미국 역사에 인디언들이 백인에게 쫓겨서 보호구역에 살면서 크게 무게감이 느껴지지 않게 되었는데 그렇게 인디언들이 당하는 상황이 생일잔치에 재현될 지경이다. 다송을 통해 인디언 문화가 취미의 일부로만 이해되지 인디언의 삶과 처지까지 이해되고 공감이 되는 것은 아니다. 더 나아가 기택 가족이 인디언 같아 보이지 않을까.

짜파구리도 유사한 상징성이 있다고 하겠다. 부유층 자식인 다송이 짜파구리를 개인적으로 좋아할 수는 있다. 생각보다 수수한 측면이 있다고 여겨질 수도 있다. 그렇지만 실제로 전화를 받고 요리하는 장면은 전혀 수수하지 않다. 동익 부인 연교의 요구 사항이 따로 있었기 때문이다. 굳이 짜파구리가 아니라 단순히 그냥 매운 라면이었다고 한다면 전복이나 해삼 넣고 끓인 라면 같다는 생각이 든다. 실제 짜파구리를 즐겨 먹는 사람들은 그렇게 영화처럼 끓여 먹지는 않을 것이다. 더 정확히 표현한다면 그렇게 끓여 먹지 못하는 측면이 있을 것이다. 결국 동익네 집안 수준에 맞는 음식을 먹는 것뿐이다.

이렇게 인디언이나 짜파구리나 일단 독특한 취미처럼 보이지만 그렇게만 볼 것이 아니라 독특한 취미가 아니라 부유한 취미라고 할 수 있으며 영화 속에서 보이는 것처럼 지상부터 2층에 사는 사람과 반지하, 지하에 사는 사람의 큰 거리를 보여주는 상징물의 성격이 있다고 하겠다. 누구에게는 치열한 삶의 역사가 누구에게는 그냥 놀이일 뿐이다. 누구에게는 저렴한 음식이 누구에게는 최고의 음식을 위한 한 부분일 뿐이다.

웃기면서 슬픈 장면

집주인 동익네 가족이 여행을 떠나고 집이 비었을 때 기택네 작전(?)으로 집에서 쫓겨났던 문광이 찾아왔다. 지하로 내려가는 문을 열 때 문광의 자세가 희한하다. 양쪽 다리를 지하 입구의 한쪽에 대고 힘을 다해서 두 팔로 문을 연다. 그런 자세가 가능할까 하는 생각도 들고 몸이 옆으로 돼서 문을 여는 동작이 다소 웃기기도 한다. 문광의 이러한 동작을 거쳐 사전 정보가 없는 관객에게도 이런 비밀의 공간이 있었음을 비로소 알게 된다. 지하 공간에 문광의 남편 근세가 절대 들키지 않게 숨어있다는 점을 보면 그렇게 힘겹게 열어야 할 정도로 경제적으로 무능력자가 되어 회생 가능성이 거의 보이지 않는 근세가 철저하게 세상에서 단절되어 있다는 것을 생각하면 그 웃긴 장면은 슬프게 느껴지기도 한다.

동익네 빈집에서 기택네 가족이 자기 집처럼 즐기고 있다가 큰비 때문에 동익네가 돌아올 테니 짜파구리를 준비해달라고 연락을 받자 갑자기 소용돌이가 생긴다. 기택네 가족은 자기들이 어지럽힌 집안을 짧은 시간 내에 완전히 치워야 하는 상황이 된다. 겨우겨우 외형적으로는 특별히 표나지 않게 열심히 치웠지만 몸을 숨길 시간이 충분하지 않다. 동익네에서 보기에 그 집에는 충숙만 있어야 한다. 서둘러 각자 몸을 숨기는데 기우는 네발로 빨리 기어 다혜의 방에 숨는다. 좀 웃기는 장면인데 워낙 급하니까 그랬다고도 하겠지만 네발로 빨리 기어 움직이니, 조금 전까지 우아하고 고상하게 파티를 즐기는 사람이 아니라 네발로 기는 벌레 수준으로 되었다고 하겠다. 한자로 기생충의 '충'(蟲)이 벌레니 기생충인 상황으로 돌아왔다고 하면 더 정확할 것이다.

불편함

중간중간 흥미 있는 대화가 많이 있지만 전체적으로 불편함이라는 감정이 지배적인 영화라고 할 것이다. 왜 기택네는 더 위험해지기 전에 멈추지 못했을까. 기택네는 근세 부부와 공존을 생각하지 못했을까. 이런 생각을 하게 만든다. 도대체 사회 문제 해결에 대한 감독의 생각은 무엇일까, 왜 드러내지 않았을까 하는 생각도 하게 한다. 명시적으로 해답을 제시하거나 모색 과정을 작품이 보여주는 것 같지는 않다. 다만 한때 이권을 놓고 다투던 문광의 시체를 기택이 잘 매장해주었다는 것과 기택의 분노와 살해를 접하면서 적어도 인간에 대한 기본적인 예의를 생각하게 한다. 작품의 제목이 기생충인데 기생충 같은 행동을 하기는 하지만 그래도 사람이라고 할 수 있고 또 사람이어야 한다. 불편함이 여운으로 남지만 그래도 계획을 세우고 지금 할 수 있는 일을 생각해야 하지 않을까 하며 불편함 속에 새로운 출발을 위한 할 일을 고민하게 된다.

연습문제

영화 <1917>(2019)의 감상문을 작성해보자. 영화 <덩케르크>(2017)와 비교하여 작성할 수 있다.

- **도움말**

고전적인 전쟁 영화와 다른 영화라는 특징이 있으며 롱테이크 영화라는 점에서도 특이하다는 평가가 있다. 몰살당할 위기에 놓은 아군 부대를 위해 파견된 병사가 처음에는 보조적 역할처럼 시작해서 점차 주도적으로 임무를 수행한다. 치열한 전투 장면과 다소 거리가 있는 넓은 의미 전쟁 영화로 <덩케르크>가 있다. 포위된 연합군이 육지의 일주일, 바다의 하루, 하늘의 한 시간 동안 피해를 최소화하며 탈출한다는 줄거리이다. 두 작품 모두 적을 죽이는 것보다 우리를 살리는 데에 초점이 맞춰져 있다는 공통점이 있다.

2. 언론과 논술

2.1. 기사

흥미도를 높이면서 논술 연습을 해보는 차원에서 칼럼, 잡지 기사 또는 심층 분석 기사 등을 살펴보는 일이 의미 있다고 하겠다. 이러한 글을 살펴볼 때 어떤 종류의 글인지, 어떤 언론사인지 등에 따라 종종 보이는 차이점을 살펴볼 필요가 있다. 어느 정도 길이가 되는 잡지 기사 등은 제목 외에 몇 개의 문단 사이에 소제목을 넣어 읽기 편하게 하고 이해도를 높이게 하려는 측면이 있다. 단지 편안하게 읽으려 한다면 그냥 순서대로 하면 되지만 분석적, 비판적 관점으로 접근하려면 ①제목 읽기, ②소제목 읽기, ③본문 읽기 ④이해하기 ⑤분석하기 순서로 큰 틀에서 세부적인 정보를 나아가는 것이 이해에 편리한 측면이 있다. 이러한 방식을 적용하여 잡지사 기사를 하나 예를 들어본다. 기사문『한겨레21』2021년 제1346호 1월 18일 <표지이야기_'사실적시 명예훼손'의 운명은>이라는 큰 제목 아래 다섯 개의 글이 있는데 특정 글을 뽑지 않고 전체적으로 간단히 살펴본다. 편의상 번호를 붙인다.

(1) 명예훼손죄 없는 명예의 나라 영국
(2) '사실유포죄' 부작용을 해결하는 방법
(3) '사실유포죄' 폐지 뒤 사생활 보호 강화하도록
(4) '사실을 말한 죄' 때문에 평범한 사람들이 범죄자 된다
(5) '양육비 밀린 전 남편' SNS에 올렸다가 범죄자 될 뻔

먼저 다른 사람의 명예를 훼손한 행위야 당연히 처벌받아야 한다고 생각하겠지만

생각보다 복잡한 측면이 있다. 악의적으로 비방한 점에 대해 처벌하는 것 외에 사실을 공표했지만 상대가 명예훼손으로 고소, 고발했을 때에도 처벌받을 수 있는데 이를 위 기사에서 '사실유포죄'로 표현했다. 그러면 처벌이 지나치니 그냥 폐지하면 그만 아니냐고 생각할 수도 있지만 실제로 개인 정보 보호를 위해 필요한 측면도 있다. 그래서 '사실유포죄' 자체는 폐지하고 개인 정보 보호를 위한 보완책이 필요하다는 주장의 기사들이다.

일단 제목만으로 보면 (1)은 명예훼손 처벌 자체가 없는 영국 사례를 소개하는 것으로 보이고 (2)와 (3)은 '사실유포죄'를 폐지하고 난 다음의 보완책을 주문하는 것으로 보이고 (4)와 (5)는 우리나라에서 사실을 말한 것이 죄가 되어 처벌받거나 받을 뻔했던 사례를 소개하는 것으로 보인다. 정리해보면 (1), (4), (5)는 현실이고 (2), (3)은 대책이라고 하겠다. 이 전체를 큰 틀에서 하나의 글처럼 가정해 본다면 순서를 어떻게 재정립해볼까 생각해볼 필요가 있다. 현실에서 대책으로 나아간다고 하는 일반적인 순서를 생각해 본다면 (2), (3)은 뒤로 배치하고 (1), (4), (5)는 앞으로 배치하는 것이 무난하다고 하겠다. 영국 사례를 먼저 소개할 것인가 우리나라 사례를 먼저 소개할 것인가 하는 것은 관점에 따라 다를 수 있는데 특별히 지식이 많지 않은 일반 독자를 목표로 한다면 우리나라 사례를 소개하고 이어서 외국 사례를 소개하며 외국 사례를 통해 변화의 방향을 모색하는 것이 무난한 배치라고 하겠다.

각 부분을 간단히 요약해 보자면 먼저 (1) 2010년 영국이 명예훼손죄 폐지를 선언했고 미국도 명예훼손죄가 사실상 없다. 독일은 모욕죄는 있지만 사실임을 증명하면 명예훼손으로 처벌하지 않는다. 일본은 한국과 비슷하지만 사실이라면 공익적 목적이 있다고 인정해주고 친고죄라는 점에서 한국과 다르다고 했다. 영국, 독일, 일본을 거치며 조금씩 우리나라와 가까운 사정을 소개하고 있다. 마지막 문단에서 수정 방향을 제안한다. 마지막 문단을 들어본다.

> 윤해성 한국형사정책연구원 선임연구위원의 의견이다. "제일 좋은 안은 독일식이다. 우리는 대륙법을 따르고 있어 영미법으로 가기는 어렵다. (사실적시 명예훼손죄가 없는) 독일식으로 한번에 가는 게 어렵다면 일본처럼 (그 조항을) 존치는 하되

> (실질적으로) 한국보다는 표현의 자유를 굉장히 넓게 보장하는 식으로 가야 한다."

이렇게 검토해보면 제목이 전체의 내용을 충분히 담고 있지는 않다. 그래서 부제가 필요하다고 하겠는데 '명예훼손죄 없는 명예의 나라 영국, 허위사실일 때만 명예훼손 적용되는 독일'로 부제가 붙어 있다. 전체 내용을 다 충실히 요약하는 성격의 제목, 부제라면 표현이 길어질 수 있는 만큼 대표적인 사례 위주로만 정리했다고 하겠다.

(2) 사실적시 명예훼손죄가 사라지면 명예훼손과 사생활 비밀 침해가 늘어날 것이라는 주장도 있다. 혐오 표현을 처벌하는 규정이 없어지는 문제점도 있다. 개인의 명예는 형법의 보호 대상에서 제외하되, 사생활의 자유는 더 확대해야 한다는 의견이 많다. 딥페이크 영상물 처벌이 강화된 것처럼 폐지된 이후에 신상털기 등 각종 범죄에 대해서는 별도의 규제가 필요하다. 민사소송을 활성화해서 폐지 부작용을 해결할 수 있다고 주장하기도 한다.

이 부분의 부제는 '프라이버시권 보호, 민사소송 활성화'이다. 폐지되더라도 사생활 자유권을 보호하고 이것이 침해되면 소송을 통해 피해 복구를 할 수 있다는 의미로 전체적인 요약이 되어있다고 하겠다.

(3) 2018년 유엔 여성차별철폐위원회에서 사실적시 명예훼손이 성범죄 피해자에게 침묵을 강요하고 2차 피해를 가하게 된다는 점에서 폐지를 권고했다. 성범죄 피해를 알렸다가 사실적시 명예훼손으로 피의자가 되는 일이 흔히 있다. 성폭력, 학교폭력 피해자가 가해자를 사실적시 명예훼손으로 고소하기도 한다. 현재도 성폭력 피해자가 보호받는 제도는 있지만 충분하지 않다. 사실적시 명예훼손을 성폭력 피해자에게만 예외적으로 유리하게 처리해주려고 하기도 하는데 특혜를 주는 것처럼 보여 반론도 있다. 폐지되지 않는다면 친고죄로 개정하여 공인의 지지자, 팬클럽이 남용할 위험성을 줄이자는 의견도 있다.

부제는 다소 긴 편인데 '성폭력 피해자 2차 피해 막심하지만 무차별적 괴롭힘의 최후 수단으로 활용되기도… 대안은 무엇인가'이다. 사실적시 명예훼손죄 처벌제도로 인해 성폭력 피해자에게 2차 피해가 발생하기도 하지만 그 제도를 통해 피해 구조를 시도하기도 한다는 점에서 역설적인 현상이라고 하겠다.

(4) 우리나라 형법과 정보통신망법에는 다른 사람의 사회적 평가, 즉 세평을 떨어뜨릴 만한 말이라면 진실인지 허위인지 가리지 않으므로 처벌받거나 처벌받을 뻔한 일이 있다. 먼저 전에 다니던 회사의 폭언 및 괴롭힘 등을 '기업 후기'에 올렸다가 허위사실 적시로 고소를 당했다가 입증 자료를 준비해 혐의 없음 처분을 받은 일이 있다. 다른 사람은 성희롱 사건 뒤에 해고당한 사람의 이야기를 지인에게 말했다가 당사자로부터 허위사실적시 명예훼손으로 고소를 당하다가 사실로 확인은 되었지만 사실적시 명예훼손으로 벌금의 약식 명령을 받아 정식 재판을 청구했다고 한다. 전파 가능성이 있으면 한 명에게 말했어도 처벌 대상이 된다고 한다.

부제는 다소 긴 편인데 '어디에나 있지만 모호한 범죄 '사실적시 명예훼손' 범죄자가 되거나 될 뻔한 여섯 명의 일반인 이야기 ①'이다. 특별히 심하게 부주의한 사람이 이러한 명예훼손 범죄를 저지르는 것이 아니라 일상 속에서 누구든 저지르게 될 수 있음을 지적하며 판단하는 기준이 분명하지 않음을 암시한다고 하겠다. 마지막 문단을 들어본다.

> 일관적이진 않다. 특정 사실을 가족에게 말해도 공연성이 인정되는가 하면, 반대로 기자에게 말했는데 아직 보도가 안 됐다는 이유로 공연성이 인정되지 않기도 한다. 서혜진 변호사는 "배우자나 다른 가족한테 말하는 건 대부분 괜찮은데 아닌 경우도 있다"며 "(전파한) 사람이 (또다시) '전파할 위치냐'에 따라 판례는 '케이스 바이 케이스'"라고 설명했다.

상황에 따라 다르다는 것이 무조건 잘못되었다고 할 수는 없을 것이다. 그런데 기준이 분명하지 않아 처벌을 받기도 하고 안 받기도 한다면 문제점이 있다고 할 것이다. 적어도 기준을 명확히 할 필요는 있어 보인다.

(5) 건물주가 가게에서 밥을 해먹지 못하게 하고 월세 공제 신청을 방해했다고 익명 게시판에 건물주 갑질을 알리는 글을 올렸다가 사실적시 명예훼손으로 고소를 당해 소송까지 갔지만 결국 벌금형이 확정되었다. 전파될 가능성으로 처벌하다 보니 명예

가 침해될 가능성만 있어도 처벌될 수 있다. 다른 사람은 이혼 후 양육비를 받지 못해 배드파더스 사이트에 올렸다가 사실적시 명예훼손 혐의로 벌금형을 선고받기도 했다. 여기서 공익성이 문제가 되는데 판단 기준은 명확하지 않다. 또 다른 사람은 우울증 치료를 받다가 정신과 의사로부터 성착취를 당했는데 이를 인터넷에 올렸다가 소송을 당했고 이후 가해자가 고소를 취하했어도 견책 징계는 유지되었다. 또 다른 사람은 결혼식에 입었던 웨딩드레스가 불량이어서 환불을 요구하며 사진을 올렸다가 고소하겠다는 업체 반응에 추가 대응을 포기했다.

부제는 '사실을 말한 죄'로 범죄자가 되거나 될 뻔한 여섯 명의 일반인 이야기 ②이다. 구체적 사례를 소개하는 두 번째 글이라 번호가 붙어 있다. (4)에서는 두 가지 사례가 있는데 이번에는 네 가지 사례가 있다는 차이가 있다.

이 다섯 개의 글에서 다뤄진 문제를 정리해 보겠다. 위의 여러 글에서 주로 다룬 사항은 사실적시 명예훼손이라고 하겠는데 범위를 확대해서 분류해 보자면 알리는 행위의 의도가 악의적이었는지 아니었는지, 알리는 사안이 실제 사실인지 허위인지에 따라 아래와 같이 교차분류해 볼 수 있다.

① 악의적으로 허위사실을 유포하는 경우
② 악의적으로 실제 사실을 유포하는 경우
③ 공익적이나 허위사실을 유포하는 경우
④ 공익적으로 실제 사실을 유포하는 경우

이렇게 네 가지로 나눠볼 수 있지만 위의 글들에서 주로 다뤄지는 것은 ②와 ④라고 하겠다. 당연히 ①은 처벌되어야 하는 사안이고 ③은 사실이라고 믿을 만했다면 사안에 따라서 처벌받지 않는 것으로 알고 있다. 좀 단순화한다면 위의 글들에서 ②는 성폭력 사건 등에서 2차 가해 등이 해당한다고 하겠고 ④는 피해 복구를 위한 목적이 많다고 하겠는데 ②만 놓고 보면 유포 행위를 처벌해야 할 것으로 보이고 ④만 놓고 보면 처벌하지 말아야 할 것으로 보인다.

결국 사회적 합의가 중요하다고 하겠는데 사실을 말했다면 형사 처분을 받지 말아야 하고 허위사실을 유포하는 행위만 처벌받아야 한다고 의견이 모인다면 복잡하게 생각할 필요가 없을 것이다. 다만 그러한 과정에서 손해를 입었다면 보상을 해주는 제도는 충분히 생각해 볼 수 있다. ②와 ④를 충분히 구별할 수 있는가 하는 점이 논란이 될 수 있다고 하겠는데 사안에 따라 정밀하게 구분할 수 있다면 기존의 처벌제도를 어느 정도 유지할 수도 있을 것이다.

연습문제

기사를 골라 분석, 평가해보자.

- 도움말

제목, 구성, 내용, 표현 등의 항목으로 나눠서 분석, 평가해볼 수 있다. 제목이 실제 기사 내용과 관련이 있는지, 구성으로는 순서가 이해에 도움이 될 수 있는지 내용으로는 중요한 정보는 충분히 다뤄졌는지 중요하지 않은 정보가 지나치게 많이 다뤄지지 않았는지 어떤 관점이 반영되어 해석되었는지 표현으로는 지나치게 어렵거나 글에 적합하지 않은 표현이 있는지 문장 구조상의 문제가 있는지 어느 정도 경제적인지 맞춤법과 띄어쓰기가 준수되었는지 등을 평가하면 된다.

2.2. 방송비평

신문기사에 대한 비평이 있는 만큼 방송비평이 있는 것은 자연스럽다고 하겠는데 신문기사 비평과는 다른 특징이 있다. 근본적으로는 방송 자체의 특성에 기인한다고 하겠다. 신문은 여러 분야를 다루지만 대부분 기사이고 문학 등 예술은 제한적으로만 다뤄지는 측면이 있다. 방송은 채널에 따라 뉴스가 대부분인 경우도 있지만 지상파 등 종합적으로는 만드는 채널은 뉴스 외에도 드라마, 스포츠, 오락 등 여러 분야를 다룬다. 그런 만큼 방송비평의 영역은 다양하다고 하겠다. 그런 만큼 1년 단위로 우수 방송비평을 모아 책으로 출간하기도 한다.

방송비평은 비평의 주체에 따라 셋으로 나뉠 수 있다. 먼저 방송사 자체적으로 검토하는 프로그램을 운영하기도 한다. 그런데 '~한 지적이 있었다.'라는 표현으로 마무리되거나 제작 담당자가 '~한 의도로 만들었다.'라는 해명을 제시하는 것 위주로 진행되는 것을 종종 볼 수 있다. 신문사에서 방송비평을 하기도 하는데 예능프로그램을 많이 다루며 비판적인 관점을 보이는 일이 많다. 일반인들의 방송비평은 앞에서 서술한 것처럼 따로 출판되기도 하고 전문 비평가의 문화비평 하위 항목으로 다뤄지기도 한다.

방송에 대해 거론하는 것에 대해 흔히 볼 수 있는 두 가지 시선이 있다. '이런다고 방송이 달라질 리가 있냐'와 '싫으면 보지 마라.'이다. 당장 가시적으로 방송이 달라질 리야 없다고 하겠지만 방송과 어느 정도 긴장 관계를 유지하는 비평은 필요하다고 하겠으며 문제가 있다면 지적을 통해서 언제라도 달라질 수 있다. 두 번째는 어찌 보면 당연한 말이라고 할 수도 있지만 좋아서 안 보고 싫어서 안 보는 선택지 외에 보기는 보지만 수정을 요구할 가능성도 열려 있어야 한다. 큰 틀에서 시청자가 수동적으로 시청하는 데 그치지 않고 방송을 통해 드러나는 우리의 현실을 살필 수 있고 더 좋은 방송을 만들기 위한 자극제가 될 수 있다.

방송비평의 예로 방송문화진흥회, 『트롯 공화국에서 모두 안녕하십니까?』(한울, 2020)를 검토해본다. 시청자 비평을 공모하여 최우수작, 우수작, 가작, 입선으로 입상작을 정리해서 순서대로 싣는 방식으로 편집되어 있다. 먼저 최우수작 박경아, <트롯 공화국에서 모두 안녕하십니까?>를 살펴 본다. 부제는 'TV조선의 <내일은 미스터트롯>과 <사랑의 콜센터>에 관하여'이다. 목차는 다음과 같다.

1. 트롯 공화국의 탄생: <내일은 미스터트롯>의 성과
2. 트롯 공화국 이전: <내일은 미스트롯>의 기획과 대중의 호응
3. 트롯 공화국의 통치: <사랑의 콜센터>의 감동적 만남
4. 트롯 공화국의 미래: 내년 후년에도 풍년이 될 것인가?
5. 트롯 공화국에서 모두 안녕하십니까?

목차를 검토해 보면 현황, 과거, 현재, 미래, 문제 정도로 일단 정리가 가능해 보이는

데 첫 번째 부분이 처음, 두 번째 부분부터 네 번째 부분까지가 중간, 마지막 부분이 마무리로 보인다. 목차에서 '트롯 공화국'이라는 표현이 눈에 띄는데 2020년 TV조선의 프로그램이 성공을 거두고 트로트 프로그램이 여러 방송국에서 방송되었으니 '공화국'이라는 명칭을 비유적으로 사용한 것으로 보인다. '트롯'이라는 표기를 추가로 확인하고 넘어갈 필요가 있는데 『표준국어대사전』의 공식 표기는 '트로트'이다. 다만 프로그램 이름인 만큼 임의로 수정하기는 어려운 측면이 있다. 그리고 저자는 '트로트'와 '트롯'을 구별하는데 기존 가수들의 음악은 '트로트'고 "새로운 흐름 즉 뉴웨이브"(14면)는 '트롯'이라고 한다. 경연 프로그램 자체와 그것이 파생한 음악 판도 변화를 '트롯'이라고 지칭하겠다는 뜻으로 보인다.

"방송사의 기획과 대중의 숨겨 있던 열망이 결합되어 출범한 트롯 공화국은 아무 문제가 없는가? 트롯 공화국에서 여러분은 안녕하십니까?"(14면)라고 하면서 첫 번째 부분을 마치고 있다. 일단 현재의 성공은 긍정적으로 파악하면서 문제점이 있으니 짚고 가겠다는 의도가 나타난다. 방송비평의 서술 방향을 기준으로 분류해 보자면 다음과 같다.

① 현상을 긍정적으로 파악하며 미래도 긍정적으로 파악하는 유형
② 현상을 긍정적으로 파악하나 미래는 부분적으로 수정을 제안하는 유형
③ 현상을 부정적으로 파악하며 미래는 부분적으로 수정을 제안하는 유형
④ 현상을 부정적으로 파악하며 미래도 부정적으로 파악하는 유형

①은 현상이 대체로 좋고 이대로 가도 대체로 좋겠다는 유형이다. ②는 현상이 대체로 좋으나 미래에도 이대로 유지하려면 어느 정도 수정, 보완이 필요하다는 유형이다. ③은 현상을 부정적으로 파악하면서도 어느 정도 수정, 보완이 있다면 개선될 것이라는 유형이다. ④는 현상을 부정적으로 파악하면서 상당한 수정이 필요한데 개선될 수 있을지 의심하는 유형이다. 위에 인용된 부분을 보면 ②의 유형에 해당한다고 하겠다.

두 번째 부분에서 성공 비결을 소개했다고 하겠다. 인기가요 순위 프로그램, 발라드

경연 프로그램, 힙합 경연 프로그램이 있었는데 막상 트로트는 <전국노래자랑>에서 많이 불리면서도 비주류 음악으로 치부되기 일쑤였다고 했다. <가요무대>를 제외하고는 트로트 프로그램이 전무했다고 했다. 이런 상황에 TV조선의 트로트 전문 오디션 프로그램은 다른 방송국에서 다루지 않은 영역을 다룬 측면이 있고 트로트는 진입 장벽이 부르는 것과 듣는 것이 낮은 편이고 상대적으로 새로운 얼굴이 부족했다고 했다. 이미 수요는 있었는데 막상 공급이 별로 없던 영역을 잘 파고들었던 것이 성공의 비결이라는 분석으로 이해된다.

세 번째 부분에서 같은 방송국의 <사랑의 콜센타>는 '콜센터'라는 표준 표기법 대신에 '콜센타'라고 하여 예전 표기법을 적용하고 진행 방식도 트로트 가수의 듣고 싶은 노래를 신청하고 해당 가수와 전화로 대화할 수 있다는 점에서 예전 라디오 방식을 방송으로 옮겨와서 인터넷 등에 익숙하지 않은 사람들에게 가수와 직접 대화하는 기회를 제공하며 대화 중 등장하는 눈물겨운 사연은 시청자까지도 공감할 수 있도록 한다고 하여 이 프로그램의 성공 비결도 소개했다. 두 번째, 세 번째 부분에서 트로트 프로그램의 성공 비결1, 2 정도로 요약 정리해볼 수 있다.

네 번째 부분에서 현재 성공이 지속될 수 있는가 하는 의문을 보인다. <내일은 미스터트롯> 성공 이후 여러 방송사에서 트로트 오디션 프로그램을 진행하고 있다고 하면서 "이렇게 우후죽순으로 트로트 프로그램이 나오면 트로트는 메가 히트곡도, 명곡도, 명가수도 배출하지 못한 채, 한 시절 인기 있었던 장르로 추락할 위험이 항상 있다."(20면)라고 하여 양적인 증가가 장기적으로 오히려 인기를 떨어뜨릴 위험성을 지적했다. "트로트를 트롯으로 만들었으니 옛날 노래만 리바이벌해서는 안 된다."(20면)라고 해서 새로운 히트곡이 나와서 지속적으로 인기를 얻도록 해야 한다는 의견을 제시했다. 방송사가 현재의 성공에 안주하다가 시청자가 식상함을 느끼면 전반적으로 인기가 하락하는 시기로 접어들 수 있다는 의미로 파악된다.

다섯 번째 부분에서 트로트는 일제강점기부터 시대의 어려움을 노래해 왔다고 하며 방송에서 우리가 지금 사는 시대를 노래해야 한다고 하며 "과거의 명곡과 취직 걱정, 집값 걱정, 노후 걱정 등을 담은 신곡이 조화롭게 공명하는 무대를 바란다. (중략) 그러기 위해서는 이 트롯 공화국에서 모두 안녕하신가 하고 묻는 태도를 먼저 갖춰야 할 것이다."(21면)라고 하며 마친다. 과거부터 트로트는 시대의 아픔과 함께해온 만큼 오늘날의 트로트는 당연히 오늘날의 문제를 다뤄야 한다는 주장으로 보인다.

이 글에서 다뤄진 문제를 좀 더 확대해볼 필요가 있다. 저자가 서술한 것처럼 과거에 많은 경연 프로그램이 있었고 또 현재도 있다. 큰 틀에서 보면 경연 프로그램이 지금까지는 계속 인기가 있다고 하겠다. 경연 프로그램 자체의 유지 및 발전은 계속했다고 하더라도 좀 다른 측면을 생각해 볼 필요가 있다. 2015년 시즌3까지 진행했던 KBS 밴드 경연 프로그램을 통해 일부 밴드는 이후 예능프로그램에 꾸준히 출연하기도 했지만 다수는 인터넷 검색을 해야 활동 현황을 알 수 있다. 물론 세부적으로 프로그램 진행, 구성 자체의 문제점을 지적해야 하겠고 밴드 음악 자체의 한계에 기인한 결과라고 생각할 수 있지만 어쨌든 시즌3까지 진행해서 많은 유명 밴드를 발굴했다고 보기는 어렵다.

이러한 점을 고려해서 미래에 대한 예측과 대응책을 생각하게 할 수 있다. 밴드 음악과 트로트는 지지 기반이 다르다든지 하는 이유로 밴드 경연 프로그램이 밴드 음악 자체의 활성화에 크게 기여하지는 않았다고 하더라도 트로트의 경우는 다르다고 주장할 수 있다. 반대로 밴드 경연 프로그램이 밴드 음악 활성화에 제한적 영향을 주었던 것처럼 트로트 경연 프로그램도 비슷한 결과를 가져올 수 있다. 경연 프로그램 자체에 밝은 사람이라면 요리 경연 프로그램 사례 등도 고려해서 판단해볼 수 있다. 밴드 경연 프로그램과 밴드 음악 활성화에 대해 다르게 판단한다면 그러한 판단에 기초해서 트로트 경연 프로그램과 비교하여 글을 쓰는 데 전혀 다르게 접근할 수 있다.

원론적 차원에서는 다양하게 고려해 볼 수 있기 때문에 저자가 지적한 것과 달리 위의 ① 유형이나 ③ 유형 같은 관점에서 현재 상황을 진단하고 미래의 예측도 할 수 있다. 윗글은 무난해 보이는 유형의 진행이라고 하겠으나 혹시 사실판단 자체가 다르거나 미래의 예측 또는 미래의 대책은 다를 수 있다. 어느 관점만 무조건 옳을 수는 없고 근거와 주장을 통해 설득력을 확보하는 것이 중요하다고 하겠다.

입선 예서영, <솔루션이라는 이름의 폭력>(부제: KBS2의 <개는 훌륭하다>는 과연 반려견을 위해 존재하는 프로그램인가)도 검토해 본다. 총 네 부분으로 되어있는데 목차는 다음과 같다.

> 들어가며
> 솔루션을 건네는 이의 신격화
> 비난의 화살은 한 곳으로
> 마무리하며

처음에 '들어가며'에서 이 프로그램의 긍정적 측면을 소개하고 있다. 개는 묶어 키우는 것이라거나 마당에서만 키우는 것이라는 인식을 바꾸고 동물을 사지 말고 입양하자는 문화를 이끌어가기도 했다고 했다. 그러면서도 후반부에 이후 서술할 문제점을 소개하고 있는데 "반려동물이라는 존재와 반려인들이 가지고 있는 고민을 단순히 '솔루션'을 건넨다는 명목하에 오락거리, 자극적인 소재거리로 쓰고 있는 것은 아닌가 하는 아쉬움이다. 이 아쉬움의 근거는 두 가지가 있겠다."(148면)라고 하여 해결책을 제시한다고 하면서 오락적, 자극적 소재로 사용하는 것은 아닌가 의심한다고 하면서 근거 두 가지가 있다고 했으며 다음 두 부분이 각각 근거를 제시하는 부분으로 보인다.

첫 번째 근거에 해당한다고 할 수 있는 두 번째 부분에서 제목에도 보이는 '신격화'를 지적했다. 이경규, 강형욱 두 명이 꾸준히 출연하지만 실제로 강형욱이 주로 문제를 해결하는 사람일 수밖에 없다고 하고 있다. '천둥이 편'에서 강압적인 훈련방식이 사용되어 동물행동심리학자와 외국 훈련사가 우려를 표한 적 있다고 하며 한 전문가의 의견일 뿐인 만큼 다른 의견을 수용해서 다양한 시선을 담을 수 있는 방송이 될 수 있다는 의견을 보였다.

두 번째 근거에 해당한다고 할 수 있는 세 번째 부분에서 방송에 출연한 사람들을 향한 과도한 비난이 이루어지도록 진행하는 데 대해 문제점을 지적한 것으로 보인다. '코비 편'에서 강형욱이 문제 해결을 위해 작은 개를 다른 곳으로 보내 달라고 무릎 꿇기까지 하는데 보호자가 거절하여 출연한 보호자가 후에 엄청난 비난을 받았던 사례를 소개했다. 자극적으로 자막을 삽입해서 비난을 키운 측면이 있음을 지적했다. 예능 방송에 오락성이 있어야 하지만 출연자가 과도한 비난을 받는 것은 막을 수 있었다고 했다.

마지막 부분에서 반려동물과 함께 살 때 문제점을 다루는 프로그램이 적었는데 이러한 문제점을 다루며 이 방송은 필요하며 인기를 얻을 가치가 충분히 있다고 했다. "자극적인 것과 (중략) "반려견과 사람이 행복하게 어우러져 사는" 모습을 위한 내용 전달 사이에서 더 세밀한 줄다리기를 해야 하지 않을까?"(153면)라고 하며 앞으로도 잘 진행되기를 기대하며 마무리한다.

이런 글을 쓸 때 난점을 생각해 보자면 먼저 일반적으로 크게 잘못되었다고 대체로 비난 일색의 프로그램이 아닌 이상(물론 그런 프로그램이라면 얼마 안 가서 폐지될 가능성이 크기 때문에 굳이 이렇게 글로 쓸 필요가 있을까 의심스럽기도 하다) 독자에게 '지나치게 비난한다'라는 평가를 피하도록 할 필요가 있는데 비방이 아니라 비판의 범주 내에 있다고 독자가 인식하도록 해야 한다. 비방으로 느끼면 '싫으면 보지 마라'라는 반응으로 괜한 불만을 표출하는 것으로 치부될 수 있다.

다음으로 어떻게 마무리하는가 하는 난점이다. 길이가 꽤 긴 편의 글이라면 중간 부분에서 지적했던 사항을 정리하는 정도로도 충분하다고 할 수 있지만 147~153면까지 실려 있는 글이라 아주 길다고 할 수는 없으니 단순히 요약만 하면 동어반복 비슷하게 느껴질 수 있다. 그러한 어려움이 마지막 부분에 잘 나타났다고 하겠다. 되도록 같은 표현이 반복되지 않으려고 노력하려 했다고 본다. 다만 마무리하면서 첫 번째 근거는 그다지 많이 언급되지는 않았다고 하겠다.

우리가 이러한 글을 쓴다고 할 때 실제 글에서 반영되지 않는다고 하더라도 범위를 넓혀 본다면 이런 준비를 고려할 수 있다. <개는 훌륭하다> 프로그램 전에 강형욱이 EBS <세상에 나쁜 개는 없다>를 진행했고 현재는 다른 사람이 진행하고 있는데 각각 이 프로그램과 어떻게 같고 다른지 비교해볼 수 있다. 국내에도 방송된 미국 프로그램이 있으니 이것과도 비교해볼 수 있다. 이 프로그램만의 특성으로 특별히 비판적으로 보아야 하는지 아니면 이러한 프로그램에 일반적으로 등장해서 어쩔 수 없는 측면이 있다고 해야 할지 그러함에도 불구하고 수정이 필요한지 등으로 기본 태도를 점검해 볼 수 있다.

정리해 보자면, <개는 훌륭하다>는 먼저 보조 인물이 등장하나 해결되지 않고 마지막으로 강형욱이 등장해서 '최종 해결사'처럼 보여서 다른 프로그램보다 위상이 더 높아 보이는 측면은 있어 보인다. '코비 편'은 무릎 꿇기까지 했는데 받아들이지 않으니 출연자는 나쁜 사람들이라는 인상을 충분히 줄 수 있으며 문제 해결보다 '세상에 나쁜 주인은 있다'라는 인상을 주어 비난이 더 필요하다고 시청자에게 비칠 수 있다. 조언만 하고 방송하지 않는 것도 고려해야 했다고 할 수 있다. 이런 프로그램에서 문제 현황과 문제 해결이라는 두 측면에서 문제 현황의 비율이 적절한지 표현 방식이 자극적이지 않은지 생각해 볼 수 있다.

> **연습문제**
>
> 자유롭게 대상을 골라 방송비평을 작성해 보자. 또는 기존의 방송비평을 골라 검토해 보자.
>
> - **도움말**
>
> 특정 프로그램의 특정 회차에 대해 거론할 수 있고 오래 지켜본 프로그램이라면 전반적으로 다룰 수 있다. 신문 또는 방송비평 서적에서 골라 검토해볼 수 있다.

2.3. 칼럼

칼럼은 시평(時評)이라고 하며 시평은 사실상 시사평론(時事評論)의 줄임말처럼 느껴지기도 한다. '시사'라는 용어가 들어있는 것처럼 일차적으로 시사성이 있어야 한다. 다음으로 '평론'이라는 용어가 들어있는 것처럼 글쓴이의 의견, 주장도 어느 정도 들어가야 한다. 의견은 있지만 별로 시사적이지 않거나 반대로 시사적이지만 의견이 별로 없으면 칼럼, 시평이라고 부르기 어렵다.

칼럼은 전문 평론가가 쓰는 경우도 많은데 주기적으로 모아서 책으로 따로 출판하기도 한다. 언론사에 주기적으로 기고하는 일도 있다. 전문가의 영역처럼 느껴지는 측면도 있지만 특정한 사안에 대해 시사성 있게 쓰는 일은 어느 정도 가능한 일이니 반드시 특정 전문가의 영역이라고 할 수는 없다. 다만 언론사의 성향이 있기 때문에 특정 언론사와 성향이 유사한 전문가의 글이 일반적으로 실린다고 하겠다.

내용상 특별한 제약이 있지는 않다. 시사성이 있다는 원칙에 저자의 의견이 들어가는 원칙만 지키면 된다. 양적 제한도 특별히 있다고 하기는 어려운데 짧게는 A4 한두 장 정도에서 길게는 몇 장 정도에 이르기도 한다. 신문에 실릴 때에는 대체로 길지 않은 편이다. 앞에서 서술한 것처럼 한두 장 정도로 보면 될 것이다. 개인적으로 자유롭게 글쓰기 연습하는 기분에서 한다면 그 정도 양을 목표로 하면 될 것이다.

구성 방법 역시 자유롭다고 하겠는데 대체로 처음, 중간, 결말 구성 방식을 많이 사용한다고 하겠다. 처음 부분에 문제 소개, 중간에 문제 설명, 결말에 문제 해결 및 전망의 방식이 많이 사용된다고 하겠다. 각각 어느 정도 비율이 되어야 한다는 특별한 규칙이 있지는 않아 처음 부분은 한두 줄에 단 한 문장인 경우도 있다. 글쓴이에 따라 처음 부분에 특별한 표현, 특별한 시작 방법을 사용해서 더 인상적으로 보이게 하기도 한다. 마찬가지로 마지막 문장에 독자에게 특별한 여운이 느껴지게 하기도 한다.

2021년 1월 29일 『서울신문』 [금요칼럼]의 최무림 교수의 <유사과학, 혹은 거짓의 창궐>을 검토해 본다. 인터넷 주소는 다음과 같다. 각 문단의 내용을 요약해본다.

(https://www.seoul.co.kr/news/newsView.php?id=20210129029006)

[문단1] 1. 다윈이 무지가 지식보다 더 확신을 주기 마련이라고 했다.
[문단2] 2. 지식이 없는 사람들에게는 근거 없는 자신감이 증가하는 현상이 있다.
[문단3] 3. 충분히 발전한 과학 기술은 마법과 구별할 수 없다는 말이 있다.
[문단4] 4. 아이작 아시모프 <파운데이션>에서 각종 문명의 이기를 마법으로 포장하여 야만인을 교화한다.
[문단5] 유사과학 또는 과학을 표방한 뜬금없는 소문들을 목도하는 일이 많다.
[문단6] 전세계적으로 이러한 예가 보인다.
[문단7] 국내에도 분무기로 소금물을 뿌려 코로나 진원지가 된 사례가 있다.
[문단8] 유사과학 확산이라는 악순환의 고리를 끊기 위해 먼저 의심해야 한다.

이 칼럼의 특징은 현상적으로, 또 본질적으로 읽을 수 있다는 두 가지 층위로 파악이 가능하다는 점이다. 일단 현상적 층위를 살피기 위해 마지막 문단을 들어본다.

> 이 유사과학 확산이라는 악순환의 고리를 끊으려면 무엇을 해야 할 것인가. 우선 의심을 하자. 그 새로운 정보의 근원지가 어디인지, 공신력 있는 기관에 의해 인정된 내용인지. 주위에 전문가가 있다면 물어보자. 그리고 당신이 막 전해 들은 뭔가 솔깃해 보이는 새로운 이론이 위의 네 가지 상황에 해당되지는 않을지 다시 한번 생각해 보자.

코로나19 시대를 맞아 전 세계적으로 각종 음모론, 유사과학적 주장 등이 넘치며 방역에 방해가 되는 일을 볼 수 있는데 솔깃할수록 의심해야 한다는 원리를 제시한다고 하겠다. 다음으로 본질적 층위를 살피기 위해 두 번째 문단을 들어본다.

> 2. 코넬대학에서 근무하던 심리학자 데이비드 더닝과 저스틴 크루거는 특정 분야에 대해서 지식이 어느 정도 생기기 시작하면 그 개인의 자신감이 떨어진다는 현상을 기술했다. 아마 그 분야의 방대한 지식을 접하기 시작하며 스스로 겸손해지는 인간의 본능이리라. 하지만 더 흥미로운 것은 지식이 없는 사람들에게서는 오히려 근거 없는 자신감이 증가한다는 현상도 함께 기술했던 것이다. 이 현상은 "더닝 크루거 효과"로도 잘 알려져 있다.

흥미로운 대비가 보인다고 하겠는데 잘 알수록 자신감이 떨어지고 반대로 잘 모르면 자신감이 높다는 점이다. 이러한 심리에서 우리가 목격하는 현상적 문제가 발생한다고 하겠는데 본질적으로 잘 모르면서 오히려 확신하여 검증되지 않는 발언을 하는 일이 언제 어디서든 발생할 가능성이 있다고 하겠다. 그러면 아는 것과 믿는 것이 대결하는 양상인가 생각하게 한다. 알수록 덜 믿고 모를수록 더 믿는다는 표현으로 정리될 수 있겠다. 각종 신념의 대결로 사회적 갈등이 생기는 것도 흔히 볼 수 있는데 이러한 관점이 적용될 수 있다고 하겠다. 알수록 자세를 낮추고 다른 주장도 경청해서 아는 사람이 세상을 더 행복하게 해주는 역할을 하려고 노력할 필요를 느끼게 해준다.

  글의 구성에서 볼 때 글을 이끌어주는 처음 성격의 짧은 문단이 특별히 보이지 않는다. 첫 문단이 '1.'로 시작해서 네 번째 문단이 '4.'로 시작하는데 '지금부터 네 가지를 설명하겠다.'라는 특별한 설명이 없어서 처음 접하는 순간에는 약간 특이하게 보일 수도 있지만 곧 익숙해질 수 있기 때문에 특별히 읽기에 불편하지는 않다. 낯설게 하여 인상적인 효과를 준다고 하겠다. 짧은 다섯 번째 문단을 통해서 처음 네 문단에서 숫자를 붙여서 시작한 것을 알 수 있다. 그리고 읽으면서 네 가지 나열되는 것을 짐작할 수도 있다.

예시문제

신문에서 칼럼을 하나 골라 감상문을 작성해 보자.

『대학신문』 2020년 3월 15일, 관악시평 권순만 교수의 <코로나19를 겪으면서>를 살펴본다. 인터넷 주소는 다음과 같다.

(http://www.snunews.com/news/articleView.html?idxno=20968)

이 글은 총 여섯 개의 문단으로 구성되어 있으며 문단 간의 양적 차이도 크지 않은 편이다. 첫 문단, 중간 네 문단, 마지막 문단의 세 부분으로 구분할 수 있다. 각 문단 주요 내용은 다음과 같다.

  [문단1] 코로나19 확산으로 우리에게 큰 사회적 비용을 일으키고 있다.

  [문단2] 차별과 형평성, 공공보건의료의 중요성, 정책의 우선순위 설정 등의 근본적인 고민을 하게 한다.

  [문단3] 과도한 걱정, 정보 공개로 오히려 문제를 일으킬 수 있으니 위험 수준에 대해 정부와 전문가들은 국민과 정확하게 소통해야 한다.

  [문단4] 우리나라는 OECD 국가 중에 병상 수는 많으나 대부분 민간 병원이라 특정 상황에 대응 능력 한계가 있는 만큼 공공의료기관과 공공보건인력에 대한 정부 투자가

증가해야 한다.

[문단5] 신종 감염병, 인구 고령화에 따르는 문제들은 정책 우선순위에서 밀리곤 한다.

[문단6] 국가별 국가 보건 정책 역량 강화가 신종 감염병의 근본적 대책이며 저소득 국가에 대한 현재 선진국의 보건 분야 원조의 효과에 대한 고민이 있다.

첫 문단과 마지막 문단을 들어본다.

코로나19의 확산으로 우리 사회가 크게 요동치고 있다. 우리가 과학적으로 그 실체를 아직 충분히 파악하지 못하고 있다는 점, 그리고 사람들의 이동이 국가 안에서는 물론 국경을 넘어 매우 많아서 전파를 막는 것이 매우 어려운 점 때문에 이 신종 감염병은 예상치 못한 큰 사회적 비용을 야기하고 있다.

몇 년 전 학교를 휴직하고 아시아개발은행에서 보건 정책 부문의 책임자로 일하면서 아시아 국가들의 보건 정책을 지원하던 때가 생각난다. 이번에 우리가 경험하고 있듯이 신종 감염병의 문제는 보건·의료뿐 아니라 경제와 국제 개발에 큰 영향을 미친다. 저소득 국가에 대한 원조를 크게 줄이고 있는 선진국의 보수 정부들조차도 국경을 넘어 발생하는 신종 감염병의 문제에 대해서는 국제보건안보(Global Health Security)라는 이름으로 지원을 계속하고 있다. 하지만 공공보건의료 체계가 극히 취약한 저소득 국가의 현실에서는, 시간이 더 걸리더라도 전반적인 국가 보건 정책 역량을 강화하는 것이 신종 감염병에 대한 근본적인 대책이다. 신종 감염병 대책으로 때로는 즉각적인 처방에 집중하는 선진국들의 원조가 과연 저소득 국가 입장에서 보건 부문의 우선순위를 제대로 반영하는가, 장기적으로 저소득 국가 보건 정책의 역량 강화에 효과적인가 등이 국제 보건과 국제 개발에 있어서도 핵심적인 고민일 수밖에 없다.

첫 문단은 여섯 개의 문단 중에 상대적으로 더 짧은 편이다. 코로나19의 확산으로 큰 사회적 부담을 주고 있다고 하고 있다. 무엇이 문제인지 간단히 소개하는 성격이고 특별히 강한 인상을 주려고 특별한 표현을 시도하지는 않고 있다. 어느 정도 무난한 진행을 예상할 수 있다고 하겠다. 이어서 여러 가지 근본적인 고민을 하게 된다고 하면서 특별히 각종 감염에 취약한 시설이 있고 지나친 걱정, 정보 공개 등 문제가 될 수 있음을 지적했다. 우리나라 병상 수가 많다는 점은 어느 정도 알려져 있지만 대부분 민간 병원 병상이라 긴급 상황에 한계가 있을 수 있다는 점은 일반적 기사 이상의 정보라고 하겠다.

신종 감염병은 언론부터도 문제가 될 때에는 나서서 경쟁적으로 보도를 쏟아내면서 평소에는 그다지 관심을 보이지 않는 것 같은데 평소에 우선순위에서 밀리고 있다는 점은 편안할 때 위험에 미리 대비해야 한다는, 어찌 보면 평범한 진리를 다시 생각하게 한다. 마지막 문단에서 글쓴이가 국제기구에 근무하면서 국제적 지원이 있지만 즉각적 처방 위주의 한계를 지적한다. 이 글은 문제 해결을 위한 빠른 대책을 주문하기보다는 이런 기회에 문제의 근본적 해결을 위한 생각을 보여주고 있다. 아마도 당장 공공의료에 투자한다고 단기적 경제성장에 얼마나 효과가 있는지 확신할 수 없다는 이유 등으로 우선순위에 밀려서 막상 이런 문제가 생길 때 더 큰 부담이 될 수밖에 없는 현실을 생각하게 한다.

몇 년 주기로 전 세계적으로 이런 문제를 겪는데 앞으로 수년 후에 또 다른 문제를 겪지 말라는 보장이 없다. 좀 더 안전하고 편안한 나라, 나아가 그러한 세계가 될 수 있도록 이번 문제가 잘 해결되고 난 다음에는 본격적으로 부족한 부분을 보완할 수 있도록 준비해야 하겠다는 생각을 하게 하는 글이다. 보건 분야 전문가로서 일반인이 잘 생각하지 못하는 점을 짚어주는 글이라고 하겠다.

연습문제

2020년 12월 18일 최종 수정된 『서울신문』 30면 '오피니언' 항목 [열린세상]에 김종영 교수의 <학벌사회의 민낯>을 검토해 보자.

- **도움말**

  총 일곱 개의 문단으로 구성되어 있다. 인터넷 주소는 다음과 같다.

  (https://www.seoul.co.kr/news/newsView.php?id=20201218030004)

  논설적인 글이지만 특별히 처음, 중간, 마무리의 일반적인 형식을 따르지 않고 있다. 세 가지 예시를 문단별로 들면서 시작하기 때문에 특별히 어색해 보이지는 않는다. '학벌 포르노'라는 용어가 인상적이라고 하겠는데 흔히 접해본 기억은 없는데 이 글에서 어떠한 의미로 사용되었는지 생각해 보는 것이 전체 주장을 파악하는 데 도움이 된다. 마지막 두 문단의 각각 마지막 문장이 주제의식을 보인다고 하겠는데 "이제 '학문의 신'이 '공부의 신'을 심판할 때가 왔다."와 "마음의 평화와 위안을 주는 스님을 하버드를 졸업한 현각과 혜민이 아니라, 원효의 길을 따른 스님들에게서 찾아야 한다."이다. 표현이 특별히 인상적인 부분도 있는데 "잘생겼다. ○○○를 나왔다. ~했다."라는 문장이 처음 세 문단의 첫 문장에 등장하는 공통 형식이다. 이외에도 잘 살펴서 더 많은 항목을 발견해서 검토해볼 수 있다.

3. 인문과 논술

3.1. 성선설과 성악설

(1) 고자가 말하기를 "성(性, 본성)은 고리버들[杞柳]과 같고 의(義)는 그릇(바구니)과 같으니 인성으로 인의(仁義)를 행하는 것은 고리버들로 그릇을 만드는 것과 같다."라고 했다.

맹자가 말하기를 "그대는 고리버들의 본성에 따라 그릇을 만드는가, 장차 고리버들을 해친 이후에 그릇을 만드는가? 만약 장차 고리버들을 해치고 그릇을 만든다면 또한 장차 사람을 해쳐 인의를 하는가? 천하의 사람을 거느려 인의를 해치는 것은 반드시 그대의 말이다."라고 했다.

고자가 말하기를 "성은 여울물과 같아 그것을 동쪽으로 터놓으면 곧 동쪽으로 흐르고 그것을 서쪽으로 터놓으면 곧 서쪽으로 흐르니 인성의 선함과 선하지 않음에 구분이 없음은 물의 동서 구분이 없음과 같다."라고 했다.

맹자가 말하기를 "물은 진실로 동서 구분이 없지만 위아래 구분이 없는가? 인성의 선함은 물의 아래로 나아감과 같으니 사람에게는 선하지 않음이 있지 않고 물에는 내려가지 않음이 없다. 지금 물을 두드려 튀게 하여 가히 이마를 넘어가게 할 수 있고 부딪혀 흐르면 가히 산에 있게 할 수 있으니 이는 어찌 물의 본성이겠는가? 그 형세가 곧 그러하니 사람의 가히 선하지 않게 할 수도 있음에 그 본성은 또한 이와 같다."라고 했다.

고자가 말하기를 "타고남을 성이라 한다."라고 했다.

맹자가 말하기를 "타고남을 성이라 함은 흰 것을 희다고 함과 같은가?"라고 했다.

"그렇다."

"그러면 흰 깃의 흼과 흰 눈의 흼이 같고 흰 눈의 흼과 흰 옥의 흼이 같은가?"

"그렇다."

"그러면 개의 본성이 소의 본성과 같은가, 소의 본성이 사람의 본성과 같은가?"

고자가 말하기를 "식욕과 색욕은 본성이고 인(仁)은 안이니 밖이 아니고 의(義)는 밖이니 안이 아니다."라고 했다.

맹자가 말하기를 "어찌하여 인은 안이고 의는 밖인가?"라고 했다.

(고자가) 말하기를 "저쪽이 어른이면 내가 어른으로 대하는데 나에게 어른됨이 있지 않음은 저쪽이 희면 내가 희다고 함과 같으니 그 밖에 흼을 따라 고로 희다고 말한다."라고 했다.

(맹자가) 말하기를 "흰 말의 흼은 흰 사람의 흼과 다름이 없다. 어른 말의 어른됨은 어른의 어른됨과 다름이 없는가? 또 어른을 일러 의라고 하는가, 어른으로 대함이 의인가?"라고 했다.

(고자가) 말하기를 "내 동생이면 곧 사랑하고 진나라 사람의 동생이면 곧 사랑하지 않으니 이는 내가 기뻐하는 것이니 고로 안이라고 이르고 초나라 사람의 어른을 어른으로 대하고 또한 내 어른을 어른으로 대함은 어른으로 기뻐하니 고로 밖이라 한다."라고 했다.

(맹자가) 말하기를 "진나라 사람이 구운 고기를 좋아함은 내가 구운 고기를 좋아함과 다름이 없는데 대저 만물은 또한 곧 그러함이 있을 뿐이다. 그러한즉 구운 고기를 좋아함이 또한 밖에 있는가?"라고 했다. (『맹자』(孟子) <고자 상>(告子 上))

(2) 사람의 본성은 악하니 그 선한 것은 인위이다. 사람의 본성은 태어나 이익을 좋아하는데 이를 따르므로 다투고 빼앗음이 생기고 사양함을 좋아함이 없다. 태어나 질투하고 미워함이 있으므로 죽이고 해침이 생기고 진실한 마음[忠]과 믿음이 없다. 태어나면서 귀와 눈의 욕망이 있고 성색(聲色)을 좋아함이 있는데 이를 따르므로 음란함이 생기고 예의(禮義, 여기서 예의는 우리가 흔히 사용하는 한자어 예의(禮儀)가 아니다. 전통적으로 한 단어로 번역해 왔지만 현대인에게는 사실 예와 의

로 두 단어로 나눠야 더 이해가 잘 되는 측면이 있다. 한글로 예의로 쓰면 예의범절의 예의처럼 해석될 가능성이 있기 때문이다. 다만 일단 일반적인 번역 방식을 따랐다)와 문리가 없다. 그러한즉 사람의 본성을 따르고 사람의 마음을 따르면 반드시 다투고 빼앗음으로부터 나오고 예의를 범하고 이치를 어지럽힘에 합해져서 폭력에 귀결된다. 그러므로 반드시 장차 스승과 법의 교화와 예의의 도가 있는 연후에 사양으로부터 나오고 문리에 합하여 다스려짐에 귀결된다. 이로써 보자면 그러한즉 사람의 본성이 악함은 명백하고 그 선함은 인위이다. 그러므로 굽은 나무는 반드시 도지개를 대하여 묶고 찌고 바로잡은 연후에 곧아지고 무딘 금속은 반드시 숫돌을 대한 연후에 날카로워진다. 지금 사람의 본성이 악한데 반드시 장차 스승의 본받음을 대한 연후에 바르게 되고 예의를 얻은 연후에 다스려진다. (중략)

　맹자가 말하기를 "사람이 배우는 것은 그 본성이 선하기 때문이다."라고 했는데 "이는 그렇지 않다."라고 말한다. 이는 사람의 본성을 아는 것에 미치지 못함이고 사람의 본성과 인위의 구분을 살피지 못함이다. 무릇 본성이란 하늘의 나아감이라 가히 배울 수 없고 가히 일삼을 수 없다. 예의는 성인이 만든 바로 사람이 배우고 능히 할 수 있는 바이고 일삼아서 이루는 바이다. 배울 수 없고 일삼을 수 없는데 사람에게 있는 것을 일러 본성이라고 하고 배우고 능히 할 수 있고 일삼아서 이룰 수 있으며 사람에게 있는 것을 일러 인위라고 하니 이것이 본성과 인위의 구분이다. (중략)

　묻는 자가 이르기를 "예의가 인위를 쌓은 것은 사람의 본성인데 그러므로 성인이 능히 만들 수 있었다."

　그에 답하여 이르기를 "그것은 그렇지 않다. 대저 도공이 점토를 이겨 질그릇을 만드는데 그러면 질그릇과 점토가 어찌 도공의 본성이겠는가. 목공이 나무를 깎아 그릇을 만드는데 그러면 그릇과 나무가 어찌 목공의 본성이겠는가? 대저 성인이 예의에 함은 비유하자면 또한 도공이 반죽하여 만듦인데 그러면 예의가 인위를 쌓음은 어찌 사람의 본성이겠는가. 무릇 사람의 본성은 요순과 걸왕(桀王)·도척(盜跖)이 그 본성이 하나이고 군자와 소인이 그 본성이 하나이다. 이제 장차 예의로써 인위를 쌓아 사람의 본성으로 삼겠는가. 그러면 어찌 요순을 귀하게 여기고 어찌 군자를 귀하게 여기겠는가. 무릇 요순과 군자를 귀하게 여기는 까닭은 능히 본성을 변화시키고 능히 인위를 일으키고 인위를 일으켜 예의를 만들기 때문이다. 그러므로 성인이 예의에 인위로 쌓음은 또한 도공이 반죽하여 만듦과 같다. 이로써 보자면 그러므로 예의에 인위로 쌓음은 어찌 사람의 본성인가. 걸왕(桀王)·도척(盜跖)과 소인이 천하게 여겨지는 까닭은 그 본성을 따르고 그 마음에 따르고 방자함을 편안하게 여겨 이익을 탐하고 다투고 빼앗음에서 나오기 때문이다. 그러므로 사람의 본성이 악함은 명백하고 그 선함은 인위이다. 하늘이 증삼(曾參)과 민자건(閔子騫)과 효기(孝己)를 사사롭게 여기고 뭇사람을 배척하지 않는데 증삼과 민자건과 효기는 유독 효의 열매를 두텁게 하고 효의 이름을 온전하게 함은 어찌함인가? 예의에 지극하기 때문이다. 하늘이 제나라와 노나라 백성을 사사롭게 하고 진나라 사람을 배척하지 않는데 진나라 사람은 부자(父子)의 의와 부부의 구별이 제나라와 노나라의 효와 함께 아버지를 공경하는 예의와 같지 않음은 어찌함인가? 진나라 사람은 마음과 본성을 따라 방자함을 편안하게 여겨 예의에 게을렀기 때문이다. 어찌 그 본성이 다르겠는가?"(『순자』(荀子) <성악>(性惡))

맹자(孟子, BC 371?~BC 289?)는 성선설을 주장했고 순자(荀子, BC 300~BC 230)는 성악설을 주장했다는 사실은 널리 알려져 있다. 『맹자』에 성선설 외에 고자(告子)의 백지설도 소개되어 있으니 두 가지 글을 통해 세 가지 주장을 볼 수 있다. 먼저 주장의 설득력을 높이기 위해 예를 들어 보이는 방식이 모두 사용되고 있음을 볼 수 있다. 문답의 방식은 한문에서 흔히 볼 수 있는데 실제 대화의 서술일 수도 있고 대화한 것처럼 설정해 놓은 것일 수도 있다. 고자는 이름이 불해(不害)라고 하는데 생애에 대한 자세한 사항은 알 수 없다. 맹자와 문답한 것을 보면 동시대에 생존했을 것을 추정할 수 있다. 혹시 맹자 시대에 있던 논란을 정리해서 문답한 것으로 처리했을 수도 있다.

(1)에서 먼저 고자가 주장을 하면 맹자가 반박하는 방식으로 되어있는 것을 볼 수 있다. 여기서 다소 특이한 점은 고자가 맹자의 반박에 대해 재반박하는 것은 보이지 않는다. 고자의 주장은 맹자의 주장으로 반박되어 고자가 적어도 그 항목에 있어서는

더 이상 주장을 발전시키지 못하고 맹자의 주장에 수긍한 것처럼 보이도록 서술되어 있다고 하겠다. 맹자가 고자의 주장에 질문 형식으로 반박하는데 직접적으로 대답하지 못한다면 반박 성격의 질문에 답하지 못할 만큼 논리적으로 문제가 있다고 보이는 효과가 있다.

먼저 고자가 본성과 의를 구별해서 주장을 전개하는데 본성은 버드나무(원문에 기류(杞柳)로 되어있고 버드나무의 일종으로 보인다. 그런데 논리 전개상 정확히 어떤 종인지 확정할 필요는 없어 보인다. 고자의 주장에 대한 맹자의 반론에서도 다른 종류의 버드나무가 등장하지는 않기 때문이다. 그러므로 앞으로 버드나무로만 서술한다. 사전마다 다른 용어가 사용되어있는 것도 또 다른 이유이다), 의는 버드나무로 만든 그릇으로 설정하고 있다. 버드나무 그 자체로는 용도가 정해져 있지 않은데 가공의 결과로 용도가 있는 바구니가 되었다는 뜻으로 이해된다.

다음으로 본성은 버드나무, 의는 바구니라는 설정을 살펴볼 필요가 있는데 '의'라고 하는 개념을 '옳은 행동'이라고 한다면 이 개념 구도가 더 잘 이해될 것 같은데 버드나무가 가공 과정을 거쳐 바구니가 된 것처럼 옳은 행동도 인간 본성 자체가 우러나와서 한 것이 아니라 다른 가공 과정, 예를 들어 교육 등의 과정을 거친 결과로 파악된다. 다만 버드나무라는 첫 단계 자체는 특별히 나쁘다는 것도 아니고 좋다는 것도 아니니 백지설 계열이라고 하겠다.

이에 대한 맹자의 반론은 버드나무와 바구니의 연결고리를 발견하는 데에서 시작한다고 하겠다. 이러한 논리 진행은 여러 물질을 배합해서 각각 원래 물질에 들어있지 않은 또 다른 속성이 발생하는 때에는 잘 적용되기 어려운 측면이 있고 원래 물질의 큰 변화가 나타나지 않은 때에는 더 잘 적용될 수 있다. 버드나무로 바구니를 만든다고 할 때 기본적 속성이 변했다고 보기는 어렵다. 바구니의 속성은 버드나무의 속성이 이용된 것이라고 한다면 의로운 행위의 기저에 본질적으로 의로운 행위를 하도록 하는 선한 마음이 있다고 하는 것이 맹자의 주장이라고 하겠다.

다음 부분은 어느 정도 잘 알려져 있는데 이번에도 역시 고자가 먼저 주장을 전개한다. 물을 예로 들어 평평한 곳 어딘가에 물을 뿌리면 어느 쪽으로도 흐를 수 있다는 식으로 해서 선악은 정해진 것이 아니라 상황에 따라 어느 쪽으로든 향할 수 있다는 식으로 주장하려 했다. 맹자는 물의 예를 이용해서 물은 기본적으로 아래로 향하는 성질이 있으며 가끔 그렇게 보이지 않는 것은 특별한 경우일 뿐이라고 하고 있다. 물론 현대의 기준으로 물이 아래로 흐르는 것은 중력 때문이지 물의 본질적 속성이라고 할 수야 없지만 당시 기준으로 특별한 상황이 아니라면 물이 아래로 흐르는 것은 본질적 속성이라고 해도 될 것이다.

다음으로 고자는 타고 난 것 그 자체를 본성이라고 하고 맹자는 타고 난 것 자체를 본성이라고 한다면 개나 소의 본성이 인간 본성이 같냐고 묻고 있다. 고자가 특별히 대답한 것이 없다면 맹자의 주장이 이번에도 압도했다는 느낌이 들게 한다고 하겠다. 사람도 타고난 본성이 있고 개도 타고난 본성이 있고 소도 타고난 본성이 있다면 '타고난 본성이 있다'라는 표현이 같이 들어간다고 해서 본질적으로 같다고 할 수는 없지 않냐고 하는 주장을 전개하기 위해 흰 대상을 모두 희다고 하냐는 질문을 한 것으로 보인다. 물론 이렇게 만물의 본성이 같은지 다른지는 조선 후기 성리학의 주요한 논쟁거리가 된다.

다음으로 고자는 인간 욕망이 본성이라고 하고 인은 안이고 의는 밖이라고 했다. 맹자가 의가 왜 밖이냐고 물어서 반박을 시작한다. 고자는 어른 개념을 통해 상대적일 뿐이라고 주장하려 한 것으로 보인다. 나보다 나이 많고 대우할 사람은 어른이니 그 사람 자체에 어른 속성이 있는 것이 아니라 더 나이가 많고 적다는 상대적 속성이라고 하는 것으로 보인다. 맹자는 그러면 나이 많은 말을 어른으로 대우할 것이냐고 하고 있다. 그런데 여기서 고자가 인은 안이라고 하는 표현은 다소 수긍하기 어렵다. 본성에 특별히 정해진 방향이 없다면 인이라고 해서 안에 있다고 해야 할지 의문이기 때문이다. 그런데 맹자는 그 점에 대해서 질문하지 않았다.

다음으로 고자는 동생 개념을 이용해서 적국의 동생이라면 사랑하지 않고 내 동생이라면 사랑한다고 하고 있다. 나이 어리고 사랑으로 대할 대상이라도 절대적으로 그렇게 하는 것이 아니라 우리나라인지 다른 나라인지에 따라 다르다고 해서 역시 상대적일 뿐이라는 주장을 이어간다고 하겠다. 맹자는 우리나라 사람이든지 다른 나라 사람이든지 고기맛 좋아하는 것은 같다고 해서 그것이 밖에 있냐고 했다.

이렇게 『맹자』의 일부를 들어보았는데 문헌의 특성상 맹자가 자신의 주장을 전개하는 것이 대부분이고 고자의 주장에 대해서는 일부만 등장하므로 사실 이 정도를 통해 고자 주장의 전모를 알기는 어렵다. 또 고자가 이용한 비유의 틀을 맹자가 이용해서 부정했다고 해서 고자가 거론한 백지설이 완전히 부정되었다고는 할 수 없다. 고자가 예로 든 것이 백지설을 설명하는 데 부적합한 면이 있었으나 다른 예를 통해서는 설득력의 정도의 차이가 있을 수 있다.

더 나아가서 이렇게 비유를 통해 진행되는 주장의 파악에 유의할 필요가 있다. 아무리 주장의 진행에 좋은 비유를 든다고 해도 주장과 완전히 일치하지는 않는다. 그러므로 비유 자체가 매우 정확해 보인다고 해서 해당 주장이 무조건 입증되는 것도 아니다. 물이 특별한 경우가 아니라면 자연스럽게 아래로 흐르기는 하지만 그것이 인간이 본성이 선하다고 자동으로 입증해주는 것도 아니다. 물이 아래로 흐르는 것은 자연법칙이라면 성선설은 그 정도로 예외 없이 입증 가능한 정도는 아니기 때문이다.

확실한 근거 없이, 또는 일부 근거와 함께 비유를 사용하는 표현 자체는 유의해서 볼 필요가 있다. 어떤 사람이 어떤 일을 하려고 할 때 누군가가 "네가 하려는 것은 계란으로 바위 치는 격이야."라고 말한다고 할 때 그 말을 듣는 사람이 액면 그대로 받아들여 '계란을 몇 개나 던져야 바위가 깨질까?' 등으로 생각한다면 무조건 불가능한 일로 여겨질 것이다.

순자의 성악설은 인간의 욕망 측면에 주목하고 출발한 것으로 보인다. 성악설을 주장하는 첫 부분에서 비유도 별로 사용하지 않고 첫 문장에서 바로 인성은 악하다는 표현으로 시작하고 있다. 인성이 악한데 선한 것처럼 보이기도 한 것은 인위라는 주장이다. 성선설에서라면 선한 모습은 자연스러운 모습이라 따로 개념이 필요하지 않을 텐데 성악설에서는 선한 모습은 본성이 아니라 인위라는 개념으로 설명을 시도했다고 하겠다.

이 부분에 예시 등을 제시하여 증명하려고 하지 않고 바로 주장을 제시하는 것은 이익을 좋아하는 등 마음은 인간 본성이라 특별히 증명할 필요는 없다고 생각했기 때문으로 보인다. 일반적으로 많은 주장은 시대와 지역의 특성을 고려해야 하지만 이 자체는 그렇게까지 확대할 필요는 없어 보인다. 이익에 초월한 사람은 시대를 초월해서 찾기 쉽지 않을 것이다. 조선 시대까지 과거제가 시행될 때 나아가 성현의 도를 실현

한다고 멋진 이상을 내세우는 일을 흔히 볼 수 있지만 실제로 경제적으로 별로 도움이 되지 않았다면 그렇게 오랜 세월 그렇게 많은 사람이 매달릴 이유는 없을 것이다. 멋진 표현의 이면에 이익이 깔려있음은 어렵지 않게 추측할 수 있다.

굽은 나무를 펴고 거친 금속을 가는 과정을 비유하여 악한 본성을 교정하는 과정을 순자의 주장으로는 사회를 유지하기 위한 교육, 정치 등으로 볼 수 있겠는데 '교정'의 강조를 위해 일부러 굽은 나무와 거친 금속을 인위적으로 가공하는 것을 들었다고 하겠는데 처음부터 곧은 나무도 있고 처음부터 날카로운 돌 등도 있을 수 있는데 그렇게 보면 주장에 유리한 설정을 했다고는 할 수 있다. 어떤 분야의 기술, 지식을 상당히 습득하는 과정은 일반적으로 길고 어려운 일의 연속이라는 점에서는 잘 적용된다고 느낄 수도 있겠다.

다음 부분에서 맹자의 말을 비판하는데 현재 전해지는 『맹자』에 해당 구절이 그대로 확인되지는 않는다. 순자가 이해한 맹자의 사상으로 정리한 표현으로 보인다. 다만 맹자의 성선설 관점에서 인간의 배우는 행위도 선한 본성을 길러 발전시키는 것으로 볼 수 있을 테니 지나친 해석은 아닐 것이다. 여기에도 인위 개념을 추가하여 본성과 인위를 등장시켜 본성 자체야 배우지 않아도 이미 있는 것이고 배움은 인위적으로 나쁜 본성을 교정하는 순자 자신의 주장을 이어간다고 하겠다.

다음으로 예의는 인간이 본성이 아닌가 하는 누군가의 질문에 대해 아니라는 반대 주장을 제시한다. 비유를 통해 가공자와 원재료를 구별해야 한다는 주장을 하는 것으로 볼 수 있다. 원재료를 가공해서 완성품을 만드는 장인과 원재료의 구분을 비유로 든 것이라 하겠는데 원재료가 인간의 악한 본성이고 장인은 성인이라고 하겠다. 비유에 대해서는 구체적으로 좀 더 검토해 볼 필요가 있는데 토기를 빚는 것과 목기를 깎는 것을 통해 그 자체로 특별한 쓸모가 있지는 않던 재료를 그릇으로 변환하는 데 초점을 맞춘 것으로 보인다.

다만 성인을 통해 악한 본성이 좋게 바뀌었다는 의미로 사용될 수 있는지는 더 생각해볼 필요가 있다. 목기는 본래 단단한 나무의 속성이 그대로 이용되지 않았나 하는 생각이 들기 때문이다. 토기는 구워서 완전히 자기로 만들었든 아니면 그대로 건조해서 토기로 완성했던 원래의 질척한 속성은 사라졌기 때문이다. 이 둘 자체가 서로 다른 측면이 있다.

다음으로 성인과 악인의 본성이 같다고 하고 있다. 요순이야 중국에서 전통적으로 전해 내려오는 성군이고 걸왕은 폭군으로 유명하고 도척은 도적으로 유명하니 이 둘은 악인이라고 하겠다. 본성이 같다는 말이지만 앞으로 해온 주장이 이어지는 것임을 고려하면 본성이 모두 악하다는 말이다. 두 종류 인간의 차이점으로 성인은 인위적인 노력을 통해 극복했고 악인은 그냥 본성대로 살았다는 차이로 정리된다. 민자건 등의 효로 유명한 사람들을 거론하며 이들은 인간의 악한 본성을 이겨낸 소수라 숭앙된다고 했다. 성선설과 공통점으로 소수의 훌륭한 사람들과 다수의 그렇지 못한 사람들로 구성되어 있다는 것으로 볼 수 있다. 당시 중국 내의 여러 나라가 인간 본성의 제한 정도가 다르다고 하고 있다. 사실인지 확인하기 쉽지 않아 보이는데 인간 본성 제한이 덜 되는 나라를 더 나쁜 나라로 생각하고 있음은 볼 수 있다.

성선설에서 본래 선한데 나빠지고 성인의 노력으로 본래의 선을 회복한다고 하면 선에서 악, 다시 악에서 선으로 돌아오는 과정으로 정리될 수 있는데 총 3단계가 된다. 순자의 성악설은 인간은 본래 악하므로 그냥 두면 계속 악할 것이고 성인의 인위적인 노력을 통해 선하게 될 것이니 그대로 살거나 선하게 변하거나의 두 가지뿐이고 악에서 선으로 변하는 단 한 단계의 과정만으로 설명이 가능하니 그 측면만으로 보면 성선설보다 성악설이 보다 간단한 체계를 지향하는 과정이라고 할 수 있다.

앞에서 거론된 성선설, 성악설, 백지설의 삼자 관계를 일단 아래와 같이 나타낼 수 있다.

| 성선설 | 백지설 | 성악설 |

가장 왼쪽에 성선설이 있고 가운데 백지설이 있고 가장 오른쪽에 성악설이 있으니 인간 본성을 선하다고 하는 견해부터 시작해서 특별히 선하지도 악하지도 않다는 견해를 거쳐서 악하다는 견해를 나란히 배치하는 방식으로 이해할 수 있다. 성선설은 인간 본성의 긍정, 백지설은 인간 본성의 중립적 판단, 성악설은 인간 본성의 부정 이러한 방식의 표현이 예가 될 수 있다. 그런데 이러한 삼자 관계를 파악할 때 당연히 이러

한 방식으로 하나의 흐름처럼 파악하는 방식이 필요하지만 이것만으로는 충분하지 않다. 백지설과 나머지로도 볼 수 있다.

| 성선설/성악설 | | 백지설 |

성선설이나 성악설이나 백지설과 다른 점은 선악의 구분이 보다 분명해 보인다는 점이다. 백지설은 윗글에서도 보이듯이 어느 방향으로든 흐를 수 있는 물처럼 단순히 개인적인 차이 정도로 다양한 인간의 양상을 파악하는 것으로 보이는데 그렇게 보면 특별히 선이다 악이다 구분해서 논의하는 것이 중요하지 않은 것으로 보인다. 그런데 성선설이든 성악설이든 선악은 분명히 나누고 인간은 선한 방향으로 유도할 수 있다는 확신이 있던 것으로 보인다. 그런 점에서는 백지설보다 성선설, 성악설 두 설이 서로 가깝다고 하겠다. 두 설은 적극적인 노력의 필요성에 대한 긍정의 태도라는 점에서 같을 것이기 때문이다. 그리고 위와 같이 둘로 묶은 것도 엄밀히 말하자면 충분하지 않다고 할 수 있다. 다르게 둘로 묶을 수 있기 때문이다.

| 성선설/백지설 | | 성악설 |
| 백지설/성악설 | | 성선설 |

그런데 이렇게 둘씩 묶은 왼쪽 네모에 있는 둘의 공통점이 도드라져야 하는데 지금은 특별한 사항을 발견하기 어렵다. 단순히 오른쪽 네모의 속성이 없다는 것 이외에 다른 표현으로 정리해야 이러한 설정의 효과가 크다고 하겠다. 당장 더 상세한 표현으로 정리하기 어려워 보이는 만큼 원리상 분류 가능성만 제시한다. 근본적으로 삼자 관계 특징으로 기인한 것으로 보이는데 2차 분류를 해본다.

선악 미구분	선악 구분	
백지설	선 우선	악 우선
	성선설	성악설

성선설, 백지설, 성악설의 삼자 관계의 자료가 더 많아서 다양한 각도에서 다양한 비유 등을 살피며 읽으면 현대인에게도 더 풍성하게 생각할 거리로 될 수 있을 텐데 아쉬운 점이 있다고 하겠다. 성선설, 백지설, 성악설의 논란이 적어도 동아시아에서 지속적으로 논란이 되지는 않은 것으로 보인다. 맹자의 성선설이 중국에서 자리 잡고 이후 성리학 등으로 계승되면서 나머지 사상은 주목을 받지 못했다. 한동안 인간 본성의 선악 문제에 대한 답을 찾았다고 생각했기 때문일 수 있다. 그러한 전통이 있더라도 우리는 현재의 기준으로 삼자 관계를 검토해볼 필요가 있다.

이렇게 간단히 삼자 관계를 정리해 보았다. 이제 위에 제시된 글을 통해 성선설, 백지설, 성악설을 검토하고 현재 기준으로 인간 본성에 대한 각자 자신의 의견을 쓰는 논술적 글쓰기를 한다고 하자. 위에 인간 본성에 관한 세 가지 설이 나타나는데 각각의 특징을 정리하고 각각의 문제점을 찾아 비판한 다음 자신의 생각을 전개하는 방식으로 진행하는 것이 일반적이라고 하겠다. 개요는 다음과 같다.

> 1. 서론
> 2. 성선설, 백지설, 성악설 비판
> 3. 인간 본성 검토
> 4. 결론

대략 위와 같은 방식으로 간단히 정리된다. 상대적으로 길게 쓸 수 있는 상황이라면 1. 서론/ 2. 성선설, 백지설, 성악설 검토/ 3. 성선설, 백지설, 성악설 비판/ 4. 인간 본성 검토/ 5. 결론/ 이렇게 구성하는 것도 가능하다. 상대적으로 간단히 써야 하는 상황이라면 1. 서론/ 2. 성선설, 백지설, 성악설 비교 검토/ 3. 결론/ 이렇게 구성하는 것도 가능하다. 다음으로 이렇게 짜인 목차로 글쓰기를 하는데 반드시 '1. 서론'부터 써야 하는 것은 아니다. 일반적으로 잘 정리돼서 자신 있는 부분부터 쓰면 된다. 글에 따라서는 사실상 결론부터 쓸 수도 있다. 위 개요의 2번 항목의 예시문이다.

> 성선설은 인간이 이익을 좋아하는 속성을 본성이 아니라고 본다는 점에서는 문

제점이 있다고 하겠다. 이러한 속성은 맹자와 고자의 대화에서 보이는 예처럼 물을 막거나 튀게 하는 것처럼 특수한 경우로 간주될 것이다. 그런데 그러한 속성이 나쁜 환경 등 특수한 환경에 노출된 결과로 볼 수 있는가 하는 의문이 있다. 상대적으로 세상의 '때'가 덜 묻었다고 할 만한 어린아이조차도 선물을 주면 좋아하고 별로 어떤 것을 빼앗으면 싫어한다. 이러한 점에 주목하지 않고 인간의 선한 측면에만 주목했다고 하겠다.

 백지설은 고자의 비유처럼 인간의 선악이 본성으로 결정되는 것이 아니라 환경에 따라 결정된다는 주장으로 보인다. 고자의 주장을 정리해 보면 평지에서 물을 뿌릴 때 동으로 흐르든 서로 흐르든 결정된 것이 없다고 하는 것으로 이해된다. 맹자로부터 반박을 받은 측면은 제외하고 특별히 결정된 것이 없다면 통계적으로 봐도 거의 유사한 비율로 개인차가 있다고 해야 할 것이다. 선악에 적용한다면 선한 사람, 악한 사람의 비율이 유사하게 나타나야 한다. 그런데 실제로 그렇지는 않을 것이다.

 성악설은 인간이 이익을 좋아하는 속성을 인정하는 점에서는 현대인이 보기에 자연스럽다고 할 수 있다. 인간이 이익을 좋아하는 속성이 과도하면, 즉 과도한 수단과 방법을 사용한다면 각종 범죄가 발생할 가능성이 커진다고 하겠다. 그러한 속성을 적절히 제한하고 관리할 필요는 있다고 하겠다. 그렇게 제한하는 예는 인위적인 속성도 있다고 하겠다. 그런데 인간의 선한 속성이 다 인위적이라고 하기에 의문의 여지가 있다. 자기보다 어려운 사람을 보살피라고 어려서부터 교육을 받은 사람이 어려운 처지에 놓인 사람을 더 돌볼 가능성이 있다고 하겠지만 꼭 그런 교육을 많이 받지 않았어도 기부하는 사람도 얼마든지 있을 수 있다.

위는 일종의 예시로 각자 경험에 따라 더 잘 쓸 수 있다. 이런 부분의 글을 쓸 때 사소해 보이지만 주의사항을 하나 지적하자면, 먼저 목차의 표현이 성선설, 백지설, 성악설의 순서로 되어있다면 서술하는 순서도 그대로 되어야 한다. 그렇게 하지 않을 때 독자가 혼란을 느낄 수 있다. 다음으로 위에서처럼 세 가지 항목이 등장할 경우 서술 비율에도 고려해야 한다. 특정 항목이 친근하다든지 더 잘 안다든지 하는 일은 생각보다 흔하지만 그런 것이 서술상의 불균형으로 이어지면 안 된다. 세부적으로는 어떤 항목은 긍정적으로, 또 다른 어떤 항목은 부정적으로 쓰면 안 된다는 것과, 어떤 항목은 많이, 또 다른 어떤 항목은 적게 쓰면 안 된다는 것을 의미한다.

위와 같이 해서 세 가지를 정리했는데 이제 단순한 정리 이상의 진행이 필요하다. 비판 이후에 자기 생각으로 글쓰기가 필요한데 일단 두 가지 정도를 생각할 수 있을 것 같다. 앞에서 서술한 것처럼 이익을 좋아하는 인간의 본성과 선을 지향하는 인간의 본성을 모두 인정하면서 이 둘의 위상을 다음과 같이 정리해 볼 수 있다. 각각 약간 다른 글로 진행 가능할 것이다.

선을 지향하는 본성	
이익을 좋아하는 본성	

선을 지향하는 본성	이익을 좋아하는 본성

이익을 좋아하는 본성을 하위 단계로 두고 선을 지향하는 본성을 상위 단계로 둘 수 있다. 선을 지향하는 본성과 이익을 좋아하는 본성을 나란히 두어 병존하는 것으로 처리할 수 있다. 각각에 따라 다른 진행이 가능하다.

사람이 이익을 좋아하는 본성 자체를 죄악시하거나 일단 억제해야 할 대상으로 보지는 않아야 한다. 이익을 좋아하는 본성의 발휘를 통해 점차 개발되고 과거 닫힌 사회에서 각종 가치의 소수 독점으로 운영되는 시대를 지나 전국민적인 생활 수준이 전반적으로 향상되고 삶이 편리해질 수 있었기 때문이다. 우리나라는 전후에 짧은 시기에 많은 발전을 이룬 것도 잘살아보려고 하는 본성의 발휘로 이루어졌다고 할 수 있다. 다만 그러한 짧은 발전에서 상대적으로 소외된 사람들이 생기게 되었고 발전이 순전히 개인의 노력만으로 인한 결과가 아니라 불법 또는 불법까지는 아니지만 편법 수단을 통한 결과라고 여겨 좌절감을 느끼게 되기도 하고 현재의 성공은 사실상 부모의 성공을 통해서야 가능한 것이 아닌가 하는 냉소적, 비관적 생각을 하는 것을 종종 볼 수 있다. 이익을 좋아하는 본성의 발휘는 각종 문제를 일으켜 나아가 사회통합을 해칠 수도 있다.

이런 문제 해결에는 여전히 선을 지향하는 본성의 활용이 필요하다고 하겠다. 그런데 이러한 선을 지향하는 본성이 더 잘 발휘되도록 하는 사회적 합의 및 지원이 필요하다고 하겠다. 살면서 선을 지향하는 태도를 더 높이 평가하는 사회가 되어야 한다. 업적이 많고 보다 정직하게 살아온 사람이 가장 이상적이라고 하겠지만 업적은 많지만 만일 그런 사람을 충분히 접할 수 없다면 현실에서 각종 편법으로 성공한 사람과 업적은 적지만 정직하게 살아온 사람 중에 누가 더 사회적으로 높은 평가를 받아야 하는지 문제라고 하겠다. 개인적 차원에서 선을 지향하는 본성이 사회적으로 정의를 지향하는 것으로 나아갈 수 있다. 그리고 각종 제도적 보완이 이뤄져서 사회적으로 각종 편법이 통할 수 있는 여지를 줄여나가는 노력도 필요하다.

과거 성선설, 선악설을 주장하던 사람들은 선악의 구분이 확실하다는 점에 크게 의심하지 않았던 것 같다. 그러나 선악의 구분이 절대적일 수는 없다. 왕조 시대에는 왕의 잘못이라도 직접 비판하는 것만으로도 처형될 수 있었다. 지금은 대통령의 비판이 금지되어 있지는 않다. 같은 행위가 지역에 따라 범죄로 여겨질 수도 있고 그렇지 않을 수도 있다. 또 개인적 차원, 사회적 차원의 선악 판단이 다를 수 있다. 그러므로 선악을 분명하게 나누고 선한 행위를 할 수 있도록 수양을 강조하는 것이 한계가 있다고 하겠다.

선을 지향하는 본성과 이익을 좋아하는 본성의 어느 한쪽만을 강조하지 않고 조화시키는 것이 현대의 과제일 수 있다. 선을 지향하는 본성이 지나치게 강조되면 결벽증처럼 느껴질 수 있고 세상에 선하지 않은 사람이 너무 많아 보여서 삶이 고통스러울 수 있다. 반대로 이익을 좋아하는 본성은 경쟁에서 이겨서 더 많이 갖고 더 높이 올라가려는 행동을 권장해서 사람을 승패로 나누는 측면이 있어서 패한 사람은 말할 것도 없고 승리한 사람도 다음에 또 이겨야 한다는 생각에 역시 삶이 고통스러울 수 있다. '소확행'이라는 말이 있는 것처럼 복잡한 세상 속에서 작은 행복이라도 느끼며 사는 것이 현대인에게 중요하다고 할 때 좀 더 가져야 행복하다고 느끼는 사람은 좀 더 갖도록 하고 꼭 선이라는 용어를 쓰지 않더라도 '진정한 나'를 찾는 것에서 행복을 느끼는 사람은 그렇게 하는 것이 더 행복할 수 있다.

이렇게 각각 세 번째 부분의 예문을 필자의 수준에서 정리해 보았다. 이어지는 마지막 네 번째 부분, 즉 결론 예문은 각각 다음과 같다. 실제 정해진 양의 목표가 있다면 가감될 수 있다. 본론의 내용을 요약하면서도 본론에 없는, 완전히 새로운 내용이 들어가지 않도록 유의하는 것이 일반적이라고 하겠다.

현대사회에서 이익을 좋아하는 인간의 본성은 누구든 성공해서 보다 나은 삶을 살려고 하는 마음 자체이며 너무 억제될 대상도 아니고 적절하게 관리된다면 권장될 수도 있다. 다만 성악설에서 주장하듯이 심각한 갈등으로 비화하지 않도록 어느 정도의 사회적, 법적 통제는 필요할 것이다. 이익을 이루되 정의의 차원에서 이뤄져야 한다.

인간에게 선을 지향하는 본성과 이익을 좋아하는 본성은 둘 다 있다고 할 것이다. 이 둘은 인간에게 행복을 가져다주는 방식으로 조화되어야 할 것이다. 어느 한 쪽으로 너무 치우치지 않으면서 각자 자신의 기준에 따라 살면서 각각의 본성의 만족을 통해 행복하게 살 수 있도록 하는 것이 현대인에게 중요한 과제이자 삶 자체라고 하겠다.

이제 서론이 남았다. 위에 보이는 것처럼 본론 이하는 기본 관점에 따라 달라질 수밖에 없다. 그런데 서론은 다를 수도 있고 거의 같을 수도 있다. 서론에 약간 본론 이하의 진행을 고려해서 구성한다면 다를 수 있다. 단순히 현실을 소개하거나 아니면 본론에서 다룰 글들의 기초 정보 정도 소개한다면 별로 다르지 않을 수 있다. 일단 본론의 진행 방향을 별로 드러내지 않는 서론의 예를 들어본다.

2020년 3월 현재 코로나19로 전국민적인 고통을 겪는 중에 자발적으로 봉사활동을 하는 사람의 기사(『경남일보』 2020년 3월 2일)도 있고 마스크를 판다고 속여 돈만 챙기고 그 돈은 도박으로 탕진했다는 기사(『뉴시스』 2020년 3월 3일)도 보인다. 어려울 때 본성이 보인다고 하는데 이렇게 선해 보이는 사람과 악해 보이는 사람이 함께 보인다. 이럴 때 인간 본성은 선한지 악한지 아니면 선악을 논할 수 없는지 궁금해진다. 성선설, 백지설, 성악설을 검토해보며 바람직한 태도를 생각해 본다.

논설적 글쓰기에서 본문의 글이 길어진다면 서론을 좀 더 길게 쓸 수 있다. 아래와 같은 한 문단을 추가할 수도 있다.

한쪽은 어려울 때 서로 도와야 한다는 생각에 기인한 행동으로 보이고 다른 한쪽은 남들이 어려울 때 이익을 취하기 쉽다는 생각에 기인한 행동으로 보인다. 한쪽은 선한 행위이고 다른 한쪽은 악한 행위라고 하겠다. 이러한 행위는 인터넷 검색을 더 열심히 해보면 각각 더 많이 찾을 수 있을 것이다. 이런 각각의 행위를 통계적으로 조사해 볼 수도 있겠지만 그렇다고 해서 인간 본성의 선악 문제가 자동으로 해결되지는 않을 것이다.

연습문제

성대중(成大中, 1732~1812), 『청성잡기』(靑城雜記) <성언>(醒言) 중에 도가(道家)와 유가(儒家)를 비교하는 부분을 읽고 검토해 보자.

노씨(老氏, 노자(老子))는 만물의 본성을 따라 그 폐는 반드시 오랑캐, 금수에 이르고 유가는 만물의 본성을 바로잡아 그 종국에는 반드시 쟁송(爭訟)과 살육에 이른다. 그런데 공자가 사람을 가르친 것과 같이 한다면 쟁송이 어디에서 생겨나겠는가.

- 도움말

비교적 간단한 표현으로 도가와 유가를 비교하고 있다. 도가는 방임, 유가는 개입 유형이라고 정리한 것으로 보이는데 여기서 일반적으로 유학자들은 성선설을 지지하는 것으로 알려져 있는데 윗글에서 기본적으로 인간 본성에 대해 어떤 관점을 취하고 있는지 확인해볼 필요가 있다. 다음으로 도가와 유가의 서술에 대해 혹시 다르게 할 수 있는지 살펴볼 필요가 있다. 마지막 문장을 통해 당대 문제 해결의 전망을 어떻게 하고 있는지 확인해볼 필요가 있다.

3.2. 마음의 평화

마르쿠스 아우렐리우스(Marcus Aurelius Antoninus, 121~180, 재위 161~180), 천병희 옮김, 『명상록』(숲, 2016)을 검토해 본다. 저자는 오현제의 마지막 황제로 어려서부터 좋은 교육을 받았고 스토아학파의 중요한 인물로도 손꼽힌다. 재위 당시 로마제국 판도가 넓어져 있는 대신에 변경 지방에 잦은 전투가 있었고 내부적으로 반란도 있었다. 이러한 상황의 삶이 반영되어 있는 것으로 보기도 한다. 원래 원문에는 특별한 구분이 없는데 이후에 출판하는 사람들이 대개 열두 부분으로 나누고 긴 부분은 다시 나누고 번호를 붙였다고 한다. 예를 들어 1-6이라고 하면 첫 번째 부분의 여섯 번째 글이라는 뜻이라고 필자가 임의로 번호를 붙였다.

> (1) 소개와 감사
> 1-6 디오그네토스 덕분에 나는 쓸데없는 일에 애쓰지 않고, 주문(呪文)이나 귀신 내쫓기 등에 관해 마술사와 사기꾼 들이 늘어놓는 말을 믿지 않고, 메추라기를 길러 싸움을 붙이는 것과 같은 일에 열을 올리지 않게 되었다. (중략) (20면)
>
> 1-7 루스티쿠스 덕분에 나는 내 성격을 바로잡아 고쳐야 한다는 것을 깨달았고, 소피스트들을 흉내 내는 데 열 올리지 않고, 공허한 주제로 글 쓰지 않고, 훈계하는 말을 하지 않고, 금욕가나 박애주의자인 척하지 않고, 수사학과 시학과 교묘한 말을 멀리하고, 성장(盛裝)을 하고 집안을 산책하는 따위의 행동을 하지 않게 되었

다. (중략) (20면)

'나는 이런 사람이다.'라는 식으로 소개하는 것은 아닌데 이 책의 첫 번째 부분에 감사의 말을 통해 간접적으로 소개하고 있다. 이 책은 평소에 떠오르는 대로 조금씩 써 놓은 글의 모음이라 대체로 앞부분과 뒷부분이 잘 연결되지 않는 일이 많은데 첫 번째 부분만 이러한 내용 위주로 정리되어 있다. 역자의 주석에 보면 디오그네토스는 저자의 미술선생이라고 하고 루스티쿠스는 스토아철학자라고 한다.

1-6을 보면 미술선생으로부터 직접 배운 내용이라기보다는 저자 자신이 삶 속에서 적용, 확대한 것으로 이해하면 될 것 같다. 미술에 집중하는 과정을 통해 미신적, 주술적 태도를 보이고 그러한 데에 시간을 쓰는 일이 없었다는 뜻으로 보인다. 동물 싸움 자체가 보는 사람에게 쾌락을 준다고 할 수 있지만 다른 생명의 고통을 즐기는 것은 순간적인 쾌락일 뿐이라는 생각에서 거리를 두려고 한 것으로 보인다.

어떤 분야든 많이 발전하다 보면 문제점이 노출되는 일이 종종 있다고 하겠는데 소피스트는 분명히 말을 더 설득력 있게 잘하는 것을 목표로 했겠지만 단순히 논쟁에서 이기기 위한 말을 잘하는 것으로 후대에 비치기도 했을 것이고 저자 당대에는 소피스트가 그러한 존재로 이해된 것으로 보인다. 멋있게 차려입고 공식 행사에 참가한다는 것은 그 나름대로 의미가 있다고 하겠지만 그렇게 입고 집안을 산책하는 것은 누구에게 과시하는 것도 아닌, 무의미한 행위로 파악한 것으로 보인다.

(2) 신과 우주

2-3 신들이 하는 일은 섭리로 가득 차 있다. 운명이 하는 일들도 자연 또는 섭리가 지배하는 복잡한 인과관계와 무관하지 않다. 만물은 섭리에서 흘러나온다. 섭리에는 필연과, 너도 그 일부분인 우주 전체에 유익한 것이 있다. (중략) 너는 이런 생각에 만족하고, 이런 생각들을 원칙으로 삼도록 하라. 불평하면서 죽지 않고, 즐겁고 참되고 신들에게 감사하는 마음으로 죽음을 맞고 싶다면 책을 향한 갈증을 버려라! (31면)

> 3-16 (생략) 신에게 순종하고 진리에 어긋나는 말을 하지 않고 정의에 어긋나는 짓을 행하지 않음으로써 그 신성을 편안하게 간직하는 것뿐이다. (생략) 그는 순결하게, 조용하게 떠날 각오를 하고, 자신의 운명과 사이좋게 지내며 삶의 목표에 이르러야 한다. (48면)
>
> 12-28 "너는 대체 어디서 신들을 보았기에, 또는 신들이 존재한다는 것을 어떻게 알았기에 신들을 그토록 공경하는가?"라고 묻는 자들에게 다음과 같이 대답하라. 첫째, 신들은 맨눈으로도 보인다. 둘째, 나는 아직 내 혼을 본 적이 없지만 그럼에도 내 혼을 존중한다. 마찬가지로 신들의 경우에도, 나는 신들의 권능을 매번 경험함으로써 신들이 존재한다는 것을 알기에 신들을 공경한다. (200면)

신의 존재에 대해 서술하는 부분이 있는데 신의 섭리가 있으며 인간은 그러한 섭리에 따라 만족하는 태도를 보여야 하며 살아야 한다고 하고 있다. 신의 섭리가 사실상 삶의 방향을 정해주는 측면도 있다고 하겠다. 신이 보인다는 것은 주석에서 별을 가리킨다고 했다. 신과 별의 개념이 적어도 겹치는 측면이 있다고 하겠다.

> 4-10 일어나는 모든 일은 정당하게 일어난다는 점을 명심하라. (생략) (53면)
>
> 4-40 언제나 우주를 하나의 실체와 하나의 혼을 가진 하나의 생명체로 생각하라. 어떻게 만물이 우주의 하나의 지각 속으로 전달되고, 어떻게 우주가 하나의 충동으로 모든 것을 야기하고, 어떻게 존재하는 만물이 생성되는 만물의 공동의 원인인지 그리고 만물이 어떻게 서로 얽히고 짜이는지 생각해보라. (62면)
>
> 5-22 국가에 해를 끼치지 못하는 것은 시민에게도 해를 끼치지 못한다. 네가 해를 입었다고 생각할 때마다, 국가가 그것에 의해 해를 입지 않는다면 나도 해를 입지 않은 것이라는 원칙을 적용하라. (생략) (78면)
>
> 7-47 너도 별들과 함께 도는 것처럼 별들의 운행을 관찰하고, 원소들이 매번 다

른 원소로 이행한다는 사실을 늘 염두에 두라. 그런 사색은 세상살이의 때를 씻어 줄 것이다. (113면)

8-55 일반적으로 악은 우주에 전혀 해를 입히지 못하고, 특정한 악도 남에게 해를 입히지 못한다. 특정한 악은 그 악을 행하는 자에게만 해를 입힌다. 그러나 그도 원하기만 하면 특정한 악에서 벗어날 수 있다. (138면)

우주 전체를 하나의 생명체처럼 생각하는 태도를 볼 수 있다. 인간이 우주의 한 부분으로 우주의 운행 및 법칙에 따라 살아야 한다는, 삶의 법칙을 보인다고 하겠다. 위에 보이는 국가 개념은 주석에서 우주를 가리킨다고 한다. 우주 전체를 한 국가처럼 생각하는 태도가 들어있다고 할 수 있다. 이렇게 법칙에 따라 운영되는 우주 안에 원칙적으로 잘못된 것이 발생하는 일은 없다고 하고 있다. 인간이 보기에 불만스럽게 느끼고 잘못되었다고 느낀다고 해도 우주의 차원에서 보면 특별히 잘못된 것이 없다고 하겠으니 완벽한 세상에 불완전한 인간의 대비가 설정된다고 하겠다. 그러한 우주 법칙에 어긋나는 악은 행하는 자에게 해를 입힌다고 하고 있다.

(3) 인간의 유한성과 죽음

2-2 나라는 존재는 육신과 짧은 호흡과 지배적 이성에 불과하다. 책을 멀리하라. 책에 끌려 옆길로 들어서지 마라. 그래서는 안 되기 때문이다. 마치 죽어가는 사람처럼 육신을 무시하라. 육신은 피와 뼈, 신경과 정맥과 동맥의 촘촘한 조직에 불과하다. 호흡이 어떤 것인지 살펴보라. 공기일 뿐이다. 그것도 늘 같은 것이 아니라 매 순간 내쉬었다가 도로 들이마시는 공기일 뿐. 세 번째는 지배적 이성이다. 이렇게 생각하라. 나는 노인이라고. 너는 지배적 이성을 더 이상 노예로도, 이기적인 충동에 끌려다니는 꼭두각시로도 만들지 말고, 더는 현재의 운명을 불평하지도 다가올 운명을 슬퍼하지도 마라. (30~31면)

5-53 머지않아 순식간에 너는 재나 유골이 될 것이며, 이름만, 아니 이름조차 남

지 않을 것이다. 이름은 공허한 소리나 메아리에 불과하다. (생략) (82면)

7-21 머지않아 너는 모든 것을 잊을 것이고, 머지않아 모두가 너를 잊을 것이다. (107면)

9-33 네가 보고 있는 모든 것은 곧 소멸할 것이다. 그것이 소멸하는 것을 보고 있는 자들도 역시 곧 소멸할 것이다. 그리하여 최고령까지 살다 간 사람이나 요절한 사람이나 같은 처지가 될 것이다. (151면)

살아있는 인간의 삼요소라고 해야할지 모르겠는데 육신, 호흡, 지배적 이성(각주에서 '지배적'이라는 말은 '전체를 지배하는'이라는 뜻이라고 한다)의 각각을 다소 상세하게 서술했다. 그런데 공통점은 '하찮다' 정도로 볼 수 있겠다. 육신은 촘촘한 조직이지만 대단한 것은 아니고 호흡은 공기일 뿐이고 지배적 이성도 그다지 믿을만한 정도는 아니라는 뜻으로 보인다. 인간의 위대성을 강조하지 않고 인간의 유한성, 존재의 가벼움에 주목한다.

없어짐과 잊힘에 대해서도 서술하고 있는데 인생이 유한하니 없어지는 것은 당연하다고 하겠고 '사람은 죽어 이름을 남긴다.'라는 잘 쓰이는 표현과 대비되어 죽어서 남기는 이름도 결국 잊힌다고 하고 있다. 이는 예를 어렵지 않게 찾을 수 있는데 조선의 역대 영의정이라면 상식적으로 당대 양반 사회에 모르는 사람이 없을 것이다. 그런데 현재 관점에서 보면 한국학 전공 연구자가 아니라면 처음 듣는 이름이 상당히 많다. 역대 로마제국 황제 등에 적용해도 비슷한 결과가 나올 것이다. 모든 이는 어차피 다 잊힐 존재라는 점을 생각하면 유명하다는 것에 대해 집착할 필요가 없음을 강조한다고 하겠다.

4-17 천년만년 살 것처럼 행동하지 마라. 죽음이 지척에 있다. 살아있는 동안, 할 수 있는 동안 선한 자가 되라. (54면)

6-24 마케도니아의 알렉산드로스나 그의 마부나 죽은 뒤에는 같은 처지가 되었

다. 두 사람 모두 똑같이 우주의 생식력이 있는 이성으로 환원되었거나 아니면 원자들로 해체되었다. (91면)

9-3 죽음을 멸시하지 말고, 죽음에 기뻐하라. 죽음도 자연이 원하는 것 가운데 하나이다. (생략) (142면)

10-36 (생략) 내가 그토록 애써주고 기도해주고 배려했던 동료들조차 내가 죽으면 자신이 좀 더 편안해질까 하고 내가 떠나기를 바라는 그런 세상을 나는 떠나고 있다. 그러니 누구든 더 오래 이곳에 머무르려고 아득아득 용을 쓸 까닭이 어디 있단 말인가? (생략) (173면)

인간의 본질적 약점은 죽음과 관련된다고 할 수 있다. 상태가 나빠지면 소멸되고 새로운 것이 태어나기 때문에 자연에 유익하다고 말하는 것으로 보인다. 유명한, 위대한 사람이라고 긴 세월 놓고 보면 죽음으로 똑같이 귀결될 뿐이라고 알렉산더대왕과 그의 마부의 예를 들었다. 당대 권력, 유명세로 놓고 보면 둘은 비교가 안 되지만 결국 이 둘은 '죽은 사람'일 뿐이다. 내 동료들조차도 마음속으로는 내 자리가 탐나거나 나의 시기심으로 죽기를 바라는 측면도 있다고 하고 있다. 짧은 인생에 선한 일을 하라고 권하고 있다.

(4) 혼과 이성

3-16 육신, 혼, 지성, 육신에는 감각이, 혼에는 충동이, 지성에는 원칙이 포함된다. (생략) (48면)

4-21 혼이 계속해서 존재한다면 아득히 먼 옛날부터 대기는 모든 혼을 어떻게 수용할까? (생략)

혼에 대해서 부정적으로 보는 듯하기도 하고 긍정적으로 보는 듯하기도 한데 인간의 충동적 성향이 혼의 특성에 있는 것처럼 사후에 혼이 계속 따로 존재하면 공기가 혼으로 가득 차게 되지 않을까 해서 일정한 공간을 차지하며 영원불멸할 것 생각을 부정적으로 바라본다고 하겠다.

4-3 사람들은 시골이나 바닷가, 또는 산속에서 자신을 위한 은신처를 찾는다. 너도 무엇보다 그런 것을 그리워하는 버릇이 있다. 그러나 이것이야말로 어리석기 짝이 없는 짓이다. 너는 원하기만 하면 언제든 저 자신 속으로 은둔할 수 있기 때문이다. 인간에게 자신의 혼보다 더 조용하고 한적한 은신처는 없다. (생략) (49~50면)

5-11 "지금 나는 내 혼을 어떤 목적에 쓰고 있는가?" 매사에 그렇게 자문해보고 다음과 같이 또 자신에게 물어보라. 사람들이 지배적 이성이라고 일컫는 나의 그 부분에서는 지금 어떤 일이 일어나고 있는가? 지금 나는 누구의 혼을 갖고 있는가? 어린아이의 혼인가? 소년의 혼인가? 여자의 혼인가? 폭군의 혼인가? 가축의 혼인가? 아니면 들짐승의 혼인가? (74면)

이러한 부분에서는 혼을 정신, 정신 상태 등의 개념으로 파악하는 것도 가능해 보인다. 정신을 잘 차리는 속에서 마음이 평화로울 수 있고 삶의 목적을 바르게 할 수 있다는 뜻으로 보인다.

5-27 (생략) 신성이란 바로 각자의 정신과 이성이다. (80면)

6-14 대중이 찬탄하는 것은 대부분 돌이나 목재나 무화과나무나 포도나무나 올리브나무처럼 자연적 응집력으로 결합되어 있는 가장 일반적인 것에 속한다. 좀 더 나은 자들은 소 떼나 양 떼처럼 혼으로 결합되어 있는 것에 찬탄을 보낸다. 한층 더 세련된 자들은 이성적 혼으로 결합되어 있는 것들을 찬탄해 마지않는다. (생략) (87면)

특별히 신분제 차별 등을 강조하지는 않지만 이성적인 것을 그렇지 않은 것보다 나은 것으로 파악하고 있는 것으로 보인다. 혼이 없는 것보다 혼이 있는 것이 우월하고 그보다 이성적 혼으로 결합되어 있는 것이 더 우월하다는 뜻으로 보인다. 이성이 신성이라고 하니 이성적으로 행동한다면 신의 성품을 이 세상에서 맞게 드러낸다고 할 수 있을 것이다.

(5) 삶의 태도

5-25 다른 사람이 내게 나쁜 짓을 한다고? 그것은 그가 알아서 할 일이다. 그에게는 나름대로의 기질과 행동방식이 있다. 나는 지금 보편적 자연이 내가 갖기를 원하는 바를 갖고 있으며, 내 본성이 지금 내가 행하기를 원하는 바를 행하고 있다. (79면)

7-1 악이란 무엇인가? 네가 자주 보아온 것이다. 그러니 무슨 일이 일어나든 그것은 네가 자주 보아온 것이라고 생각하라. (생략) (102면)

9-42 누군가의 몰염치한 행동에 기분이 상할 때마다 "세상에 몰염치한 자들이 존재하지 않는다는 것이 가능한 일인가?" 하고 너 자신에게 물어보라. 그것은 불가능한 일이다. 그렇다면 불가능한 것을 요구하지 마라. 이 사람도 반드시 세상에 존재해야 할 몰염치한 자들 가운데 한 명이기 때문이다. (154~155면)

12-26 네가 무엇인가를 불쾌히 여긴다면, 너는 첫째, 모든 일은 보편적 자연에 맞게 일어나며, 둘째, 잘못은 남에게 있으며, 셋째, 일어나는 모든 일은 늘 그렇게 일어났고, 일어날 것이며, 지금도 도처에서 그렇게 일어나고 있으며, 넷째, 개인과 전 인류의 관계가 얼마나 밀접한가를 잊고 있는 것이다. (생략) (199면)

다른 사람의 악한 모습을 보는 데에 대부분 피로감, 괴로움 등을 느낄 것이다. 그런데 그러한 악행이 다른 사람이 또 다른 사람에게 하는 것이 아니라 나에게 하는 것이라면 훨씬 더 괴로움은 클 것이다. 그런데 그러한 행동도 기질에 따른 것이라고 인정하면서 나 자신이 고통을 받지 않도록 생각하는 것을 권하는 것으로 보인다. 자주 보는 일인 만큼 늘 있는 일이라고 하고 있다.

> 3-4 공동체의 이익과 연관이 없다면 남들을 생각하느라 네 여생을 허비하지 마라. 이 사람 또는 저 사람은 무엇을 하고 있을까, 왜 그렇게 할까, 그는 무엇을 말하고 생각하고 노리는 걸까 등등과 같이 너 자신의 지배적인 이성을 가지고 가까이에서 관찰할 수 없는 그런 일들을 생각함으로써 네가 해야 하는 다른 일들을 하지 못하게 되기 때문이다. (41면)
>
> 6-7 항상 신을 생각하며 공동체적인 행동에서 또 다른 공동체적인 행동으로 나아가는 것, 이 한 가지를 낙으로 삼고 거기서 안식을 얻도록 하라. (85면)
>
> 6-30 황제 티를 내거나 궁정 생활에 물들지 않도록 조심하라. 그러기가 쉽기에 하는 말이다. (중략) 신들을 공경하고, 사람들을 구하라. 인생은 짧다. 지상의 삶에서 맺은 유일한 결실은 경건한 성품과 공동체를 위한 행동이다. (생략) (92면)
>
> 12-20 첫째, 목적 없이 무턱대고 행동하지 마라. 둘째, 공동체에 유의미한 것만을 네 행동 목표로 삼아라. (197면)

'공동체'라는 단어가 몇 군데 등장하는 데 다른 사람에 대해 관심을 갖는 제한이기도 하고 자신의 행동 기준이기도 하다. 공동체의 이익과 관련 있다면 다른 사람의 일에도 관심을 가질 수 있지만 그렇지 않다면 쓸데없이 관심을 가지면서 시간을 낭비하지 말라고 하는 뜻으로 보인다. 현재의 지위 등 당장 만족스러운 상황에 빠져 공동체를 위한 생각을 잊지 말아야 한다고 하고 있다. 공동체를 위한 목적의식 없이 함부로 행동하지 말라고 하는 것으로 보인다.

6-13 맛 좋은 요리나 그와 비슷한 다른 음식을 보고는 이것은 물고기의 사체이고 이것은 새나 돼지의 사체라고 생각하고, 팔레르누스산(産) 포도주를 보고는 이것은 포도송이의 액즙에 불과하다고 생각하고, (중략) 너도 평생 동안 이와 같은 방법으로써, 사물이 너무 믿음직해 보이거든 옷을 벗겨서 그것의 무가치함을 꿰뚫어보고 그것이 뻐기는 후광을 걷어내야 한다. (중략) (86면)

11-6 처음에 비극이 공연된 것은, 우리에게 세상에서 일어나는 갖가지 일을 인식시키고, 이러저러한 일은 본성상 이러저러하게 일어나게 마련이며, 우리가 무대 위에서 매력적이라고 여기는 일들이 인생이라는 더 큰 무대에서 실제로 일어난다 해도 괴로워해서는 안 된다는 것을 일깨우기 위해서였다. (생략) (177면)

현실 세계에 대한 인식을 보인다. 맛있는 음식, 포도주, 그리고 (길어서 생략한 부분도 언급하자면) 성적 쾌감 등은 실제로는 아무것도 아니라는 생각을 보인다. 감각적 쾌락은 아무리 좋다고 해도 대부분 순간적일 것이다. 인생도 짧다고 생각하는데 이러한 감각적 쾌락이야 너무나 짧다고 생각할 것이다. 그런 만큼 더욱 가치가 없다는 생각을 드러낸다고 하겠다. 그런 데에 만족, 행복이 있지 않다고 파악했다 하겠다. 그리고 비극 공연 거론을 통해 삶 속에 보이는 갖가지 모습에서 삶의 비극적 측면을 발견할 수 있다고 하겠다. 감각적 쾌락과 삶의 비극적 측면이 적어도 일부는 원인과 결과일 수도 있다.

9-13 오늘 나는 모든 방해에서 벗어났다. 아니, 모든 방해를 내던져버렸다. 왜냐하면 방해는 바깥에 있는 것이 아니라, 내 안에, 내 판단 안에 있기 때문이다. (146면)

11-7 철학을 하기에는 인생의 어떤 다른 상황보다도 지금 네가 놓여 있는 상황만큼 적합한 것이 없다는 것은 명명백백하지 않은가! (178면)

현실 세계에 대한 바른 마음 자세를 강조한다고 하겠는데 각종 방해 요소는 외부적이지 않고 내부적이라고 하여 외부 요인에 의해서 방해를 받는 것이 아니라 내부 요인에 의해서 방해를 받는다고 하니 문제의 본질은 내 마음에 있다는 주장으로 보인다. 당시를 철학 하기 좋은 상황으로 이해하고 있는데 딜레마논증 방식이라고 할 수 있다.

> 좋은 상황에서는 마음의 여유가 있어서 철학을 하기 좋다.
> 나쁜 상황에서는 절박하기 때문에 철학을 하기 좋다.
> 그러므로 어떤 상황에도 철학을 하기 좋다.

물론 이와 반대로 딜레마논증을 구성하는 것도 가능해 보인다.

> 좋은 상황에서는 현실이 만족스러워 철학을 하기 좋지 않다.
> 나쁜 상황에서는 당장 현실 문제 해결하느라 철학을 하기 좋지 않다.
> 그러므로 어떤 상황에도 철학을 하기 좋지 않다.

구체적으로 삶 속에서 좋을 수도 있고 나쁠 수도 있겠지만 저자는 어떤 상황이라도 철학하기 좋은 상황으로 받아들이는 것으로 보이고 또 실제로 그렇게 받아들였기 때문에 이러한 책을 후대에 남길 수 있었다고 생각한다.

요약해보자면 처음 소개하는 부분 외에 신과 우주/인간의 유한성과 죽음/혼과 이성/삶의 태도의 네 부분으로 정리해 보았다. 다른 기준을 통해 얼마든지 다양하게 정리할 수 있다. 아주 상세하게 할 수도 있고 또 지금 분류 항목을 더 통합할 수도 있을 것이다. 먼저 신과 우주, 그리고 이와 반대되는 인간을 들 수 있다. 신과 우주는 그 자체로 완벽하며 언제나 바르다고 하겠지만 인간은 바르지 않게 사는 모습을 자주 보인다. 나와 다르게 보이는 모습도 많다. 이런 잘못된, 또는 다른 모습을 보면서 적지 않이 고통을 받을 수 있다. 공동체에 관한 중요한 문제가 아닌 이상 굳이 개입하지 않아도 악의 벌은 스스로에게 돌아가니 너무 정신적인 고통을 받을 필요가 없다고 하고 있다. 아마 저자도 당대에 믿을 수 없는 신하, 장군, 전쟁을 벌이던 외국인 등에 대해서 이렇게 진심으로 생각했다면 삶의 정신적 고통을 줄일 수 있었다고 생각한다.

　인간은 또 자연, 우주에 비해서 너무나 미약해 보이고 또 짧게 산다고 할 수 있으니 아예 죽음이 부근에 있다고 가정하는 태도를 볼 수 있다. 철저하게 이러한 태도에 입각한다면 많은 사람이 생각하는 일반적 삶의 가치가 그다지 대단치 않게 보일 수 있다. 예를 들어 잠깐 사는데 좋은 집, 맛있는 음식, 비싼 옷과 보석 등이 큰 의미가 있다고 할 수 없다. 그렇다고 해서 어차피 죽을 것이라는 생각에 허무하다고 생각하고 감각적 욕망을 추구하는 데에 몰두하자는 것도 아니다. 오히려 짧은 인생이기 때문에 신, 자연, 우주의 법칙에 순응하며 공동체에 도움이 되는 일을 해야 한다고 하겠다. 저자 자신이 권력 투쟁을 통해 황제를 쟁취하거나 권력 투쟁을 통해 사람을 속이고 죽여 권력을 유지하려고 애쓰지 않은 것 같다. 주어진 황제에 자리에 공동체를 위해 최선을 다하며 설령 반란, 패전 등으로 황제에 자리에 쫓겨나 가난하게 살거나 죽는 상황에 놓이게 되더라도 이렇게 생각해왔다면 받아들일 수 있을 것이다.

　다른 사람에 대해 거리 두는 태도가 오늘날 기준으로 개인주의로 비칠 수 있다. 하지만 저자의 태도가 남이 고통 속에서 살더라도 나만 마음의 평화를 유지하면 그만이라는 극단화된 개인주의를 지향하는 것은 아닐 것이다. 현대인은 알게 모르게 남을 많이 의식하며 산다고 할 수 있다. 남이 인정해 주는 것을 바라고 내 성공이 남의 성공과 비교해 더 크기를 바란다. 그래서 경쟁심이 시기심이 되기도 하여 상대에게 상처를 주고 나에게 상처를 준다. 이러한 과도한 긴장은 저자의 이러한 태도를 자신의 상황에 맞게 적용하는 과정을 통해 극복하는 단초로 삼을 수 있다.

　인간을 미약한 존재로 보고 큰 질서를 지키는 데에 만족해야 하는지 감각적 욕망과 삶의 가치가 모두 가치가 없는 것인지, 또 저자의 생각을 어느 정도 존중한다고 해도 현대인도 그렇게 살 수 있는지 의문의 여지는 있다고 하겠다. 이것은 각자 이 책, 또는 관련 있는 책을 읽으면서 스스로 생각해 보고 감상을 써 보면 된다. 어쨌든 거의 이천 년 전 인물의 저서인데 독서를 통해 오늘날과 일부라도 접점을 찾을 수 있고 저자와 대화를 통해 마음의 평화를 찾아 더 행복해질 수 있는 계기로 삼을 수 있다.

연습문제

허목(許穆, 1595~1682), 『기언』(記言) 별집(別集) 14, <삭낭자전>(索囊子傳)을 읽고 감상을 적어보자.

완산(完山)에 거지가 그 이름을 물으면 모른다고 하고 그 성을 물어도 모른다고 하는데 혹은 홍(洪)으로 불렀다. 많이 먹을 수 있는데 배불리 먹지 않고 혹은 먹지 않아도 배고프지 않고 바람 불고 눈 오는데 나체로 춥지 않았다. 사람들이 그에게 옷을 주었으나 받지 않고 쌀을 구걸하여 먹는데 남은 것이 있으면 굶주리는 자에게 주었다. 일찍이 남과 더불어 살지 않았고 또한 일찍이 남과 더불어 말하지 않았다. 관사 아래에 묵었는데 고을 노인이 모두 거지가 처음 왔던 연대를 알지 못하는데 용모는 변하지 않았다. 혹은 삭낭자(索囊子)라고 불렀는데 새끼를 꼬아 주머니를 만들었기 때문이리라. (어디) 갈 때 메는데 다른 물건이 없었고 또한 이상한 일도 없었다. 종종 한양에 놀아도 사람들이 가고 오는 것을 알지 못했고 떨어진 옷과 나막신에 저자에 다니면서 구걸했다. 지금 정승 원공(元公, 원두표(元斗杓, 1593~1664))가 완산의 부윤(府尹)이 되어 마음으로 이상하다고 여겨 불러 대접하기를 심히 후하게 했는데 또한 사양하지 않았다. 그에게 음식을 주면 먹는데 그에게 말을 걸면 말하지 않았다. 하루아침에 간 곳을 모르는데 그 후 남쪽 지방에 큰 기근이 들었고 지금 오지 않은 지가 거의 십 년이라고 한다. 그 사람은 방외(方外, 세속을 벗어난 곳)에 노는 것 같은데 사물과 서로 다투지 않고 세상 잊기를 즐기고 그 흔적을 없애고 떠돌아다니며 얻어먹으니 토태(土駘, 미상)의 광인(狂人) 접여(接輿, 초(楚) 나라 시기 정치 문제로 벼슬하지 않고 고의로 미친 체한 인물)의 무리인가. 계묘년(癸卯年, 1663년) 정월 미수(眉叟, 허목의 호) 쓰다.

· **도움말**

도가적(道家的) 인물의 이야기라고 하겠다. 작품 속에 등장하는 인물은 신분은 알 수 없는데 이름조차 말하지 않는 것을 보면 혹시 이름을 말했을 때 알아보는 사람이 있을까 봐 그렇게 행동했을 수도 있을 것 같다. 다소 기이해 보이기도 하는 행동 외에 자기 나름대로 확실한 행동의 기준이 있는 것 같기도 하다. 다양한 각도에서 살펴볼 수 있는 글인데 마음의 평화 관점에서도 살펴볼 수 있다.

4. 사회와 논술

4.1. 이상적 정치와 현실적 정치

정치를 과정에 따라 이상적 정치와 현실적 정치로 분류할 수 있다. 동아시아에서 먼저 군주부터 자기 수양을 하는 것에서 시작해서 모든 백성에게 이르는 것을 목표로 했고 서유럽에서도 종교적 이상 실현을 생각하던 시대를 지나 현실적 정치의 중요성을 강조하기도 했다. 이 둘을 비교 검토해보자. 전자의 예로 이이(李珥, 1536~1584)의 『동호문답』(東湖問答), 후자의 예로 니콜로 마키아벨리(Niccolò Machiavelli, 1469~1527)의 『군주론』을 들어본다. 안외순 옮김, 『동호문답』(책세상, 2005)과 강정인 외 옮김, 제4판 『군주론』(까치, 2015)을 이용했다. 각각의 목차는 다음과 같다. 『군주론』의 원래 목차는 장으로만 나뉘어 있고 구체적인 소제목이 붙어 있지 않았는데 번역자가 붙였다. 『동호문답』은 장별로 한문으로 소제목이 붙어 있다.

> 헌정사 니콜로 마키아벨리가 로렌초 데 메디치 전하께 올리는 글
> 제1장 군주국의 종류와 그 획득 방법들
> 제2장 세습 군주국
> 제3장 복합 군주국
> 제4장 알렉산드로스 대왕이 정복했던 다리우스 왕국에서는 대왕이 죽은 후 왜 백성들이 그의 후계자들에게 반역을 일으키지 않았는가
> 제5장 점령되기 이전에 자신들의 법에 따라서 살아온 도시나 군주국을 다스리는 방법
> 제6장 자신의 무력과 역량에 의해서 얻게 된 신생 군주국

제7장 타인의 무력과 호의로 얻게 된 신생 군주국
제8장 사악한 방법을 사용하여 군주가 된 인물들
제9장 시민형 군주국
제10장 군주국의 국력은 어떻게 측정되어야 하는가
제11장 교회형 군주국
제12장 군대의 다양한 종류와 용병
제13장 원군, 혼성군, 자국군
제14장 군주는 군무에 관해서 어떻게 처신해야 하는가
제15장 사람들이, 특히 군주가 칭송받거나 비난받는 일들
제16장 관후함과 인색함
제17장 잔혹함과 인자함, 그리고 사랑을 느끼게 하는 것과 두려움을 느끼게 하는 것 중 어느 편이 더 나은가
제18장 군주는 어디까지 약속을 지켜야 하는가
제19장 경멸과 미움은 어떻게 피해야 하는가
제20장 요새 구축 등 군주들이 일상적으로 하는 많은 일들은 과연 유용한가 아니면 유해한가
제21장 군주는 명성을 얻기 위해서 어떻게 처신해야 하는가
제22장 군주의 측근 신하들
제23장 아첨꾼을 어떻게 피할 것인가
제24장 어떻게 해서 이탈리아의 군주들은 나라를 잃게 되었는가
제25장 운명은 인간사에 얼마나 많은 힘을 행사하는가, 그리고 인간은 어떻게 운명에 대처해야 하는가
제26장 야만족의 지배로부터 이탈리아의 해방을 위한 호소

제목 위주의 간단한 표현으로 군주국, 군대, 통치술, 이탈리아 해방 정도로 정리해 볼 수 있다. 군주국의 종류를 나열하고 국가의 안정된 운영을 위해서 자국군이 필요함을 강조하고 국가 관리를 위해 요구되는 통치술을 논하고 외세의 간섭에서 벗어나 당

시 새로 복귀한 메디치 가문의 피렌체 공화국의 번영을 기원하고 있다고 하겠다.

제1장 군주의 길을 논하다[論君道]
제2장 신하의 길을 논하다[論臣道]
제3장 좋은 군주와 좋은 신하가 만나기 어려움에 대해 논하다[論君臣相得之難]
제4장 우리나라에서 도학이 행해지지 않음에 대해 논하다[論東方道學不行]
제5장 우리 조정이 옛 도를 회복하지 못함에 대해 논하다[論我朝古道不復]
제6장 금일의 시대 정세를 논하다[論當今之時勢]
제7장 무실(務實)이 수기(修己)의 요체임을 논하다[論務實爲修己之要]
제8장 간인(姦人)의 판별이 용현(用賢)의 요체임을 논하다[論辨姦爲用賢之要]
제9장 안민정책을 논하다[論安民之術]
제10장 교육정책을 논하다[論教人之術]
제11장 정명(正名)이 정치의 근본임을 논하다[論正名爲治道之本]

정리해 보자면, 군주와 신하에 대해 각각 논하고 군주와 신하가 서로 잘 만나기 어려움을 논하고 당시까지 도학이 행해지지 못했으며 당시 조선이 건국 초기의 상태를 회복하지 못했다고 하고 당시의 문제를 인정하면서도 변화를 인정하면서 먼저 군주가 자신을 닦아 개혁을 시작하며 간신을 구별하여 간신이 등용되지 못하게 하며 정치를 바로잡아 백성을 편안하게 하고 전국적으로 인재교육 기반 확립에 힘써야 한다고 하며 무엇보다 대의명분을 바르게 해야 한다고 하겠다.

저자에 대해서 간단히 비교 검토해보자면 먼저 니콜로 마키아벨리는 이탈리아 르네상스 시기이면서도 동시에 정치적으로는 분열 및 혼란의 시기에 살았다고 하겠다. 통일 국가가 없어서 중부는 교황령, 남부는 나폴리 왕국 북부는 여러 나라 등으로 분열되어 있었고 피렌체에 프랑스군이 침입하기도 했다. 1498년 공화정 시기에 정치에 참여해 외교 등 업무를 수행했는데 1512년 에스파냐군의 침입으로 공화정이 붕괴되어 메디치 가문 왕정이 회복되자 공직에서 쫓겨나고 반역죄로 투옥되기도 했다. 1513년 정치에 복귀할 목적으로 『군주론』을 저술했으며 1516년 군주에게 헌정했으나 당시 군주 로렌초 데 메디치는 별로 관심을 보이지 않았다. 이후에 1526년 요새 방어를 목적으로 한 5인 위원회 위원장으로 활동하기도 했지만 대체로 저술을 하면서 생을 보냈다. 1527년 에스파냐군이 로마를 점령하고 독일 에스파냐 연합군이 피렌체를 점령하고 메디치 가문 왕정이 무너지고 마키아벨리는 사망했다.

이이는 권신(權臣)들이 정치를 좌우하던 시기에서 벗어나 사림의 활동이 활발해지다가 사림 내부의 분열이 시작하여 동서분당(東西分黨) 이후 사림 내부 갈등이 심화되는 시기에 살았다고 하겠다. 강릉에서 신사임당(申師任堂, 1504~1551)의 아들로 태어났으며 16세 신사임당 사망 이후로 한동안 불교를 공부하기도 했다. 응시한 과거 아홉 번에 모두 장원하여 구도장원공(九度壯元公)이라고 칭해졌다. 1565년 문정왕후(文定王后, 1501~1565)의 사망과 권신 윤원형(尹元衡, ?~1565)의 실각 이후 여러 차례 사화를 거치며 약화되었던 사림 세력이 등용되어 과거 악습을 없애고 유교적 통치를 강화할 수 있는 시기에 이른 것으로 판단한 것 같다. 1569년 우수 인재에게 유급휴가를 주어 학문에 전념하게 하는 사가독서(賜暇讀書)를 동호독서당(東湖讀書堂)에서 하면서 지어서 선조(宣祖, 1552~1608)에게 바쳤다. 이후에도 여러 관직을 역임하고 여러 저술을 하고 1583년 <시무육조>(時務六條)를 올려 십만양병설을 주장했으며 1584년 사망했다.

마키아벨리와 이이 모두 이전 시기의 정치적 문제가 해소되어 이제부터 개혁을 시도하여 더 좋은 나라가 될 기회를 맞이했다고 판단한 것 같다. 군주국 정치체제에 있는 만큼 군주에게 자신의 개선안을 전달해서 부강한 나라가 되게 하려고 의도하여 저술했다는 점에서 공통점이 있다고 하겠다. 종교의 가치와 위상에 대해 견해 차이가 있어 보이지만 종교적 원리에 입각한 정치가 아닌 순수 정치적 차원에서 서술을 진행하고 있다는 점도 같다.

분류의 방식을 통하여 글쓰기를 시작하고 있다. 『군주론』에서 헌사 다음의 1장은 다음과 같이 시작한다.

> 인간에 대해서 지배력을 가졌거나 가지고 있는 모든 국가(stato)나 모든 통치체(dominio)는 공화국 아니면 군주국입니다. 군주국들은 (통치자가 오랫동안 같은 가문으로부터 내려오는) 세습 군주국이거나 신생 군주국입니다. 신생 군주국은 (프란체

> 스코 스포르차가 통치하는 밀라노처럼) 전적으로 새롭게 탄생한 군주국이거나 (스페인 왕이 통치하는 나폴리 왕국처럼) 기왕의 세습 군주국의 군주에게 정복당하여 그 일부로 새로 편입된 군주국입니다. 그런데 이런 식으로 편입된 영토에는 군주 통치하에서 사는 데에 익숙한 곳들과 그렇지 않고 자유롭게 사는 데에 익숙한 곳들이 있습니다. 그리고 그러한 영토를 획득하는 방법에는 타인의 무력을 이용하는 경우와 자신의 무력을 사용하는 경우가 있으며, 운명(fortuna)에 의한 경우와 역량(virtú)에 의한 경우가 있습니다. (15~16면)

어느 시대 어느 지역이나 세부적으로 통치 체제를 분류한다면 여러 기준이 적용되는 복잡한 일이 될 것인데 먼저 주권이 어디에 있느냐에 따라 공화국과 군주국으로 분류했다. 따지고 보면 공화국도 세부적으로 복잡한 양상을 띨 수 있겠지만 공화국의 세부 양상에 대해서는 상술하지 않았고 이후의 서술에 대부분 군주국의 유형을 다뤘다. 어느 정도 지속성을 갖는 군주국과 비교적 새로 만들어진 군주국을 나누고 새로 만들어진 군주국은 다시 단순히 새로 만들어진 군주국과 병합된 군주국으로 나눴다. 병합된 군주국은 다시 군대에 힘에 의하거나 운명 또는 호의 등으로 분류했다.

한 번 분류하고 난 다음에 다시 분류하고 다시 분류하는 방식을 통해 세부적으로 여러 유형으로 분류했다. 제4장에서 관리를 파견하여 다스리는 중앙집권적 직할 통치와 영주를 이용한 봉건제 통치의 지방 분권적 간접 통치로 나누고 전자의 예로 투르크를 들고 그러한 국가는 정복하기 어려워도 다스리기는 쉽고 후자의 예로 프랑스를 들고 그러한 국가는 정복하기는 쉬워도 다스리기는 어렵다고 했다. 당시 세상에 존재하는 다양한 정치체제를 들고 효과적인 통치 방법을 거론한다. 이렇게 제11장까지 다양한 종류와 각각의 통치 성공 비결에 대해 서술했다. 『동호문답』 제1장의 분류가 적용된 예를 확인할 수 있다.

> 군주[人君]의 재능과 지혜가 출중하여 뛰어난 영재들을 잘 임용할 수 있으면 치세가 될 것이고, 비록 군주의 재능과 지혜가 모자란다 하더라도 현자를 임용할 수가 있으면 치세가 될 것이오. 바로 이것이 치세가 되는 두 가지 경우라오. 그러나

군주가 [재능과 지혜가 출중할지라도] 자신의 총명만을 믿고 신하들을 불신한다면 난세가 되지요. 또 군주가 [재능과 지혜가 부족하여] 간사한 자의 말만을 편중되게 믿어 [자신의] 귀와 눈을 가린다면 난세가 되지요. 바로 이것이 난세가 되는 두 가지 경우라오.

그런데 이 두 가지 치세는 다시 두 차원으로 나누어진다오. 인의(仁義)의 도(道)를 몸소 실천하고, 남에게 차마 어쩌지 못하는 정치[不忍人之政: 인정(仁政)]를 행함으로써 천리(天理)의 바름을 지극히 하는 것은 왕도정치[王道]이고, 인의의 이름만 빌리는 정치를 행하여 권모술수로 공리(功利)의 사익만 채우는 것은 패도정치[覇道]라오.

나아가 두 가지 난세에는 세 차원이 있소. 속으로는 많은 욕심 때문에 마음이 흔들리고 밖으로는 유혹에 빠져서 백성들의 힘을 모두 박탈하여 자기 일신만을 받들고 신하의 진실한 충고를 배척하면서 자기만 성스러운 체하다가 자멸하는 자[군주]는 폭군(暴君)의 경우이지요. 정치를 잘해보려는 뜻은 가지고 있으나 간사한 이를 분별하는 총명함이 없는 탓에 신뢰하는 자들이 어질지 못하고 등용한 관리들이 재주가 없어서 [나라를] 망치는 자는 혼군(昏君)의 경우이지요. 심지가 나약하여 뜻이 굳지 못하고, 우유부단하여 구습만 고식적으로 따르다가 나날이 쇠퇴하고 미약해지는 자는 용군(庸君)이지요. (15~16면)

원문에 특별히 문단 나눔이 되어있는 것은 아니고 번역자가 이해를 돕기 위해 했고 제목에 '문답'이라는 말이 들어있는 것처럼 실제 대화는 아니지만 대화를 하는 것처럼 묻고 답하는 방식으로 구성되어 있다. 번역자가 문답체의 문체를 사용했다고 하겠다. 먼저 첫 번째 문단에서는 태평한 세상을 가리키는 치세와 혼란한 세상을 가리키는 난세에 대해서 교차분류하고 있다고 하겠다. 일단 도표를 만들어본다.

	뛰어난 신하	부족한 신하
뛰어난 군주	치세	난세
부족한 군주	치세	난세

뛰어난 군주와 부족한 신하의 항목은 원문을 잘 살펴보면 신하가 뛰어나도 믿지 않거나 아예 처음부터 간신을 가까이하는 것의 두 종류로 추가로 세분화되어 있기 때문에 이렇게 도표로 정리하는 것이 완전히 들어맞는 것은 아니다. 그렇다면 신하를 처음부터 분류해서 도표를 새로 만들면 보다 글의 내용이 충분히 담길 수 있겠지만 그렇다면 아홉 칸이 필요해져서 빈칸이 생길 가능성도 있어서 총 네 칸의 교차분류로도 어느 정도 충분해 보인다.

이렇게 네 칸으로 교차분류하고 보니 흔히 볼 수 있는 교차분류 결과와는 거리가 있어 보인다. 상식적으로 군주도 뛰어나고 신하도 뛰어나면 치세가 될 것이고 군주도 부족하고 신하도 부족하면 난세가 될 것이다. 군주 개인적으로는 훌륭하다고 해도 훌륭한 신하를 무시하거나 간신을 등용하면 난세가 된다고 했다. 비록 세부적으로는 두 가지지만 묶어서 볼 수도 있는데 신하들이 제대로 활동할 수 없는 상황이라고 하겠다. 군주가 비록 부족해도 뛰어난 신하가 있으면 치세가 된다고 했다. 군주가 개인적으로는 부족하다고 하더라도 뛰어난 신하를 등용하면 치세가 된다고 하니 군주 개인적 능력보다 신하의 능력에 더 초점을 맞추었다고 하겠으며 결국 이이가 생각하는 중요한 변수는 신하인가 하는 생각이 있다.

이러한 분류 체계를 접하면서 이런 의문이 들 수도 있다. 자신의 총명함을 믿고 신하를 잘 등용하지 않거나 간신을 알아보지 못해서 등용하면 과연 진정한 의미의 총명한 군주라 할 수 있는가 하는 것과 능력이 부족한 군주라도 훌륭한 신하를 발탁할 수 있다면 진정한 의미의 부족한 군주라고 할 수 있는가 하는 의문이다. 어쨌든 신하가 더 중요하다는 것은 윗글에서 드러나는 생각이라고 하겠다. 이와 유사한 생각은 『군주론』에도 보인다.

대신(ministro)을 선임하는 일은 군주에게 중차대한 문제입니다. 그들이 훌륭한가 어떤가는 군주의 지혜에 달려 있습니다. 군주의 지적 능력을 알기 위해서는 우선 그 주변의 인물들을 살펴볼 필요가 있습니다. 만약 그들이 유능하고 충성스럽다면, 군주는 항상 현명하다고 사료됩니다. 왜냐하면 군주가 그들의 능력을 파악하고 충성심을 유지할 수 있는 능력이 있다고 판단되기 때문입니다. 만약 그들이

> 보통 인간들이며 불충분하다면, 군주는 항상 낮게 평가될 것입니다. 군주가 저지른 첫 번째 실수가 바로 그들을 선임한 것이기 때문입니다. (159면)

대신의 선택이 제일 중요한 일이라고까지 하지는 않았지만 매우 중요한 일이며 어떤 대신이 군주 주변에 있음을 통해 그 군주를 미루어 짐작할 수 있다는 뜻으로 보인다. 군주 자신의 총명함이 별로 강조되지 않았다. 어떤 사람을 쓰는 것을 통해 군주가 평가된다고 했으니 신하가 중요하다고 한 점에서는 『동호문답』과 같다고 하겠다.

치세와 난세를 정리하고 치세는 둘로 난세는 셋으로 다시 분류했는데 인의로 다스려 이루어진 치세는 왕도정치라고 하고 권모술수 등으로 다스려 이루어지는 치세는 패도정치라고 했다. 치세가 중요하기는 하지만 어쨌든 치세만으로 만족할 수 없고 특히 왕도정치여야 함을 볼 수 있다. 이후에 왕도정치를 강조하지 않을까 예상하게 한다.

다음으로 난세의 군주에 대해 세 종류로 분류했는데 분류의 기준을 생각하게 한다. 폭군, 혼군, 용군의 셋인데 자신만을 믿고 신하를 배척하면 폭군, 간신이나 부족한 신하를 등용하면 혼군, 구습만 지키려 하면 용군이라고 했다. 세 항목을 일관성 있게 정리할 수 있는 기준을 찾기는 쉬워 보이지 않는다. 다만 각각의 반대를 가정해보면 훌륭한 군주의 조건은 확인된다고 하겠는데 신하의 말을 잘 받아들이고 신하를 잘 등용하고 현실을 개선하려고 해야 한다는 것을 강조하는 것으로 보인다. 이렇게 두 문헌 모두 분류의 방식이 초반부터 사용되는데 이를 통해 논의의 심화가 이루어진다고 하겠다.

다음으로 국방 문제에 관해서도 유사점이 발견된다고 하겠다. 『동호문답』은 국방 문제를 주로 다룬 문헌이 아니라 국방 문제에 관한 서술은 별로 없다. 유명한 '십만양병설'은 별도의 상소문에서 다뤄졌다고 한다. 『군주론』에서는 몇 장에 걸쳐 군대에 관해 거론했다. 두 문헌의 일부를 차례로 들어본다.

> **손님** 지방 출신 교생(校生, 향교의 유생: 필자 주) 가운데는 글자 하나 모르는 사람도 많은데, 이들을 어떻게 처리해야 합니까?

주인 여러 군읍의 유생에는 모두 정원이 있소. 정원 이내의 유생은 쫓아내기 어려울 것이나 젊은이들을 찾아서 보충하고 나이가 많은데도 재주가 없는 자는 도태시켜야 하오. 정원 이외의 유생 가운데 교육하기에 적당하지 못한 자는 모두 군인에 보충하는 것이 좋을 것이오.

손님 지방의 이른바 업유(業儒)라고 하는 자들은 어떻게 하여야 합니까?

주인 이들 가운데 교육할 만한 자는 선발하여 모두 향교에 소속시키고 가망이 없는 자는 도태시켜 모두 군인으로 충당하는 것이 좋겠지요. (93~94면)

원군은 그 자체로서는 유능하고 효과적이지만, 원군에 의지하는 자에게는 거의 항상 유해한 결과를 가져다줍니다. 왜냐하면 그들이 패배하면 당신은 몰락할 것이고, 그들이 승리하면 당신은 그들의 처분에 맡겨지기 때문입니다. (97면)

요컨대 용병의 경우에는 그들의 비겁함이나 전투를 기피하는 태도가 위험하고, 원군의 경우에는 그들의 능숙함과 용맹(virtú)이 위험합니다.

따라서 현명한 군주는 항상 이런 군대를 이용하는 것을 피하고 자신의 군대를 양성합니다. 그들은 외국 군대를 이용하여 정복하는 것보다는 차라리 자신의 군대로 패배하는 것을 택합니다. 외국 군대를 이용하여 얻은 승리를 진정한 승리로 평가하지 않기 때문입니다. (99면)

이처럼 프랑스 군은 일부는 용병으로, 일부는 자국군으로 구성된 혼성군의 성격을 가졌습니다. 그러한 혼성군은 순수한 원군이나 용병보다 훨씬 더 낫지만, 순수한 자국군에는 비할 바가 못 됩니다. 저는 위의 사례로써 충분하다고 생각합니다. 왜냐하면 샤를 왕이 만들어놓은 군제가 발전했거나 적어도 그대로 유지되었더라면, 프랑스 왕국은 무적이 되었을 것이기 때문입니다. (102면)

『동호문답』의 문답 형식으로 인용된 부분을 보면 당대에 특히 지방에 유학 교육의 문제가 있었음을 짐작하게 한다. 향교에 등록되어 있는 학생인데 글자도 모르는 경우가 있고 업유라고 하여(직역하면 유학을 업으로 삼고 있다는 뜻인데 서얼을 가리키는 뜻으로도 사용되었다고 한다) 사실상 병역에서 빠지려고 하는 목적으로 악용되고 있음을 지적한 것으로 보인다. 이이는 이에 대한 해결책으로 좀 심하다고 느껴질 수도 있겠지만 유학 공부로 성공 가능성이 없다면 병역 의무를 지게 해야 한다고 했다.

『군주론』 제13장에서 원군과 용병, 혼성군, 자국군을 거론하는데 가짓수로는 넷인데 실제로는 세 종류라고 하겠다. 남의 군대, 혼성 군대, 우리 군대의 셋이다. 원군이든 용병이든 남의 군대는 본질적으로 배신 등의 문제점이 있고 혼성 군대는 좀 낫다고 하겠으나 역시 문제가 있으며 자국 군대가 최고라는 주장이다. 마키아벨리 생존 당시에 자국 군대를 양성하는 것이 아주 일반화된 것은 아닌 것으로 보인다. 모두 자국 군대가 안정적으로 운영되어야 함을 강조했다고 하겠다.

손님 올바른 사람은 사악한 사람을 '나쁘다'고 할 것이고, 사악한 사람은 올바른 사람을 '나쁘다'고 할 것인데, 무슨 방법으로 판별할 수 있습니까?

주인 그것은 어렵지 않소. 군자가 소인을 공격할 때는 말이 순하고 사리가 곧지만 소인이 군자를 공격할 때에는 말이 어렵고 사리가 곧지 못한 법이지요. 소인이 저지르는 해악은 분명하게 알아볼 수 있으니 어떤 이는 물질적 이익을 추구하여 비루하고 어떤 이는 윤리에 어긋나며, 어떤 이는 사익에 얽매여 공익을 외면하고 어떤 이는 현자를 해코지하여 나라를 병들게 하여 그 과오와 죄악이 심하여 일일이 열거할 수 없으나 큰 요체는 모두 드러나기 마련이어서 지적하거나 말하기 어렵지 않소. (중략)

만약 주상께서 격물치지하여 천리(天理)를 궁구하신다면 저 소인배들의 정상은 미세한 부분까지 모두 밝혀질 것이고, 선한 이를 좋아하고 악한 이를 싫어해서 그 마음을 공정하게 하신다면 군자의 진언이 주상의 마음에 부합하지 않는 상황은 없을 것이오. 그러므로 간사한 이를 판별하는 데는 이치를 궁구하는 것보다 더 좋은 것이 없고, 현인을 알아보는 데는 공정한 마음보다 더 좋은 것이 없겠지요. 그리고 이치를 궁구하고 마음을 공변되게 하는 것은 과욕(寡慾)으로써 근본을 삼아야 하지요. (69~70면)

당신 자신을 아첨으로부터 보호하는 유일한 방법은 진실을 듣더라도 당신이 결코 화를 내지 않는다는 것을 널리 알리는 것입니다. 그러나 누구든지 당신에게 솔직하게 말할 수 있다면, 당신에 대한 존경은 순식간에 사라지고 말 것입니다.

따라서 현명한 군주는 제3의 방도를 따라야 하는데, 자신의 나라에서 사려 깊은 사람들을 선임하여 그들에게만 솔직하게 말할 수 있도록 허용하되, 그것도 군주가 요구할 때만 허용해야지 아무 때나 허용해서는 안 됩니다. 그러나 군주는 그들에게 모든 일에 관해서 묻고, 주의 깊게 그들의 견해에 귀를 기울이고, 그 뒤에 자신의 방식에 따라서 스스로 결정을 내려야 합니다. 나아가서 군주는 그의 조언자들의 말이 솔직하면 할수록 더욱더 그들의 말이 잘 받아들여진다고 믿게끔 처신해야 합니다. 군주는 그가 선임한 사람을 제외하고는 다른 누구의 말에도 귀를 기울여서는 안 되고, 그의 목표를 확고하게 추구하며, 그가 내린 결정에 관해서 동요해서는 안 됩니다. 이처럼 처신하지 않는 군주는 아첨꾼들 사이에서 몰락하거나 아니면 그에게 주어지는 상반된 조언 때문에 결정을 자주 바꾸게 됩니다. 그 결과 그는 존경을 받지 못하게 됩니다. (163면)

두 문헌에서 비록 표현은 다르지만 소인배, 아첨꾼 등 군주의 좋은 정치에 방해가 되는 사람들에 대해 다루고 있다. 상식적으로 군주 앞에서 어떤 신하든 자신은 이익을 좇고 나라보다 자기와 집안의 발전에 관심 있다고 말할 리는 없고 자신은 충성스럽고 국가 발전에만 관심이 있다는 식으로 말할 것이다. 그러니 말만 갖고는 충성스러운 신하인지 아닌지 알기 어렵다고 해야 할 것이다. 그런 만큼 두 문헌 모두 군주는 그러한 소인배, 아첨꾼이 있는 현실에 어떻게 대응해야 할지를 다루고 있다.

먼저 『동호문답』에서 문답의 형식을 통해 누구나 하는 말이 비슷한데 어떻게 소인배를 구별하겠느냐 질문에 아주 쉽다고 말한다. 소인이 군자를 공격할 때 말이 어렵고 사리가 곧지 못한 법이라고 한 데서 어느 정도 엿볼 수 있다고 생각한다. 아마도 소인이 군자를 공격하는 말은 말이 그럴듯하고 현란한데 잘 살펴보면 이치에 닿지 않는다는 뜻으로 보인다. 즉 듣는 군주가 수준이 있다면 구별할 수 있으리라는 의미로 보인다. 이후에 길게 서술하고 있어서 인용하지 않고 생략했는데 소인이 군자를 공격하고 군주를 현혹하는 경우에 주로 쓰는 표현을 거론한다. 즉, 소인들이 주로 쓰는 주장이 있으니 그러한 주장만으로도 판단이 어느 정도 가능하다고 하고 있다.

『군주론』에서는 『동호문답』에서처럼 상세히 신하를 구별하는 방법을 소개하고 있지는 않다. 군주가 진실을 듣더라도 화내지 않는다는 것을 널리 알려야 한다고 하는 것이 소개된 거의 유일한 방법이라고 하겠는데 상식적으로 봐도 충고든 조언이든 좀 듣기 거북할 때 화를 낸다면 앞으로 신하들이 진심 어린 말이라고 하더라도 군주 앞에서 하기 어려워질 것이고 군주의 화내는 태도가 반복된다면 신하의 그런 발언이 더 줄어들 수밖에 없고 결국 군주가 듣게 되는 말은 아첨꾼의 듣기 좋은 말 위주가 될 것이다. 그러한 것을 우려한 것으로 보인다. 반대로 비록 군주가 좀 듣기 거북하지만, 진심 어린 이야기가 전달되어 아첨꾼의 설 공간을 최대한 없애게 하는 의사소통 방식을 제안하는 것으로 보인다.

이렇게 유사점이 보이는데 다른 점도 보인다. 『동호문답』에서 군주가 성리학적인 이치를 탐구하면 저절로 안목이 생겨서 소인배를 잘 구별할 것이라고 하는데 『군주론』에서는 특별히 군주에게 강조되는 학문 또는 수양은 소개되지 않는다. 좋은 통치를 하기 위해 군주에게 근본적으로 요구되는 것이 군주의 도덕성인가 통치술인가 하는 관점의 차이에서 기인한 것으로 보인다.

주인 (중략) 그러나 지금 군주께서는 오직 경연에서만 어진 선비를 응대하시는 데다가 그나마 예가 엄하고 말씀을 간단하게 하셔서 신하들이 떼 지어 줄 맞춰 앞으로 나아갔다가 물러나오는 식이오. 그 결과 신하들의 뜻이 모두 주상께 전달되기는 어려울 상황이니 밝은 성상이실지라도 어찌 모든 상황을 살필 수 있겠소. 이와 같이 지난날의 전철만 되풀이하여 헛되이 형식만 일삼는다면 주상께서는 여러 신하들의 어질고 어질지 못함을 끝내 살피지 못할 것입니다. 그러니 어찌 적임자를 얻어서 정치를 할 수 있겠소. (66면)

군주는 항상 조언을 들어야 하지만, 남이 원할 때가 아니라, 자신이 원할 때 들어야 합니다. 오히려 요구하지 않았는데도 누군가가 조언을 하려고 하면, 저지해야 합니다. 그렇지만 그는 정보와 의견을 구하고 자신이 제기한 사안에 관한 솔직한 견해에 참을성 있게 귀를 기울이는 자세가 되어 있어야 합니다. 반면에 누군가가 무슨 이유에서건 침묵을 지킨다는 사실을 알게 되면, 그는 노여움을 표시해야 합니다. (중략)

그러나 현명하지 못한 군주가 여러 사람들로부터 조언을 받게 되면, 그는 항상 상충하는 조언들을 듣게 될 뿐만 아니라, 그런 다양한 조언들을 스스로 조정할 줄도 모를 것입니다. 왜냐하면 그의 조언자들은 모두 자신들의 이해관계를 항상 우선할 것이기 때문입니다. 그는 이러한 현상을 이해하지도 못할 것이고, 바로 잡을 수도 없을 것입니다. 그리고 인간이란 어떤 필연에 의해서 선한 행동을 강요받지 않는 한, 군주에게 악행을 저지르기 때문에, 이러한 결과는 불가피합니다. (164~165면)

군주가 신하로부터 조언을 얻는 데 대한 부분의 인용이다. 『군주론』에서는 앞에 인용된 부분에서도 나오는데 약간 겹치는 내용이기도 한데 좀 뒷부분을 인용해서 『동호문답』의 인용된 부분과 비교해본다. 먼저 『동호문답』에서 군주가 조언을 더 많이 들어야 한다고 하고 있다. 경연(經筵)을 언급하는데 경연이란 임금 앞에서 유학 경서를 강론하는 제도인데 선조가 경연에 열정적으로 참여하지는 않았던 것으로 보인다. 제도가 형식적으로 운영되어서 불만이라는 것처럼 보인다.

경연에서만 어진 선비를 응대한다는 표현을 보면 두 가지를 볼 수 있는데 하나는 성리학적 학문이 뛰어난 선비를 어진 선비로 규정한 것이 아닌가 하는 것이고 다른 하나는 경연 자리 외에는 별로 그러한 선비를 만나지 않은 것 같다는 것이다. 이러한 상황이 계속된다면 인재를 얻는 데도 문제가 될 것이라고 파악한 듯하다. 어쨌든 듣기 좋던, 싫던 성리학적 학문적 수준 높은 신하를 자주, 많이 만나야 한다고 하고 있다.

『군주론』에서도 일단 항상 들으려고 하는 자세가 중요하다고 하는 점에서는 『동호문답』과 같다고 하겠다. 하지만 여기에는 제한이 있다는 점이 다르다. 먼저 언제나 조언을 듣는 것이 아니라 군주 자신이 필요할 때 들어야 한다고 하고 있다. 특정 사안에 대한 상반된 조언에 대해 언급하는 것을 보면 많은 경우에 조언은 상반될 수밖에 없으니 조언으로 인해 오히려 판단하기에 어려운 측면이 있다는 주장으로 보인다. 원하는 때에만 조언을 들으라는 말은 정말로 판단하기 어려울 때 조언을 들으라는 말로 추정된다.

조언자들은 모두 자기 이해관계를 우선적으로 생각한다고 하고 인간이란 충성심이 항상 상대적, 제한적일 뿐이라고 해서 인간의 일반적인 한계에 주목하며 그다지 크게 기대할 것이 없으며 그러한 생각이 확장되면 조언자 신하들이라고 해도 같을 것이라는 방식의 생각을 보여주고 있다고 하겠다. 누구든 한계가 있다는 데에 주목한다면 누구의 조언이든 매우 중요하게 생각할 필요가 없을 것이다. 군주가 훌륭하다면 본래 훌륭한 것이지 조언을 통해 훌륭해지는 것이 아니라는 생각을 통해서 조언의 가치를 제한적으로만 인정한다고 하겠다.

조언의 중요성을 원칙적으로 인정하는 데에는 같다고 하겠으나 강조점은 다르다고 정리해 볼 수 있겠다. 『동호문답』에서 성리학적 학문 수준 높은 어진 신하와 자주, 많이 만나서 조언을 많이 듣고 직접 학문 도야도 많이 해야 한다고 하는데 『군주론』에서는 어차피 누구든 이익을 생각하게 마련이고 충성심도 제한적일 수밖에 없으니 너무 큰 기대를 하지 말고 군주 자신이 필요한 때 듣는 정도면 충분하다고 하고 있다. 신하의 조언으로 군주를 더 좋게 바꿀 수 있다는 생각과 신하의 조언은 제한적이고 군주를 바꿀 수는 없다는 점에서 차이점이 적지 않게 나타난다고 하겠다. 이어서 이전 역사에 대한 관점이 보이는 부분을 비교해 본다.

손님 삼대 이후 왕도정치를 행한 이가 없다는 것은 무슨 까닭입니까?
주인이 개탄하면서 말했다.
"도학(道學)에 밝지 못하고 그것을 실천하지 못하는 것이 원인이지요. (중략)" (29면)
손님 삼대 이후 도학하는 군주야 전혀 없었다 하더라도 어찌 도학하는 선비조차 없었다 말하십니까?
주인 어찌 그런 선비가 없었겠소. 다만 군주가 그런 선비를 너무 이상적이어서 실정에 맞지 않는다고 의심하여 등용하지 않았다는 말이지요. (중략)
손님 문제(文帝)는 어떻습니까?
주인 문제는 자포자기(自暴自棄)한 군주라오.

> 손님이 크게 놀라면서 말했다.
> "문제는 천하의 현군(賢君)인데 자포자기한 군주라 하심은 무슨 까닭입니까?"
> **주인** 물론 삼대 이후 천하의 현군 가운데 문제와 같은 이조차 없는 것은 사실이지요. (중략) 근근이 양민(養民)만을 행했으니 옛 도를 회복하지 못하는 것은 사실 문제에서 시작되었다고 할 수 있지요. (중략)
> **손님** 그렇다면 무제(武帝)는 어떻습니까?
> **주인** 무제의 경우 속으로는 욕심이 많으면서 겉으로만 인의(仁義)의 정치를 베풀었지요. (중략) 동중서(董仲舒), 급암(汲黯) 같은 사람들조차 등용하지 못했는데 하물며 진유를 등용할 수 있었겠소. (31면)
>
> 우리의 주제로 되돌아갑시다. 지금까지 제가 언급한 것들을 종합해보면 미움이나 경멸이 한결같이 앞에서 검토된 황제들을 몰락시켰다는 것을 깨달을 수 있습니다. 그들 중의 한 그룹은 이런 식으로, 다른 그룹은 저런 식으로 처신했는데, 각 그룹에서 한 황제는 성공적이었으나, 나머지는 전부 비참하게 되었습니다. 페르티낙스와 알렉산데르는 신생 군주였기 때문에 세습 군주인 마르쿠스처럼 행동하는 것이 그들에게 오히려 백해무익했던 것입니다. 마찬가지로, 카리칼라, 콤모두스, 막시미누스가 세베루스를 모방하는 것은 그들이 그의 행적을 따를 만한 역량이 없었기 때문에 위험한 일이었습니다. 따라서 신생 군주국의 새 군주는 마르쿠스의 행적을 모방할 수 없으며 그렇다고 세베루스의 행적을 모방할 필요도 없습니다. 오히려 자신의 국가를 세우기 위해서 필요한 조치를 취해야 할 때에는 세베루스를 모방해야 할 것이고, 이미 오랫동안 확립된 국가를 보존하기 위해서 적합하고 영광스러운 조치를 취해야 할 때에는 마르쿠스를 모방해야 할 것입니다. (143면)

먼저 위에 인용된 『동호문답』 부분은 다소 길어서 중간에 생략을 좀 해서 보충 서술이 필요해 보인다. 삼대는 하은주(夏殷周) 왕조를 가리키는 것으로 보이며 원래 유학에서는 이 시기를 이상화해서 파악하는 경향이 있기 때문에 이 시기까지는 왕도정치가 있고 이 시기 이후 왕도정치가 제대로 행해지지 못했다고 파악하는 경향이 있다고 하겠는데 이러한 말에 대해 문답이 오간다. 근본적으로 도학, 즉 성리학적 유학을 가리키는 것으로 보이는데 그러한 유학에 밝지 못하고 유학을 실천하지 못하기 때문이라고 하고 있다.

다음으로 도학하는 선비조차 없었는가 하고 문답이 오가는데, 그런 선비가 있었다고 하고 생략된 부분에 도학하는 선비를 진유(眞儒)라고 한다고 하며 맹자(孟子, 기원전 371?~기원전 289) 이후 천여 년 동안 진유가 없다가 성리학 시대에 접어들어서 주돈이(周敦頤, 1017~1073), 정호(程顥, 1032~1085)와 정이(程頤, 1033~1107) 형제와 주희(朱熹, 1130~1200)를 통해 도학이 세상에 드러나게 되었다고 하며 다만 당시 송나라 군주들이 이러한 인재를 알아보지 못했음이 한탄스럽다고 했다. 천여 년 동안 진유의 공백이 있었지만 이후 성리학의 인물들이 나타났는데 당대에 제대로 등용되지 못해 한탄스럽다고 했다. 성리학적 관점에서 주요 인물에 대해 평가한 것으로 보인다.

계속해서 한(漢)의 문제(文帝, 재위 기원전 180~기원전 157)부터 시작해서 무제(武帝, 재위 기원전 141~기원전 87)부터 송(宋)의 태조(太祖, 재위 960~976)까지 중국의 주요 황제를 거론하면서 위 인용된 부분을 통해서도 알 수 있듯이 대체로 부정적인 태도를 보인다. 한의 문제는 재정 지출을 줄이고 농민 생활을 안정시켰다고 호평을 받은 것에 대해 양민(養民)만을 했을 뿐이라고 비판했다. 양민이라는 단어가 눈에 띄는데 '백성을 길렀다', '백성을 먹였다' 정도로 해석 가능한데 백성에게 먹는 문제만 해결해주었다는 정도의 의미로 보인다. 백성을 도학적으로 교육하는 데까지 나아가야지 그 정도로 머무르면 되겠냐는 비판의 의미가 담겨있다고 하겠다.

같은 기준으로 송나라 태조까지 비판했는데 이후의 중국 황제는 거론조차 되지 않아서 잠시 생각하게 하는데 원나라는 오랑캐 나라라고 생각해서 별로 거론할 것이 없다고 생각하지 않았나 생각한다. 그러면 당시 중국 왕조인 명나라는 왜 거론하지 않았을까 하는 생각도 든다. 오랑캐를 몰아내고 중화를 복원했다고 할 수 있겠는데 혹시 당대의 왕조라 외교관계 등을 고려해서 조금이라도 비판하기 부담스러웠을 수 있었을 것이다.

『군주론』에서 유럽 군주의 다수가 등장하는데 특히 로마제국의 황제를 두 종류로 나눠 서술한 중에 결론 성격의 부분을 인용했다. 통치의 기반이 인품인지 단순한 통치술인지를 나누고 다시 성공적으로 통치했는지에 따라 2차 분류했다. 도표로 정리가 가능한데 이렇게 기본 정보의 정리가 필요해 보인다. 위에 등장하는 인물들에 대해 다른 부분에 서술되어 있으나 인용 부분이 너무 길어져서 간단히 정리해서 거론한다. 대체로 친숙하지 않은 인물들이라 완전히 생략하기는 어려워 보인다.

인품		통치술	
성공	실패	성공	실패
마르쿠스	페르티낙스, 알렉산데르	세베루스	카라칼라, 콤모두스, 막시미누스

마르쿠스는 일반적으로 마르쿠스 아우렐리우스(Marcus Aurelius, 재위 161~180)로 불리며 스토아학파 철학자로서 『명상록』을 지었다. 신중하며 절제를 강조하며 자비로운 인물로 평가된다. 페르티낙스는 푸블리우스 헬비우스 페르티낙스(Publius Helvius Pertinax, 재위 193)이며 해방된 노예의 후손으로 군사적 능력으로 성공했으며 명망이 높아 전임 황제의 암살 이후 황제가 되었다가 군사력을 줄여 재정 안정을 기하려는데 반발한 군인들에게 암살당했다. 알렉산데르는 일반적으로 세베루스 알렉산데르(Severus Alexander, 재위 222~235)로 불리며 문치주의 방식의 통치를 하며 일시적으로 평화로운 시기를 보냈으나 게르만족과 평화교섭을 하는 데 대한 군인들의 반발로 암살되었다.

세베루스는 보통 셉티미우스 세베루스(Septimius Severus, 재위 193~211)로 불리며 군사력을 통해 세력을 키우다가 당시 황제 디디우스 율리아누스(Didius Julianus, 재위 193)의 암살 이후 경쟁자 둘을 차례로 제거하고 황제가 되었으며 군인을 우대하여 특권화하였다. 『군주론』에서 어느 정도 상세하게 다루어지는데 경쟁자를 잠시 안심시키고 뒤에 제거하는 기술을 사용했다고 한다. 카라칼라(Caracalla, 재위 211~217)는 별칭으로 마르쿠스 아우렐리우스 세베루스 안토니누스(Marcus Aurelius Severus Antoninus)이다. 재정 문제 해결에 노력했으나 동생을 포함한 정적을 숱하게 죽이고 가혹한 처벌을 자주 해서 폭군으로 여겨지며 부하에게 암살당했다.

콤모두스(Commodus, 재위 177~192)는 마르쿠스 아우렐리우스의 아들로 함께 전장을 누비기도 했으나 황제가 된 후 누이의 암살 시도를 겪고 무자비한 처형을 했다. 정치에 무관심해지고 향락을 즐기며 헤라클레스의 화신이라고 주장하며 검투사가 되어 짐승을 잡기도 했는데 암살되었다. 강한 체력을 통해 통치력을 보여 주려 하지 않았나 생각한다. 막시미누스는 막시미누스 트락스(Maximinus Thrax, 재위 235~238)로 불리며 어려서 양치기를 했으며 병사 출신으로 군대의 추대로 황제가 되었으나 원로원과 갈등을 빚고 군인에게 암살되었다.

이렇게 여러 로마 황제의 성공과 실패를 정리하면서 성공 방법을 한가지로 인식하지는 않은 것으로 보인다. 인품이 좋았기 때문에 항상 성공한다는 것도 아니고 반대로 잔인해서 주변에 공포를 준다고 해서 성공한다는 것도 아니다. 신생 군주국은 기반이 탄탄하지 않고 언제든 외부 세력의 공격 가능성도 있는 만큼 내부적, 외부적 적의 통제 또는 제거를 위해 여러 수단을 이용한 조치를 할 수 있고 상대적으로 안정적인 상태에 있는 나라는 군주의 좋은 인품이 좋은 영향을 미칠 수 있다고 본 것 같다.

정리해 보면 두 문헌에서 모두 역사를 살펴보면서 주장을 진행한다는 점에서 같다고 하겠다.『동호문답』에서 거론되는 역사적 사건, 인물들은 대부분 비판의 대상일 뿐이다. 직접적으로 본받을 만하다고 한 인물은 하은주 삼대의 성군 위주일 뿐이다. 이이만의 고유한 주장이라고 할 수는 없지만 삼대 이후로 성리학이 부상하기 전에 진유라고 하는 진정한 선비는 없었다고 했다. 삼대의 수준에 군주나 신하나 대체로 이르지 못했다고 하는 점에서는 '현재<과거'라고 할 수 있겠다.『군주론』에서는 당시 잦은 전쟁의 이탈리아 정세와 관련이 있다고 할 수 있는 과거 인물들을 거론했다. 인품이 뛰어난가 통치술이 뛰어난가로 1차 분류하고 다시 각각 항목에서 성공했느냐 실패했느냐로 세분했다. 안정기, 혼란기에 따라 선택해야 효과가 극대화할 것이라고 했는데 아마도 당대 이탈리아 정세에는 통치술이 뛰어난 사람이 적합할 것이라고 생각한 것으로 보인다. 다음으로 종교에 대한 언급이 있는 부분 위주로 비교해 본다.

손님 우리나라[東方]에도 왕도정치로 세상을 다스린 군주가 있었습니까?
주인 문헌이 부족하여 고증하기 어렵지만, 기자(箕子)께서 우리나라의 군주로 계실 적에 행한 정전(井田)제도와 팔조법금[八條之敎]은 필수 순수한 왕도정치의 산물일 것이오, 그 후 삼국(三國, 신라·고구려·백제)이 정립했다가 고려(高麗)가 이기고자 했을 뿐이니 어찌 도학이 숭상할 만한 일임을 알았다고 할 수 있겠소. 비단 군주만 그랬던 게 아니오.

　신하들 가운데서도 진정한 지식과 실천으로 선정(先正)의 전통을 계승한 이가 있었다는 말을 듣지 못했소. 불교[竺學]에 잘못 빠져들거나 화복설(禍福說)에 홀려 저 유구한 천 년 동안 특출한 이가 전혀 없다가 고려 말엽 정몽주(鄭夢周)가 유학자의 기상을 좀 지니고 있었으나 그 또한 학문적 성취는 이루지 못했으니 그의 행적을 더듬어볼 때 충신에 지나지 않는다고 하겠소. (37면)

　예컨대, 자비롭고 신의가 있고 인간적이고 정직하고 경건한(종교적인/역자) 것처럼 보이는 것이 좋을 뿐만 아니라 실제로 그런 것이 좋습니다. 그러나 달리 행동하는 것이 필요하다면, 당신은 정반대로 행동할 태세가 되어 있어야 하며 그렇게 행동할 수 있어야 합니다. 그리고 군주는, 특히 신생 군주는 좋다고 생각되는 방식으로 처신할 수 없다는 점을 분명히 명심해야 합니다. 왜냐하면 자신의 권력(stato)을 유지하기 위해서, 그는 종종 신의 없이, 무자비하게, 비인도적으로 행동하고 종교의 계율을 무시하도록 강요당하기 때문입니다. 따라서 그는 운명의 풍향과 변모하는 상황이 그를 제약함에 따라서 자신의 행동을 그것에 맞추어 자유자재로 바꿀 태세가 되어 있어야 하며, 제가 앞에서 말한 것처럼, 가급적이면 올바른 행동으로부터 벗어나지 말아야 하겠지만, 필요하다면 악행을 저지를 수 있어야 합니다. (125~126면)

두 문헌 모두 종교를 집중적으로 다룬 문단은 특별히 보이지 않는다. 다른 주장 속에서 약간씩 언급될 뿐이며 인용된 부분들의 맥락이 서로 다르다. 먼저 『동호문답』에서는 우리나라에 왕도정치로 다스린 군주가 있었는지 등의 문답이 오갈 때 불교에 대한 언급이 보인다. 고려시대까지 불교와 화복설 등에 빠져 있어서 성리학을 제대로 익히고 실천한 신하가 없었다고 하고 있다. 이러한 표현만으로도 불교와 화복설은 틀린 주장을 하는 극복되어야 할 대상일 뿐으로 인식한 것으로 보인다.

『군주론』에서 현실적으로 언제나 원칙을 지킬 수는 없다고 주장하는 부분에 종교에 대한 언급을 확인할 수 있다. 마지막 부분에 보이듯이 원칙적으로는 정도를 벗어나야 말아야 한다고 하면서도 상황에 따라서는 종교적 원리에 벗어나는 행위를 허용하는 태도를 보인다. 다른 부분 서술에도 보이듯이 신생 군주국에서는 특히 그렇게 할 수 있는 가능성을 인정해 주었다고 하겠다.

기본적으로 이이는 성리학자인 만큼 종교에 대해 기본적으로 비판적일 수밖에 없고 종교 때문에라도 발전에 오랜 기간 방해가 되었다는 태도를 볼 수 있다. 『군주론』에서 종교적 원리에 철저하게 일치하지는 않는 통치를 주장했다고 하겠다. 특별히 종교 자체의 문제점을 해당 문헌에 지적하지는 않고 있으니 『동호문답』에서 보이는 만큼 종교에 강경한 태도를 보이지는 않는다고 하겠다. 어쨌든 정치는 정치일 뿐이라는 생각에서 종교와 어느 정도 거리를 두는 점은 같다고 하겠다. 기본 관점을 비교해 본다. 이것은 당대의 인식과 관련이 있다.

손님 오늘날에도 삼대의 정치가 과연 다시 구현될 수 있겠습니까?
주인 구현될 수 있고말고요. (중략)
지금 우리나라에는 왕도정치를 행하는 데 있어서 두 가지 좋은 조건과 두 가지 나쁜 조건이 있소. 좋은 조건이란 위로 성스럽고 밝은 군주가 계시다는 것이 그 하나라면 아래로 권력을 천단(擅斷)하는 간신배들이 없다는 점이 다른 하나라오. 나쁜 조건이란 인심(人心)이 가라앉은 지 오래되었다는 것이 그 하나라면 사기(士氣)가 매우 심히 가라앉았다는 것 또한 다른 하나지요. (49~50면)

왜냐하면 많은 사람들이 현실 속에 결코 존재한 것으로 알려지거나 목격된 적이 없는 공화국이나 군주국을 상상해왔기 때문입니다. 그러나 "인간이 어떻게 살고 있는가"는 "인간이 어떻게 살아야 하는가"와는 너무나 다르기 때문에, 일반적으로 행해지는 것을 행하지 않고, 마땅히 행해야 할 것을 행해야 한다고 고집하는 군주는 권력을 유지하기보다는 잃기가 십상입니다. 어떤 상황에서나 선하게 행동

> 할 것을 고집하는 사람이 선하지 않은 많은 사람들에게 둘러싸여 있다면, 그의 몰락은 불가피합니다. 따라서 권력을 유지하고자 하는 군주는 상황의 필요에 따라서 선하지 않을 수 있는 법을 배워야만 합니다. (109~110면)

『동호문답』에서 하은주 삼대의 정치가 구현될 수 있는가 하는 문제에 자신감을 보인다고 할 수 있는데 이후 생략된 부분의 문답에 이미 오랜 세월 왕도정치가 행해지지 않았다고 하면서 어떻게 할 수 있다고 보느냐는 질문이 등장한다. 좋은 조건과 나쁜 조건 두 가지를 들지만 결국 좋은 조건을 통해 나쁜 조건을 극복 가능하다고 파악하고 있는 것으로 보인다. 이후 설명에도 보이지만 이전 시기 권력을 독점하고 횡포를 부리던 신하들이 사라졌으며 당시 왕인 선조가 훌륭하기 때문이라고 했다.

중국이든 우리나라든 과거에 대해 비교적 강도 높게 비판했다는 점에 주목할 필요가 있다. 과거에도 많이 나쁘지는 않았지만 우리는 더 개선할 수 있다는 식이 아니다. 삼대의 정치가 끝난 후 불교 등 영향으로 왕도정치에서 멀어져 있다고 하는 만큼 먼 과거의 회복을 위해 가까운 과거와의 단절 수준의 변화를 주문하고 있다고 하겠다. 새로운 이상을 향해 나아간다는 주장을 통해 차별성을 강하게 부각해서 독자에게 의지, 신념이 느껴져서 멋있게 보이기도 한다.

그런데 먼 과거의 회복을 주장하며 가까운 과거를 부정하는 방식을 택하다 보니 실현 가능성에 대한 의문이 필연적으로 등장할 수밖에 없다. 천 년 넘게 제대로 왕도정치가 실현된 적이 없다고 하니 그렇다면 그렇게 장기간 시행되지 못한 왕도정치가 지금이라고 시행될 수 있는가 하는 의문이 들 수밖에 없다. 당시 조선 건국 기준으로도 백 년이 넘었는데 아직도 못했는데 앞으로 과연 가능하겠는가 하는 의문도 들 수 있다. 실현 가능성이 과연 있냐는 의문이 들 수 있겠고 이이도 스스로 그런 가능성을 인식하고 서술한 것으로 보인다.

결국 당시 재위하던 선조에게 희망을 걸었다고 하겠는데 다른 부분 서술에 보이는 것처럼 군주가 자기 수양부터 시작해서 나라를 새롭게 바꿀 수 있다는 주장인데 그렇다면 선조에게 달려 있다고 할 수 있는데 실제로 선조가 그렇게 할 의지가 있느냐가 문제라고 하겠다. 실제로 선조가 받아들여 시행하지 않았던 것으로 보인다. 지나치게 이상적이었다고 생각했을 수 있다.

　『군주론』에서 현실과 당위의 거리에 대해 거론하고 있다. 당시 이상적 정치에 관한 말들을 두고 한 서술로 보이는데 이상과 현실은 거리가 있는 만큼 이상에 기초한 통치를 논하는 것은 뜬구름 잡는 듯한 공허한 말로 파악하고 있는 것으로 보인다. 설령 양심적이고 이상적인 인품의 군주라고 하더라도 국가보다 개인 이익을 앞세우는 신하들에게 싸여있다면 실패할 수밖에 없다고 하고 있다. 군주 개인적으로 이상적, 양심적 인물이라도 어차피 신하들까지 그러한 것을 기대할 수 없는 만큼 상황에 따라 부도덕한 행동을 할 수 있다고 하고 있다.

　『군주론』에서 기본 인식을 이상적 측면에 두지 않고 현실적 측면에 두고 있음을 확인할 수 있다. 위 인용되지 않은 부분을 포함해서 전반적으로 살펴보면 어차피 사람들은 지위 고하를 막론하고 이익에 따라 움직이는 것이 현실인데 현실을 무시하고 이상적 기준으로 통치한다고 할 때 복잡한 정세 등으로 인해 실패할 수 있으며 그렇게 하지 않으려면 부도덕한 행위를 할 수 있다고 하고 있다.

　『동호문답』과 『군주론』 모두 당대 현실에서 희망을 보았다는 점에서 공통점이 있다고 할 수 있다. 『동호문답』에서 당대 약점이 있다고 하면서도 이전 시기처럼 권력을 독점하던 신하가 더 이상 없고 선조가 훌륭한 군주가 될 자질이 충분하다고 보기 때문에 선조가 성리학을 실천하여 자신을 닦는 데서 출발해서 세상을 다스리는 데까지 이를 수 있다고 보았다. 『군주론』에서 인용되지 않은 부분 서술까지 포함하면 정치적 갈등, 외세 침입 등의 문제로 혼란을 겪던 이탈리아, 특히 피렌체에 당시 집권자가 '이탈리아 구원자'가 될 수 있다고 했다.

　이렇게 몇 가지 기준으로 비교를 진행했는데 의문점을 각각 정리해보자면 다음과 같다. 『동호문답』부터 살펴보면 천 년 넘게 못했고 중국에서 계속 못 하고 있으며 우리나라에서도 제대로 한 적 없는 왕도정치를 이이의 주장에도 불구하고 당대에 과연 할 수 있느냐 하는 점이다. 물론 여태까지 아무도 못했다는 사실은 하기 어렵다는 정도지 당대에도 불가능하다고 무조건 단정할 수는 없다. 전적으로 선조의 의지에 달려 있다고 하겠지만 실제로 하려면 추가로 많은 노력이 요구된다고 할 텐데 과연 실제로 선조가 그렇게 할 의지가 있겠는가 하는 의문이 있다.

보다 근본적으로 군주가 자기를 닦아서 집안을 닦고 나아가 세상을 편안하게 한다는 것이 선결문제처럼 될 수 있지 않나 하는 의문이 들 수 있다. 또 설령 한 단계가 완성된다고 해도 다음 단계가 완성될 수 있는지도 의문이다. 즉 도덕적인 군주가 신하를 도덕적으로 만들고 나아가 백성도 도덕적으로 만든다는 것은 이상이지 그렇게 된다는 보장은 없다. 인격적으로는 거의 완벽에 가깝다고 하더라도 통치하면서 이해관계를 조정할 때에도 확실히 더 나은 결과를 가져온다고 확신하기는 어렵다. 전체적으로 이상을 목표로 정하고 목표 달성을 위한 전략을 제시하는 성격의 문헌이라고 하겠다.

『군주론』은 일단 현실에 근거하여 대안 찾기를 시도했다고 할 수 있다. 위에 인용된 부분처럼 일반적으로 좋은 군주에 대해 다룰 때 종교적, 인격적 덕목을 생각할 수 있는데 실제로 그러한 곳은 없다고 하면서 욕심으로 인해 뺏고 빼앗기고 정적을 앞에서 속이고 뒤에서 공격하는 등의 사건이 인류 역사에 숱하게 있었음을 들면서 이런 일들을 검토해보면 군주는 상황에 따라서 나쁜 행동도 할 수 있다고 했다. 완전히 충성스럽다는 것은 기대하기 쉽지 않으며 상황에 따라 변하고 배신하는데 군주만 무조건 도덕적일 수도 없고 도덕적일 필요도 없다는 주장으로 보인다.

이렇게 과거 역사를 분석하면서 현실에 근거한 새로운 법칙 찾기를 시도한 것으로 보인다. 당시 피렌체 정권을 신생 군주국으로 분류해서 특히 정교한 통치술이 필요하며 그러한 통치술의 원리를 자신이 제시하려고 노력한 것으로 보인다. 그렇지만 예시가 얼마나 충분한지 더 과거 역사를 아주 충실히 반영했는지는 의문의 여지가 있다. 예를 들어 카롤루스 대제(재위 768~814년)처럼 제국의 팽창을 가져오면서 종교를 보호한 인물은 어떻게 분류되어야 하는지 분명하지 않다. 로마제국의 황제들이 다수 거론되었으나 군인 황제 시대 인물들이 많다. 잔혹한 통치를 해서 비참한 결말을 맞은 황제가 있고 그렇지 않은 황제도 있는데 결과를 통해 어떤 법칙을 추출하려고 한 것으로 보인다. 그런데 결과론적인 분석일 수 있다. 군인 황제 시대에 어떤 황제가 좀 다른 정책을 썼다고 그의 통치가 오래 지속할 수 있었으리라고 확신할 수 없다. 중앙권력이 약하다고 생각하여 반란의 빌미를 찾는 군인 세력이 얼마든지 있을 수 있기에 어떤 정책적 약점을 핑계로 반란을 일으킬 수 있기 때문이다.

그리고 인간의 약점 때문에라도 상황에 따라서 나쁜 행동을 할 수 있다고 일단 인정하더라도 구체적으로 어떤 상황에 좋은 행동으로 진행해야 할지 나쁜 행동으로 속여야 할지 판단할 기준이 명확하게 드러나지 않는다. 저자의 서술 능력 부족을 탓하자는 것이 아니라 실제로 기준을 제시하는 것이 매우 어려운 일을 것이라고 생각한다. 우연의 문제가 개입될 여지가 있기 때문이다. 또 비슷한 행위가 시대, 장소에 따라 다른 결과를 가져올 수 있기 때문이다. 현실에 근거하여 대책을 찾는 것이 목표라고 하겠지만 상황에 따른 통치술을 이용해 군주가 나라를 발전시킬 수 있다고 보는 점에서는 이상을 지향했다고 하겠다. 이렇게 이상을 지향한다는 점에서는 두 문헌이 같다고 하겠다.

이 두 문헌은 왕조시대를 배경으로 했기 때문에 현대적 관점에서 한계점이 있다고 하겠다. 일차적으로 군주를 위한 조언이라고 할 수 있기 때문이다. 오늘날에는 국민의 지지로 권력을 획득하고 행사하는 시대이기 때문에 한계가 있다고도 할 수 있다. 그렇지만 반드시 과거의 문헌일 뿐이라고 할 수는 없다. 개인이 얼마나 도덕적인지와 얼마나 정치적으로 유능한지가 반드시 일치한다는 보장은 없다. 그렇지만 오늘날에도 도덕적이지 않은 점이 뒤늦게 드러나 지지율이 떨어지거나, 선거 과정에서 드러나 낙선하는 일도 있고 청문회를 거치는 고위직 취임에 문제가 되는 일을 볼 수 있다.

반대로 도덕성의 확립이 중요하기는 하지만 그것과는 별도로 상황에 따라 때로는 비난을 받더라도 일부 정책을 추진할 수도 있다. 정치적 목표 달성을 위해서 고의로 부도덕한 일을 해도 된다는 정도까지 수긍해야 하는지는 개인적 차이가 크다고 생각하지만 실제 정치 현실을 보면 정치 지도자가 자신의 정책 실패를 무마하기 위해 국민의 관심을 다른 데로 돌리려고 하는 것으로 보이는 행위를 하거나 다른 세력 등을 비난하는 것으로 책임에서 벗어나려고 하는 듯한 느낌을 주는 행위를 하는 것을 볼 수 있다. 이러한 행위가 반대파 또는 지지하지 않는 사람들로부터는 '술수'라고 비난받기도 하지만 반대로 지지층으로부터는 잘했다는 평가는 받기도 하니 이러한 것이 정치 현실이라는 생각이 들게 한다.

결국 어려운 문제지만 정치를 이상적인 측면과 현실적인 측면을 모두 인식하면서 현실의 모습을 인정하면서도 보다 나은 미래를 위해 계속 노력해야 한다는 이상적 태도도 유지할 필요가 있음을 생각하게 한다. 그 어떤 분야라도 현실이 다 그럴 수밖에 없다는 태도만 고수하면 변화를 꾀하기 어렵다. 그런 만큼 현실을 인정하면서도 또한 현실을 바꿔나가려는 노력도 지속적으로 해야 한다고 할 수 있다. 이것이 두 문헌을 비교 검토하면서 생각할 점이라고 본다.

> **연습문제**
>
> 세네카, 『인생론』, 『행복론』, 성 아우구스티누스, 『고백록』, 몽테뉴, 『수상록』 중에서 하나를 골라 서평을 써보자. 마르쿠스 아우렐리우스, 『명상록』과 비교하는 글을 쓰는 것도 가능하다.
>
> - **도움말**
>
>   세네카(Lucius Annaeus Seneca, BC 4?~65)는 로마의 네로 황제 교사 역할을 하기도 했으며 스토아학파 철학자이다. 그런 만큼 마르쿠스 아우렐리우스와 유사점도 발견되고 근본적으로 신분적 차이가 있는 만큼 차이점도 발견할 수 있다. 아우구스티누스(Aurelius Augustinus Hipponensis, 354~430)은 한때 마니교 신도였다가 기독교로 개종하며 인간의 악의 근본적 문제를 다뤘다는 특징이 있다. 몽테뉴(Michel Eyquem de Montaigne, 1533~1592)는 프랑스 르네상스 시기 철학자로 기존의 다양한 철학을 섭렵하고 다양한 주제에 대해서 다루었다. 회의적 경향이 있다고 평가되기도 한다.

4.2. 다른 문화 보기

루스 베네딕트(Ruth Benedict, 1887~1948), 김윤식·오인석 옮김, 6판 『국화와 칼』(을유문화사, 2019) 일부를 살펴본다. 저자는 인류학자로서 2차 세계대전 중에 미국인 관점에서는 이해할 수 없는 일본인의 문화 분석을 위한 일을 맡아 추진했는데 작업이 완료되기 전에 2차 세계대전이 끝나고 『국화와 칼』은 전쟁 이후인 1946년에 간행되었다. 현재 관점에서 보면 과거의 일본 모습이라 오늘날 일본과는 차이가 있다고 할 수도 있다. 일부는 오늘날 우리 모습과도 유사하다고 할 수 있다. 소제목은 필자가 임의로 붙였다.

> ─경쟁의 의미
>
> 우리는 경쟁을 '바람직한 일'로 생각하고 크게 의지한다. 심리 테스트는 경쟁이 우리를 자극시켜 최선의 노력을 기울이도록 만든다는 것을 증명한다. 자극은 작업 능력을 향상시킨다. 우리는 혼자서 일할 때, 경쟁자가 있는 경우만큼 성적을 올릴 수 없다. 그런데 일본에서의 테스트 결과는 그 반대의 사실을 보여 준다. 이런 일은 소년기가 끝난 뒤의 시기에 특히 현저하다. 일본의 어린이는 경쟁을 장난처럼 생각하고 대수롭지 않게 여긴다. 반면 청년이나 성인은 경쟁자가 있으면 작업 능률이 뚝 떨어진다. 혼자서 할 때는 비교적 좋은 진보를 보이고 실수가 적고 속도도 빨랐던 피험자가, 경쟁 상대와 함께 하면 자주 틀리고 속도도 떨어진다. 그들은 자기 자신과 비교하여 능률을 측정할 때에 가장 좋은 성적을 올렸다. 그러나 다른 사람과 비교하여 측정하는 경우에는 그렇지 않았다.
>
> 이 실험을 실시했던 몇몇 일본인 학자는 경쟁 상태에 놓였을 때, 이처럼 성적이 나쁜 이유를 올바르게 분석하고 있다. 그들의 설명에 의하면, 문제를 경쟁으로 해결하려 하면 피험자들은 질지도 모른다는 생각에 마음을 빼앗겨 일이 손에 잡히지 않는다. 그들은 경쟁을 자신에 대한 외부의 공격이라고 민감하게 받아들인다. 여기에서 그들은 종사하는 일에 전념하는 대신 주의력을 자신과 공격자의 관계에 빼앗긴다.
>
> 이 테스트를 받은 학생들은 실패한 경우의 치욕에 가장 많은 영향을 받는 경향을 보였다. 교사나 실업가가 각각 전문가로서 이름에 대한 기리(義理(의리)의 일본어 발음, 필자 주)에 따라 행동하는 것처럼, 그들은 학생으로서 이름에 대한 기리가 명령하는 대로 행동하는 것이다. 시합에 진 학생 선수들 또한 이 실패의 치욕 때문에 상당히 극단적 행동을 했다. 보트 선수는 노를 버리고 보트에 탄 채 분해서 운다. 야구 시합에서 진 팀은 한데 뭉쳐 큰 소리로 마구 운다. 미국에서 그것은 좋지 않은 패자의 태도다. 우리의 예절로는 패자는 당연히 역시 강한 팀이 이겼다며 승복하기를 기대한다. 패자는 승자와 악수하는 것이 예의다. 우리는 아무리 지는

> 것이 싫다 하더라도, 졌다고 해서 울거나 소리 지르는 사람을 경멸한다. (중략)
>
>   직접적 경쟁을 최소한으로 억제하려는 이런 노력은 일본인의 생활 전반에서 나타난다. 미국인은 친구들과의 경쟁에서 좋은 성적을 올리는 것을 바람직하게 생각하는 반면, 온(恩(온)의 일본어 발음, 필자 주)에 입각한 윤리에서는 경쟁을 허용할 여지가 아주 적다. 각 계급이 준수하는 규칙을 세밀하게 규정한 일본의 계층제도가 직접적 경쟁을 최소한으로 억제하고 있다. 가족 제도 또한 그것을 최소한도로 제한하고 있다. 제도상으로 아버지와 아들 사이는 미국처럼 경쟁관계에 놓여 있지 않다. 그들은 서로 배척하는 일은 있으나 경쟁하는 일은 없다. 일본인은 미국인 가정에서 아버지와 자식이 자동차를 사용하려고 서로 경쟁하거나, 어머니와 아내의 주의를 끌려고 경쟁하는 것을 보고 놀란 듯 논평을 가한다. (211~213면)

『국화와 칼』 번역본 제8장 <오명을 씻는다>의 일부이다. 일본인과 미국인의 경쟁에 대한 관념의 차이를 엿볼 수 있다. 첫 문장에서 미국인은 경쟁을 '바람직한 일'로 여긴다고 했다. 미국인은 경쟁이 있어야 오히려 더 성과가 좋다고 하고 있다. 그런데 일본인은 어린 시절을 제외하고는 경쟁에 부담을 느끼고 경쟁 상황에서 오히려 더 낮은 성과를 거두는 것이 실험에서 확인되었다고 했다. 그리고 일본에서 경기에서 패했을 때 치욕으로 느껴서 울기도 한다고 했다. 이러한 일본인의 행동 특성에 대한 분석으로 각 계층, 계급별로 준수해야 할 규범이 강하게 정해져 있는 일본의 특성에서 찾았다.

이런 서술에 대해 두 가지 정도 의심스럽게 생각할 수 있을 것이다. 먼저 1940년대 일본과 전쟁을 벌이던 당시에 일본을 방문할 수 없기 때문에 이민자 등 제한된 면담 실시와 제한된 연구성과 위주로 검토한 서술이라 근본적인 한계가 있을 수밖에 없다. 혹시 당시 일본에 대해 상세하게 아는 사람이라면 일부 서술에라도 불만을 느낄 수도 있다. 외부인의 한계는 어쩔 수 없는 문제라고 할 수 있다. 다음으로 유형화의 한계를 들 수 있다. 미국 사람은 미국 사람대로 개별적으로 다 다르고 일본 사람은 일본 사람대로 개별적으로 다 다른데 유형화해서 논할 수 있는가 하는 의문도 들 수 있다. 어차피 전체를 다 포괄해서 유형화하는 것은 불가능하지만 중요한 특징은 있다고 할 수 있고 그것을 유형화하는 것 정도는 가능하리라 생각한다.

위에 서술된 내용이 당시에 얼마나 정확한지 세부적으로 따지는 것은 필자의 능력으로는 벅찬 일인 만큼 그러한 점에 주목하지는 않겠다. 그 대신에 위에 서술된 내용을 통해 우리 삶에 관련된 문제를 생각해보는 기회로 삼는 것은 충분히 가능한 일이다. 위에 서술된 내용에 대해 한 단어로 정리하자면 '경쟁'이다. 윗글에서 경쟁에 대해 미국에서는 경쟁을 당연하다고 여기고 일본에서는 부담감을 느낀다고 했는데 비교 서술 정도라고 할 수 있는데 좀 더 살펴볼 필요가 있다.

미국에서는 경쟁을 '바람직한 일'로 본다고 했다. 경쟁의 긍정적인 측면이 있음은 특별히 모르는 사람이 없을 것이다. 생산자의 경쟁을 통해 품질 개선과 가격 하락이 이뤄진다는 것은 상식으로 알려져 있다. 경쟁을 통해 얻을 수 있는 제한된 가치를 향한 노력이 개인적 발전의 원동력이 된다고 할 수 있다. 방송에서 종종 볼 수 있는 경연 방식에도 심사위원이 때로는 강한 표현을 쓰면서 정기적으로 탈락자를 뽑는 것을 볼 수 있는데 흥미롭게 보는 시청자가 꽤 되는 것 같다.

문화적 차이를 인정한다고 해도 위에 서술된 일본 학생 선수들이 경기에 패하고 보이는 모습은 좀 지나치다고 할 수 있다. 그 장면만 놓고 보면 경기를 지나치게 심각하게 생각했다고 할 수도 있고 승리욕이 과했다고 할 수도 있다. 그렇다면 적어도 당시 일본 학생들은 지나치게 경쟁적이었다고 볼 수도 있을 것이다. 그런데 사회 전반적으로 자신의 분수, 계층, 계급을 지키는 것을 바람직하게 여기는 경향이 있다고 했기에 그러한 방식으로 설명하기는 어렵다고 할 것이다.

저자는 위에 보이는 일본 학생들의 패배에 대한 태도를 치욕을 당했다고 생각하는 것 같다. 이미 경기는 패배로 끝났고 당장은 더 이상 어떻게 해볼 도리가 없으니 분해서 운다는 것으로 파악한 것 같다. 정도의 차이는 있지만 경쟁의 패배를 쉽게 받아들이지 못하는 사람은 지금도 종종 볼 수 있다. 앞에서 언급한 것처럼 승리욕이 너무 강한 사람, 즉 지고는 못 산다는 사람은 그 정도가 심하다면 특별히 상담 또는 치료의 대상이 될 수도 있지만 경쟁 자체를 잘 받아들이지 못해 회피하려고 한다고 할 수는 없을 것이다.

이외에 경쟁이 강조되는 상황에서 오히려 성과가 떨어지는 경우를 볼 때 그러한 사람이 경쟁을 잘 받아들이지 못하는 뭔가 부족한 사람이라고 할 수도 있지만 이러한 일을 통해 경쟁의 본질을 생각하게 한다. 경쟁은 기본적으로 동일한 목표를 두고 다른 사람과 선후를 다투는 것으로 생각할 수 있고 또 실제로 그렇게 행동하는 사람도 충분히 많다고 할 수 있다. 이겨야 산다는 생각으로 성과를 더 잘 낼 수도 있다. 그렇지만 누구나 다 그런 것은 아니다. 혼자 할 때 잘 하는데 경쟁 구도에서 잘 못한다면 일단 능력 자체가 없다고는 못할 것이다. 능력 자체가 기본적으로 부족하다면 어느 때든지 잘 못할 가능성이 크기 때문이다.

이런 사람들에게 경쟁의 의미는 어떤 것일까. 다른 사람과 다퉈서 이기는 것이 아니라 자신은 충분히 어느 수준의 성과를 낼 수 있다는 생각에 자존심 때문에 열심히 하는 것이라고 하겠다. 그런 경우에도 과도한 압박감을 자신에게 줄 수 있지만 이기기 위해서가 아니라 자존심을 지키기 위해서라고 하겠다. 이러한 생각을 갖고 있는 사람에게 다른 사람과의 경쟁의 강조는 불필요한 부담을 가중하는 것일 뿐이라고 할 수 있다.

표현을 다듬어 간단히 정리해보면 세상에 경쟁은 두 종류가 있다고 할 수 있다. 일반적으로 생각할 수 있는 경쟁은 제한된 가치를 두고 서로 다투어 승자에게 더 주거나 다 주는 방식이라고 하겠다. 이러한 경쟁은 남과 하는 경쟁이다. 자신의 능력을 믿고 제대로 발휘하기 위해서 최선을 다하며 대충하자는 자신의 마음속의 다른 생각을 넘어서려 노력한 결과로 얻은 성과에 만족하는 경쟁이 있다고 하겠다. 이러한 경쟁은 나와 하는 경쟁이다. 분야에 따라서, 특히 창조성이 중시되는 분야에 나와의 경쟁이 더 중요하다고 하겠다. 이러한 점은 논술에도 적용할 수 있다. 논술 자체도 남과 경쟁 방식으로, 또는 나와 경쟁 방식으로 수업 및 학습이 진행될 수 있다. 기존의 생각을 정리하고 더 나은 자기 생각을 발전해가는 과정 속에 더 큰 보람을 얻을 수 있다.

-생애 곡선

일본의 갓난아이는 서양인이 상상하는 것과는 아주 다른 방법으로 양육되고 있다. 미국의 부모는 일본에 비해 신중함과 극기를 훨씬 덜 요구하는 생활에 맞추어 아이들을 양육하고 있다. 그럼에도 불구하고 미국인은 아이가 태어나는 순간부터 그의 작은 소망이 이 세상에서 최고지상의 것이 아니라는 점을 가르쳐 준다. 우리는 일정한 시간을 정해 젖을 주고 일정한 시간에 재운다. 어떤 경우에도 갓난아이는 젖을 먹거나 자는 일정한 시간이 될 때까지 기다려야 한다. 얼마 후 어머니는 손가락을 빨거나 그 밖의 신체 부분을 만지지 못하도록 아이의 손을 때린다. 어머니는 가끔 아이들로부터 모습을 감추어 보이지 않는다. 그리고 어머니가 외출한 동안 갓난아이는 집에 홀로 머물러 있어야 한다. 또한 갓난아이는 다른 음식물보다 젖을 더 먹고 싶을 때 젖을 떼이고, 분유로 자란 아이는 우윳병을 빼앗긴다. 몸에 좋다는 일정한 음식이 정해지고 아이는 그것을 먹어야 한다. 정해진 대로 하지 않으면 벌을 받는다. 미국에서조차 이러하므로 미국인은, 어느 정도 자랐을 때 자신의 소망을 억제하고 주의 깊게 엄격한 도덕을 실천하는 일본의 아이들이 분명히 몇 배나 엄격한 교육을 받을 것이라고 상상한다.

그러나 일본인의 육아법은 이것과는 전혀 다르다. 일본의 생활 곡선은 미국의 생활 곡선과 정반대다. 그것은 큰 U자형 곡선으로, 갓난아이와 노인에게 최대의 자유가 허락된다. 유아기를 지나면서부터 서서히 구속이 커지고, 결혼 전후의 시기에 이르면 자신의 의지대로 할 자유는 최저에 달한다. 이 최저선은 장년기를 통해 몇십 년 동안 계속된다. 그 후 곡선은 다시 점차 상승하여 60세가 지나면 유아와 마찬가지로 수치나 외부의 시선에 구애받지 않는다. 미국에서는 이 곡선이 정반대다. 갓난아이 때에는 엄한 교육을 하지만 아이가 성장함에 따라 차츰 완화되고, 드디어 직업을 가지고 가족을 거느리고 자력으로 생활을 영위하는 나이가 되면 타인의 간섭을 거의 받지 않는다. 우리는 장년기가 자유와 자발성의 정점이 된다. 나이가 들고 늙어서 기력이 쇠하거나 남의 신세를 지게 되면 다시 구속의 그림자가 나타난다. 미국인은 일본인과 같은 형으로 조직된 생활은 상상하기 어렵다. 그와 같은 일생은 우리에게는 사실과 상반되는 것처럼 여겨진다.

그러나 미국인이나 일본인은 그들의 생활 곡선을 이렇게 규정함으로써, 사실상 각각의 나라에서 개인이 장년기에 마음껏 활약하여 그들의 문화에 참가하는 길을 확보해 왔다. 미국에서는 이 목적을 위해 장년기에 개인적 선택의 자유를 증대하는 것이 중요하다고 생각한다. 그런데 일본인은 이 시기에 개인에게 가해진 속박을 최대화할 필요가 있다고 생각한다. 이 시기에 인간은 체력이나 돈 버는 능력이 정점에 달하지만, 일본인은 자신의 생활을 취향대로 누릴 권리를 인정받지

> 못한다. 그들은 속박은 가장 좋은 정신적 훈련(슈요)이고, 자유로는 달성할 수 없는 결과를 만들어 낸다고 굳게 믿는다. 이처럼 일본인은 가장 활동적이고 생산적인 시기에 도달한 남녀에게 최대의 속박을 가하는데, 이것은 속박이 일생 동안 지속적으로 가해진다는 의미는 아니다. 유년기와 노년기는 '자유로운 영역'이다.
>
> (331~333면)

일본인과 미국인의 일생 생애를 비교하는 부분의 일부이다. 일본의 갓난아이는 상대적으로 큰 범위의 자유를 누리다가 점차 교육을 받고 성장해감에 따라 자유의 영역이 줄어들어 그러한 상태가 중년기까지 지속되다가 60세 이후에 남의 이목 등에 구애되지 않는다고 했다. 반대로 미국인은 어려서는 부모로부터 통제를 받다가 성장해감에 따라 자유를 많이 영위하다가 노년기에 남에게 의존하게 되는 상황이 되면 다시 자유의 영역이 축소된다고 요약해볼 수 있다. 유소년, 중장년, 노년으로 인생 시기를 셋으로 구분해 볼 때 중심 시기라고 할 수 있는 중장년 시기만 놓고 볼 때 '일본은 통제, 미국은 자유'라는 정도로 정리되는데 이것을 확대해서 일본은 어려서부터 강한 통제를 하는 사회가 아니었을까 하고 추측했는데 실제 그렇지는 않고 통제가 없다가 강해지다가 다시 약해지는 과정을 거친다고 했다. 그래프를 그려서 정리해 보면 아래와 같다.

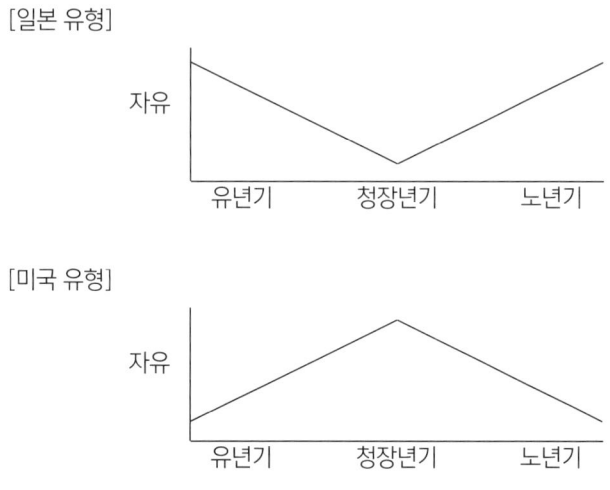

생애 곡선을 미국을 U자형이라고 하니 일본은 정반대라고 하겠다. 일본이 아무리 통제라고 해도 생애에 계속 통제되는 것은 아니고 미국이 아무리 자유라고 해도 생애에 계속 자유를 폭넓게 누리는 것은 아니다. 여기서 글에서 직접 분석하지는 않고 있으나 이러한 차이에 대해 간단히 추정해보는 것은 흥미로운 일이라고 하겠다. 이러한 정리가 얼마나 정확한지도 살필 필요가 있지만 그렇게 하려면 많은 시간과 노력이 필요하므로 일단 위 내용에 기초하여 정리해보는 것도 좋을 것이다.

일단 두 나라에서 어느 시기가 인생의 전성기인지 생각해볼 수 있다. 일본은 유년기와 노년기라고 할 수 있겠지만 상대적으로 시기가 짧을 뿐 아니라 실제 그 시기 아이들이 자유를 누린다고 해도 과연 얼마나 기억할 수 있을까 하는 점도 있다. 그러니 의식적으로 자유를 누릴 수 있는 시기는 사실상 노년기에 한한다고 볼 때 일본의 인생 전성기는 노년기로 볼 수 있겠다. 미국의 전성기는 청장년기로 볼 수 있겠다. 이러한 원인에 대해 일본과 미국을 각각 한 단어로 정리해 보자면 일본은 경험, 미국은 능력으로 볼 수 있겠다. 일본에는 경험이 쌓인 만큼 상대적으로 권위를 인정받고 청장년을 통제할 수도 있는 처지라고 한다면 미국에는 상대적으로 노년기로 접어들어 전반적인 능력이 하락하고 장성한 자손은 독립하거나 독립적으로 활동해서 특별히 누구를 통제할 상황은 아닌 것으로 보인다.

인류학적 관점의 서술인 만큼 일본과 미국을 비교하면서도 특별히 어디는 맞고 어디는 틀렸다는 관점을 노골적으로 드러내지는 않는다. 다만 이러한 질문을 던지고 스스로 답을 찾아볼 수는 있을 것 같다. 먼저 '어느 쪽이 일반 동물 세계와 유사할까'라는 질문을 해볼 수 있겠다. 이 말은 '어느 쪽이 인위적인가'라는 말과 비슷하다고 하겠다. 동물도 종에 따라 차이가 있겠지만 어느 정도 성장하면 부모에게서 독립적으로 생활한다. 무리 생활을 할 때 나이 많지만 경험이 많은 우두머리라고 존경하는 것 같지는 않다. 젊고 강한 개체가 우두머리에게 도전해서 승리하게 되면 자기가 우두머리가 되고 패배한 전 우두머리는 쫓겨나게 된다. 이렇게 보면 일반 동물의 세계와는 일본 유형과 미국 유형 중에는 미국 유형이 좀 더 가깝다고 하겠다. 물론 그렇다고 해서 미국 유형이 더 좋다고 한다면 자연주의 오류가 될 수 있다. 일반 동물의 세계와 같지도록 살아야 할 필연적인 이유는 없기 때문이다.

다음으로 '각각은 어떤 장단점이 있을까'라는 질문을 해볼 수 있다. 일본은 청장년층에 노년층을 모시고 아이 양육 등 의무가 집중되어 상대적으로 만족도가 낮다고 하겠다. 대신에 노년이 되면 가족 내에서 발언권이 커지는 등 청장년층을 통제할 수 있기 때문에 기다리면 권력을 갖게 된다는 희망을 가질 수 있다고 하겠다. 즉 오늘을 놓고 내일을 잡는다는 미래분산형이라고 하겠다. 미국은 성장해 가면서 자유의 정도가 높아지고 성년 이후에 정점에 달한다고 하겠는데 청장년에 중심 역할을 하게 되어 젊을 때 가치가 집중되어 젊을 때의 만족도가 상대적으로 더 높다고 할 수 있다. 다만 점차 나이가 들어감에 따라 조금씩 하락하는 상황은 받아들이는 수밖에 별다른 선택은 없어 보인다. 즉 오늘을 잡고 내일을 놓는 현재집중형이라고 하겠다.

삶의 과정에서 축적된 경험이 존중받고 노년기에 접어들어 상대적으로 떨어지는 신체적 능력에도 불구하고 삶의 만족도를 높여줄 수 있다. 그런데 개별적인 가정 등 집단에 따라 차이는 있겠지만 수직적 체계로 발달할 가능성이 있고 (요즘에는 과거보다는 약화된 것으로 보이는데) 빠른 적응을 위한 교육이라는 명목으로 가혹하게 상급자가 하급자를 대하는 일이 발생하기가 상대적으로 더 쉽다고 하겠다. 미국 유형은 그러한 문제의 발생 가능성은 상대적으로 적어 보인다. 청소년기를 지나 성장해가면서 점점 만족도가 올라갈 수 있지만 은퇴, 자녀 독립 등의 시기가 될 때 급격하게 삶의 만족도가 떨어질 수 있다.

그런데 시대 변화가 심해지면 일본 유형의 사회였다고 해도 노년층의 위상이 그대로 유지되기 힘든 측면이 있다. 노년층의 사람들이나 청장년층 사람들이나 거의 같은 일을 한다고 할 때 노년층의 경험이 큰 자산 역할을 할 수 있다. 노년층의 경험이 청장년층에 큰 도움이 되지 않을 수 있다. 지금은 별로 크게 중요하지 않은 기술을 소지한 사람과 새 기술을 소지한 사람으로 구별될 수 있다. 물론 구체적으로 사회, 집단마다 차이는 있을 수 있다. 이러한 유형 비교는 어떻게 일생에 지속적으로 행복할 수 있는지 생각하게 한다.

연습문제

위의 '경쟁' 또는 '생애 곡선'을 대상으로 한국 문화를 검토해 보자. 또는 한국과 일본을 비교해보자.

- **도움말**

우리나라와 일본은 다르고 1940년대를 배경으로 하고 있다는 한계가 있지만 위에 보이는 '경쟁'이나 '생애 곡선'은 현재 우리에게 어떻게 적용해 볼 수 있을까 생각해볼 필요가 있다. 우리의 현재 위치를 생각하고 앞으로 나아갈 방향도 생각해볼 수 있다.

5. 자연과 논술

5.1. 이기적 유전자

-제목 논란

리처드 도킨스(Richard Dawkins, 1941~), 홍영남·이상임 옮김, 40주년 기념판 『이기적 유전자』(을유문화사, 2018)의 일부를 들어 검토해본다. 제목이 특이한데 출간 이후로 제목에 대한 논란이 있었던 것으로 보인다. 30주년 기념판 서문의 일부를 들어본다.

책 제목에 대한 이야기부터 거슬러 올라가 보자. 1975년에 친구 데스먼드 모리스Desmond Morris의 소개로 런던 출판계의 베테랑 톰 마슐러Tom Maschler에게 부분적으로 완성된 원고를 보여주었다. 그리고 우리는 조너선 케이프 출판사에 있는 그의 방에서 토론을 벌였다. 그는 책의 내용은 마음에 들어 했으나 제목엔 불만이었다. '이기적'이라는 말은 "침울한 단어down word"라고 그는 말했다. 왜 '불멸의 유전자The Immortal Gene'라고 하지 않느냐? '불멸'이라는 단어는 "활기찬 단어up word"이며, 유전 정보의 불멸성이 이 책의 중심 주제인 데다가, '불멸의 유전자'도 '이기적 유전자' 못지않게 매혹적인 어감을 지니고 있지 않느냐는 것이었다(그런데 그때 우리 중 누구도 오스카 와일드Oscar Wilde의 『이기적인 거인The Selfish Giant』과 어감이 비슷한 것을 눈치채지 못했다). 지금 생각해 보면 마슐러가 옳았던 것 같다. 많은 비평가들, 특히 철학을 한다고 목청을 돋우는 비평가들은 책 제목만 읽기를 좋아한다는 것을 알게 되었기 때문이다. 의심할 바 없이 이런 방법은 『벤저민 버니의 이야기The Tale of Benjamin Bunny』라든가 『로마 제국의 쇠망사The Decline and Fall of

> *the Roman Empire*』같은 책이라면 통한다. 그러나 『이기적 유전자』는 책에 대한 충분한 설명 없이는 그 내용에 대해 부적절한 인상을 줄지도 모른다. 오늘날의 미국 출판사라면 분명히 부제라도 붙여 달라고 했을 것이다. (10~11면)

책 제목만으로 전체 내용을 예상하는 것이 저자도 인정하는 것처럼 일부 경우에는 가능하다고 할 수 있다. 실제로 읽은 적이 없는 사람이라고 하더라도 위에 언급된 하나는 '벤저민 버니가 주인공인 이야기'일 것 같고 다른 하나는 '로마 제국의 쇠락 및 멸망 과정'을 보여줄 것으로 생각하기 쉽고 실제로도 그러하다고 하겠다. 그런데 그렇게 제목을 통한 접근 방식을 '이기적 유전자'에 적용한다면 『이기적 유전자』는 어떻게 보일까. 유전자의 이기성을 다루는 것으로 보일 수 있다. 제목이 주는 그러한 인상에 책의 내용을 검색해보면 자연선택, 진화 등에 대해 다루는데 '뭇 생명은 이기적으로 살게 마련이다'라는 식으로 받아들이고 비판하는 일이 있었던 것으로 보인다.

물론 제대로 읽고 비평하려고 하지 않고 제목을 통해 얻은 느낌을 활용해 '인상비평' 방법으로 비판하는 것은 오해의 소지가 있으니 전체를 잘 읽어보면 알 수 있다고 대응할 수 있지만 그렇다고 해서 그렇게 비판하던 사람이 태도를 바꾸는 일은 많지 않아 보인다. 제목의 느낌만으로 비판하던 사람이라면 '더 볼 것도 없다'라고 할 수 있고 읽기는 읽었지만 제목의 느낌 위주로 비판하던 사람이라면 '그러면 그렇게 쓰지 그랬냐. 너는 분명히 그렇게 쓰지 않았다'라고 하면서 역시 태도를 바꾸지 않을 수 있다. 세상의 지식을 두루 다루고 주저 없이 비판하는 사람들이 종종 원저자의 뜻과 다르게 받아들이는 일이 있는데 이는 분명히 문제라고 하겠지만 저자가 처음부터 용어, 제목 등 사용에 오해의 소지를 줄일 필요가 있다.

이후에 저자가 '이기적'이라는 제목을 붙였던 이유를 해명하면서 저자도 "'불멸의 유전자'를 책 제목으로 해야 했을지 모르겠다."라고 하고 있다(13면). 그 외에 이기적 유전자라는 제목의 대안으로 '협력적 유전자The Cooperative Gene'도 설정하고 있다. "이 제목은 역설적이게도 정반대 의미로 들리지만, 이 책은 이 책은 이기적인 유전자들 사이의 협력에 대해 중점적으로 논한다."라고 하고 있다(13면). '불멸의 유전자' 등으로 제목을 붙였다면 혹시 덜 인상적일 수는 있겠지만 오해의 소지는 줄어들었을 것이다.

사소해 보일 수 있는데 제목에 '이기적'이라는 단어가 사용된 데에 오스카 와일드의 <이기적인 거인>과 관련이 있는 것으로 보인다. <이기적인 거인>은 이기적 거인이 기독교적 체험을 통해 이타적 거인으로 변하고 결국 신의 구원을 받아 죽어서 천국에 갔다는 줄거리의 작품이다. '이기적'이기는 하지만 전체적으로 또는 계속 '이기적이기만 하지는 않은' 측면이 있는 작품이라 저자가 자신이 생각하는 유전자도 같은 측면이 있기 때문에 그렇게 제목을 붙였을 것으로 짐작하게 한다.

정리해 보자면 저자로서는 오해의 소지는 있었지만 '이기적'이라는 용어를 쓴 이유가 명백히 있으며 정반대로 보이는 '이타적' 등의 용어를 사용하는 것도 가능하다고 하겠는데 '이기적'과 '이타적'이라는 개념에 이 책에서는 범주에 따라서 다르게 사용된 것으로 볼 수 있다고 생각하게 한다. 저자는 자연선택은 유전자 수준에서 이뤄지는 선택이 사실이라면 같은 유전자의 사본을 갖고 있을 것이라 생각되는 혈연자를 양육하는 일이 전혀 놀라운 일이 아니라고 하면서 "이와 같은 혈연 이타주의는 유전자의 이기주의가 개체 이타주의로 모습을 바꾸는 방법 중 하나일 뿐이다."라고 했다(11면). 즉 유전자 차원에서는 '이기적'이라는 말이 개체 차원에서는 '이타적'이라는 말도 된다고 할 수 있다.

-사회성 곤충

진딧물이 유성생식도 하고 무성생식도 한다는 것은 이미 오래전에 밝혀졌다. 만약 당신이 어떤 식물에 붙어 있는 진딧물 떼를 봤다면, 이들은 아마도 모두 한 암컷이 만든 클론이고 옆의 식물에 붙어 있는 것은 다른 암컷의 클론일 것이다. 이론적으로 이러한 조건은 혈연선택에 의한 이타주의가 진화하는 데 이상적이다. 그러나 진딧물의 이타적인 행동에 대한 사례는 발견되지 않다가, 1977년(본서의 초판에 싣기에는 약간 늦었다)에야 비로소 시게유키 아오키Sigeyuki Aoki가 일본의 진딧물 중에서 불임의 '병정' 진딧물을 발견하였다. 이후 아오키는 여러 다른 종에서 이 현상을 발견했고, 병정 진딧물이 다른 진딧물 종류에서 적어도 네 번 이상 독립적으로 진화했다는 확실한 증거를 얻었다.

아오키의 이야기를 요약하면 다음과 같다. 진딧물의 '병정'은 개미와 같은 전통적인 사회성 곤충의 계급, 즉 카스트와 마찬가지로 해부적으로 다르다. 병정은 완전한 성충으로 자라지 않는 유충이므로 불임이다. 병정은 겉모습도 행동도 병정이 아닌 같은 연령의 유충과 다르다. **유전적으로는** 같은데 말이다. 보통 병정은 병정이 아닌 진딧물보다 크다. 그리고 특히 큰 앞다리를 가지고 있어서 마치 전갈처럼 보인다. 머리에는 튀어나온 날카로운 뿔이 있다. 병정은 이 무기를 사용해서 포식자와 싸우고 적을 죽인다. 이 과정에서 자주 죽기도 하지만, 죽지 않더라도 병정들은 불임이기 때문에 유전적으로 '이타적'이라고 보는 것이 옳다. (중략)

그렇다면 진딧물은 전통적인 개미, 벌, 흰개미의 요새였던 사회성 곤충의 배타적인 모임에 포함될 수 있을 것인가? 곤충학계의 보수주의자들은 여러 근거에서 진딧물을 배척할 것이다. 일례로 진딧물에게는 수명이 긴 여왕이 없다. 더욱이 진정한 클론이기 때문에 진딧물의 '사회성'은 우리 몸의 세포 정도밖에 안 된다. 식물을 먹고 있는 한 마리의 동물일 뿐이다. 어쩌다 보니 그 몸이 분리된 진딧물로 나뉘고, 그중 일부가 인체의 백혈구와 같이 몸을 방어하는 역할에 전문화되어 있을 뿐이다. 이들의 논리에 따르면 '진정한' 사회성 곤충은 한 생물체의 일부분이 아님에도 불구하고 서로 협력하지만, 아오키의 진딧물은 같은 '생물체'에 속해 있기 때문에 협력한다는 것이다. 이 말장난 같은 이야기에 대해서 나는 도무지 의욕이 나지 않는다. 개미들에게서 무슨 일이 일어나고 있는가를 이해하는 한, 진딧물과 인간의 세포를 사회적이라고 부르든 그렇지 않든 그것은 자유라고 생각한다. 내 의견을 피력하자면, 나는 아오키의 진딧물들이 한 생물체를 구성하는 일부분이 아닌, 사회성 동물이라고 불려야 할 이유가 있다고 생각한다. 진딧물 한 마리는 가지고 있지만 진딧물의 클론은 가지지 않은, 하나의 개체가 지니는 결정적인 특징이 있다. 이 논의는 『확장된 표현형』의 '유기체의 재발견'이라는 장 및 본서에 새롭게 추가한 '유전자의 긴 팔'에 자세히 기술하였다. (532~534면)

『이기적 유전자』에서 개념의 문제를 확인할 수 있다. 사회성 곤충의 범위에 대한 의견의 차이가 드러났다고 하겠는데 진딧물이 포함될 수 있는가의 문제라고 하겠다. 여러 백과사전을 검색해봐도 진딧물에 대한 정확한 언급이 없는 것이 대부분이었다. 진딧물의 일부가 포함되는지 알 수 없었는데 강영희 외, 개정판 『생명과학대사전』(여초, 2014)에서 '사회성 곤충' 항목에 '진딧물의 일부'가 포함되어 있다. 그 항목의 서술에서 진딧물의 일부가 포함되는지에 대한 논란이 있다고 하지는 않고 있다. 혹시 예전의 논란이 있었는데 책이 출간된 당시에는 더 이상 논란이 되지 않았기 때문에 서술하지 않았는지 모르겠다.

병정 역할을 하는 개체가 있다는 점에서 일부 진딧물은 개미, 흰개미와 같다고 하겠다. 보통 일하는 개체와 달리 주로 하는 일이 적과 싸우는 일이고 자기 자신은 불임이라 직접 생식에 참여할 수 없으니 자신의 유전자를 직접 후대에 전할 방법은 없다. 그러면서도 다른 개체를 위해 싸우는 일을 하니 이타적이라고 할 수 있다. 저자는 일부 진딧물의 이러한 활동을 통해서 사회성 곤충이라고 볼 수 있다고 판단하면서 '보수주의자들'은 이러한 진딧물을 사회성 곤충으로 인정하지 않을 것이라고 하면서 그러한 진딧물에는 여왕 역할을 하는 개체가 없는 것을 하나의 이유로 들었다.

사회성 곤충의 개념 정의를 내린다고 할 때 상식적으로 곤충인 것은 너무나 당연한 일이고 '사회성'을 주요한 특징이라고 보아야 할 것이다. 그러니까 직접 먹이를 구하는 활동을 하지 않고 알 낳기만 주로 하며 더 오래 사는 왕의 존재가 개념 정의에 필수적이거나 매우 중요하다고 볼 수 없다는 것이 저자의 생각으로 보인다. 진딧물 한 마리가 많은 수를 낳는다는 점에서는 같다고 할 수 있다. 다만 주로 낳기만 하고 먹이 공급을 받아 직접 일하지 않는 것은 아니니 여왕벌, 여왕개미와는 다르다고 하겠다. 또 진딧물이 낳은 것은 클론이라 유전적으로 100% 일치하고 여왕개미가 낳은 일개미들은 유전적으로 75% 일치하니 이 점도 다르다고 하겠다.

기존의 개념이 이미 정해져 있고 새로운 연구 또는 관찰의 결과로 유사한 사항이 발견되었을 때 이러한 사항도 개념에 포함될 수 있는지를 생각할 때 (거의) 완전히 일치해야만 포함된다고 하기는 어려울 것이다. 핵심 요소만 일치하면 포함된다고 해야 할 것이다. 다만 무엇이 핵심 요소인지에 대해서는 비전문가가 판단하기 쉽지 않을 수 있고 사안에 따라서는 전문가들 사이에도 의견이 다를 수 있다. 사회성 곤충에 일부 진딧물이 포함될 수 있는지에 대해 저자와 다른 전문가들의 의견이 다른 것으로 보인다. 저자는 사회성을 보인다는 측면에서 같으니 위에 서술된 차이점은 상대적으로 사소해 보이는데 같은 개념에 포함하지 않으려 하는 다른 전문가들에게 답답해하는 것으로 보인다.

> –진화적으로 안정한 전략
>   컴퓨터 시뮬레이션상에서 지금까지 말한 다섯 개의 전략 모두를 자유롭게 행동하도록 놔두면 보복자만이 진화적으로 안정한 전략이 된다.* 시험 보복자는 안정한 전략에 가깝다. (166면)
>   [주석] 유감스럽지만 이 문장은 잘못된 것이다. 메이너스 스미스와 프라이스의 원전 논문에 오류가 있었으며 나는 본서에서 그 잘못을 반복했다. 그뿐만 아니라 시험 보복자가 ESS에 가깝다는 어리석은 발언을 해서 잘못을 가중시켰다(어느 전략이 ESS에 가깝다면 ESS는 아니므로 다른 전략의 침입을 받게 된다). (중략) 게일J. S. Gale과 이브즈I. J. Eaves는 컴퓨터로 동적 시뮬레이션을 실시해 방대한 세대에 걸쳐 동물의 개체군 모델에 진화를 일으켰다. 이들은 이 게임에서 진정한 ESS는 매파와 불량배가 안정된 비율로 혼합된 것임을 보였다. 초기의 ESS 문헌에 있었던 오류가 이러한 종류의 동적 시뮬레이션으로 밝혀진 경우는 이것뿐만이 아니다. (523면)

원문에서 진화적으로 안정한 전략(evolutionary stable strategy, ESS) 개념을 소개하고 동물의 공격적 행동에 대해 매파, 비둘기파를 먼저 등장시키고 보복자, 불량배, 시험 보복자 셋을 이후에 등장시켜 어떠한 행동 전략이 안정적인지를 살피는 부분의 일부이다. 조금이라도 중요하다 싶은 서술을 다 인용하려면 상당히 많은 부분을 인용해야 해서 읽기에 부담이 되어 비효율적으로 되기 때문에 요약과 정리가 필요하다고 하겠다.

먼저 ESS에 대해 저자는 "ESS는 개체군에 있는 대부분의 구성원이 일단 그 전략을 채택하면 다른 대체 전략이 그 전략을 능가할 수 없는 전략이라고 정의된다.*"(158면)라고 하고 주석에서 "ESS란 자신의 복사본에 대해 잘 대응할 수 있는 전략이다."라고 했다. 그러면서도 자신의 정의가 불완전한 측면이 있어서 기존 정의를 대체할 수는 없다고 하면서도 ESS

의 기본 개념을 직관적으로 담고 있다는 장점이 있다고 했다. (522면) 먼저 등장하는 표현이 전형적인 정의의 표현에 가깝다고 뒤에 등장하는 표현이 개념의 특징을 나타내는 표현이라고 하겠다.

먼저 매파와 비둘기파의 단순한 예로 시작한다. 매파는 싸울 때 죽거나 크게 다칠 때까지 끝까지 하고 비둘기파는 싸울 때 위협만 하다가 싫증이 나거나 더 이상 버틸 필요가 없으면 물러난다. 싸워서 이기고 지는 것과 소모된 시간에 대해 점수를 계산해서 매파와 비둘기파의 이상적 비율로 ESS에 도달하게 된다고 했다. 다음으로 이러한 단순한 설정에서 벗어나 항목이 추가되는데 먼저 보복자인데 보복자는 비둘기파를 만났을 때는 비둘기파로 행동하고 매파를 만났을 때는 매파로 행동한다고 한다. 다음은 불량배인데 불량배는 일단 매파로 행동하다가 상대가 반격하면 도망친다고 한다. 마지막으로 시험 보복자인데 시험 보복자는 기본적으로 보복자인데 가끔 시험 삼아 싸움의 강도를 높인다고 한다.

이제 저자가 처음에는 보복자만이 ESS라고 했다가 매파와 불량배가 이상적 비율로 섞여 있는 것이 ESS라고 했다. 저자는 일반 동물의 세계만을 대상으로 서술하는 것으로 보이는데 인간 세계에 적용한다면 어떻게 될까 하는 상상을 해보게 된다. 인간은 행동 유형이 다른 동물보다 복잡해서 그대로 적용되기는 어려울 것이지만 한번 상상해 볼 필요는 있다. 매파는 이익을 지키기 위해 끝까지 투쟁하는 인물 유형이 될 것이고 불량배는 강한 체하다가 상황이 불리해지면 물러나니 속물 유형이 될 것이다. 전자는 가족에게는 좋을 수 있겠지만 가족 외의 사람에게는 좋지 않을 수 있다. 후자는 강자에게 약하고 약자에게 강하다고 정리될 수 있어서 다른 사람에게 좋게 보이지 않겠지만 또 주변에서 생각보다 자주 볼 수 있다. 이렇게 어설프게라도 적용해보면 인간 세계의 설명에도 도움이 될 수 있다고 할 수 있다. 그 외에 사소해 보일 수 있는데 하나 지적할 만한 것이 있는데 아래 예를 볼 필요가 있다.

특히 사회인류학자들에게는 흥미로운 이야깃거리가 있을지 모르겠다.* (217면)
[주석] 이는 내가 얼굴을 붉힐 정도로 나를 부끄럽게 만드는 문장이다. (중략) 내가 "간통이 매우 흔한 사회에서는 외삼촌이 아버지보다 이타적일 것이다. 외삼촌

> 쪽이 그 아이와의 근연도에 대해 더 확실한 근거를 갖고 있기 때문이다"(217쪽)라는 구체적인 가설을 제안했을 때, 유감스럽게도 러처드 알렉산더가 이미 같은 것을 제안했다는 사실을 간과하였다(이에 대해 사과하는 내용을 본서 초판의 후기 인쇄본에서 각주로 넣었다). (544면)

본문과 주석의 처리 방법이 보인다. 초판에는 주석이 별로 없었던 것 같은데 초판에서 발견된 문제점을 주석을 통해 해명하거나 수정하는 일이 이렇게 보인다(더 정확히는 미주(尾注) 방식이다). 일단 출판 이후에 나타난 문제점을 처리하는 방법이 세 가지 정도 있을 것 같다.

> ① 원문을 수정하고 특별히 주석을 통해 따로 밝히지는 않는다.
> ② 원문을 수정하고 주석을 통해 따로 밝힌다.
> ③ 원문을 수정하지 않고 주석을 통해 따로 밝힌다.

먼저 ①을 살펴보자면, 서적의 출간 이후에 쇄(刷)를 달리하거나 판(版)을 달리할 때 꼭 틀린 정보가 아니라 단순히 오자가 있거나 문장이 매끄럽지 않거나 비문이 있을 때 수정하는 일이 있다. 보통 이러한 정도의 수정은 대개 밝히지 않고 밝히지 않는 것이 오히려 독자에게 도움이 될 수도 있다. 예를 들어 어떤 책의 2판을 찍을 때 '우리 나라'로 띄어쓰기가 잘못된 것을 '우리나라'로 수정하고 주석을 통해 '이렇게 바꾸게 되었다'라고 친절하게 설명을 추가한다면 독자에게 어떻게 비칠까. 물론 친절한 말씀 감사하다고 느낄 사람도 있겠지만 독자가 일일이 그러한 수정 사항을 읽는, 노력의 낭비를 유발한다고 느낄 사람도 있을 것이다. 그 외에 분류가 달라졌다든가 설명이 달라졌다든가 설명에 사용되는 자료를 교체했다든가 하는 변화도 따로 밝히지 않을 수 있다.

다음으로 ②를 살펴보자면, 위에 보이는 것처럼 특정 부분의 작은 주장에 해당하는 근거가 잘못되었다든가 하는 점은 비록 전체의 주제에 영향을 미칠 정도는 아니지만 작은 주장이라도 설명 없이 갑자기 바뀌었다는 느낌을 주기 싫다고 판단될 때는 주석을 통해서 수정 사항을 밝힐 수 있다. 이러한 점에서는 ③도 같다고는 하겠다. 다만 ②

와 다른 점은 원문을 그대로 두고 주석을 통해 수정 사항을 밝힌다는 점이 다르다. 어찌 보면 별 차이가 없다고 생각할 수도 있지만 꼭 그렇지는 않다. ③의 방식을 사용하면 원문 자체는 특별히 손보지 않아도 되겠지만 주석을 잘 안 읽고 넘어가는 독자에게는 수정 사항이 제대로 전달되지 않을 수도 있다. 물론 주석까지 제대로 읽어야 하는 것이 맞기는 하지만 실제로 주석에는 인용 서지 사항이나 보충 설명 정도 적혀 있을 것으로 생각하고 잘 읽지 않는 사람도 있다. 이러한 사람들은 수정된 사항을 알지 못할 수 있는 만큼 ③의 방식보다는 ②의 방식을 사용하는 것을 더 고려해야 한다고 생각한다.

> **-밈**(meme)
> 　새로이 등장한 수프는 인간의 문화라는 수프다. 새로이 등장한 자기 복제자에게도 이름이 필요한데, 그 이름으로는 문화 전달의 단위 또는 **모방**의 단위라는 개념을 담고 있는 명사가 적당할 것이다. 이에 알맞은 그리스어 어근으로부터 '미멤 mimeme'이라는 말을 만들 수 있는데, 내가 원하는 것은 '진gene(유전자)'이라는 단어와 발음이 유사한 단음절의 단어다. 그러기 위해서 위의 단어를 **밈**meme으로 줄이고자 하는데, 이를 고전학자들이 이해해 주기를 바란다. 위안이 될지 모르겠지만, 이 단어가 '기억memory', 또는 프랑스어 'même'라는 단어와 관련 있는 것으로 생각할 수도 있다. 이 단어의 모음은 '크림cream'의 모음과 같이 발음해야 한다.
> (364면)

『이기적 유전자』를 실제로 읽어보지 않은 사람 중에도 '밈'을 들어본 사람이 충분히 있다고 생각한다. 저자가 그리스어에서 모방의 의미가 담긴 단어를 이용해서 처음으로 '밈'이라는 용어를 만들었다. 주석에서 저자가 이 단어가 사용되고 있고 사전에도 올랐다고 하고 있다. 『옥스퍼드영한사전』에 "비유전적 문화 요소[문화의 전달 방식](유전자가 아니라 모방 등에 의해 다음 세대로 전달됨)"라고 하고 있다. 유전자를 통해 유전 정보가 전달되는 것처럼 비록 직접 유전되지는 않지만 모방과 학습을 통해 전달되고 변형되는 과정을 거친다는 점에서 유전자의 전달과 유사한 측면이 있다고 하겠다.

'gene' 단어의 모음이 장음인 것처럼 'meme'도 모음을 길게 발음하라고 해서 맞추라고 하고 있는 것이 특징이라고 하겠다.

> 밈과 유전자는 종종 서로를 보강하지만 때로는 서로 대립하기도 한다. 예컨대 독신주의 같은 것은 유전되는 것이 아니다. 사회성 곤충과 같이 매우 특수한 상황을 제외하면, 독신주의를 발현시키는 유전자는 유전자 풀 속에서 실패하게 돼 있다. 그러나 여전히 독신주의의 밈은 밈 풀 속에서 성공할 가능성이 있다. (중략) 독신주의 밈은 성직자로부터 아직 인생의 목표를 정하지 않은 소년들에게 전해진다. 전달의 매체가 되는 것은 인간에게 영향력을 갖는 여러 가지 매체, 예컨대 언어, 문자, 개인의 전례 등이다. 여기서 논의의 편의상 대중에 대한 성직자의 영향력이 어쩌다 결혼 때문에 약화되었다고 해 보자. 그리고 이는 결혼이 그 성직자의 시간과 관심을 차지했기 때문이라고 해 보자. 사실 이것은 성직자에게 독신 생활이 강요되는 공식적인 이유이기도 하다. 만약 위와 같은 일이 벌어진다면 독신주의 밈은 결혼을 촉구하는 밈보다 높은 생존 가치를 가질 수 있다. 물론 독신주의를 촉구하는 '유전자'가 있다면 정반대의 이야기가 될 것이다. 성직자가 밈의 생존 기계라고 한다면 독신주의는 그에게 알맞은 유용한 속성이 된다. 독신주의는 상호 협력하는 종교적 밈들이 만들어 낸 거대한 복합체에서 작은 일부분인 셈이다.
> (374~375면)

상식적으로 추측해 보더라도 밈이 인간 생존 및 유지에 유리한 방향으로 작용할 것으로 볼 수 있다. 그러니 대체로 밈과 유전자는 서로를 보강하는 관계에 있다고 할 수 있다. 그런데 독신주의에 대해 생각해보면 서로 대립하는 관계에 있다고 하겠다. 독신주의는 유전자의 전달에 도움이 되지 않기 때문이다. 저자가 사회성 곤충을 언급하는데, 다른 부분에 나온 것과 같이 일벌은 자신은 불임이지만 자신의 활동이 결국 유전자의 전달에 도움이 된다고 할 수 있으니 독신주의 인간과는 다르다. 만일 독신주의 인간이 자신의 형제를 도와 조카를 돌보는 데 많은 시간을 할애한다면 사회성 곤충과 유사한 측면이 있다고 하겠지만 그러한 이유로 독신주의인 경우가 일반적이라고 보이지는 않는다.

다만 저자가 말하는 것을 살펴보면 독신주의가 종교적 독신주의에서 일반적, 즉 비종교적 독신주의로 퍼져나간다는 주장으로 보인다. 일단 종교적 독신주의와 비종교적 독신주의가 공통의 속성이 있어 보인다. 결혼 및 출산 등으로 이어지는 생활이 온전히 자신에게 쏟을 수 있는 시간과 노력을 줄여야 한다는 측면이 있기 때문이다. 상대적으로 현대에 오면서 강화되는 측면이 있는 것으로 보이고 특히 우리나라에 많아지는 것으로 보이는 독신주의가 종교와 직간접적으로 관련이 있는지는 확실하지 않다. 특별히 종교적으로 독실하기 때문에 비록 성직자로 살지는 않지만 성직자에 준해서 살고 싶어한다든가 어려서 독신으로 사는 성직자를 보면서 멋있어 보여서 전혀 종교적인 이유는 아니지만 독신으로 살고 싶어한다고 해야 종교에서 독신주의가 일반 사회로 퍼져나갔다고 할 수 있지 않을까 생각한다.

단순한 추측 수준이지만 차라리 독신주의도 일부 인간의 사고에 자연스럽게 볼 수 있는데 오히려 종교적 독신주의가 특수한 형태로 보아야 할 수도 있다고 생각한다. 현대로 오면서 사회적으로 부모의 권위로 반강제로 결혼하게 되는 일도 거의 없어지게 되어서 독신주의 사고가 용이하게 표출될 수 있는 여건이 갖추어졌다고 할 수 있다. 그 외 청년 빈곤 문제 등 사회적 원인도 추가될 수 있다. 이렇게 보면 저자가 독신주의를 촉구하는 유전자가 있을 수도 있다고 했는데 그러한 방식으로 설명할 수도 있을 것이다. 독신주의를 촉구하는 것을 한동안 문화적으로 억제해 왔다가 점차 그러한 통제 구조가 약화되면서 독신주의의 경향이 늘어나는 것으로 볼 수도 있다. 취업, 경제적 수준 등 사회적 여건으로 비자발적 독신이 늘어나는 측면이 있는데 넓은 의미의 독신주의로 볼 수 있다.

> 순수하고 사욕이 없는 진정한 이타주의의 능력이 인간만이 가진 또 다른 성질일 가능성도 있다. 나는 이것이 사실이기를 바란다. (중략) 적어도 우리에게 당장 눈앞의 이기적 이익보다 장기적인 이기적 이익을 따질 정도의 지적 능력은 있다. 우리는 '비둘기파의 공동 행위'에 가담하는 것이 장기적 이익이 될 수 있음을 이해할 능력이 있으며, 이 공동 행위가 소기의 목적을 달성할 수 있도록 그 방법을 서

> 로 논의할 능력이 있다. 우리에게는 우리를 낳아 준 이기적 유전자에 반항하거나, 더 필요하다면 우리를 교화시킨 이기적 밈에게도 반항할 힘이 있다. (중략) 우리는 유전자의 기계로 만들어졌고 밈의 기계로서 자라났다. 그러나 우리에게는 우리의 창조자에게 대항할 힘이 있다. 이 지구에서는 우리 인간만이 유일하게 이기적인 자기 복제자의 폭정에 반역할 수 있다. (377~378면)

『이기적 유전자』의 마지막 부분은 아니지만 결론적 성격이 어느 정도 드러난다고 하겠다. 주석에서 저자가 밝히고 있는 것처럼 (앞부분에서 유전자에 의해 결정되는 측면을 강조해서인지) '유전자 결정론자'로 저자를 생각하기도 하고 앞에서는 유전자에 의해 결정되는 측면을 강조하다가 뒤에서 '자유 의지'를 거론하니 자기모순이라고 보는 견해가 있다고 인용해서 소개하고 있다. 단순히 형식만으로 볼 때 앞에서 유전자 결정론을 강조하고 뒤에서 자유 의지를 강조한다면 자기모순으로 볼 수 있다. 이것이 자기모순인지 아닌지는 단순히 형식만으로 판단하기 어렵고 전반적으로 내용을 살펴야 한다. 저자는 주석에서 "우리, 즉 우리의 뇌는 우리 유전자의 명령에 반항할 수 있을 만큼 유전자로부터 떨어져 있고 독립적이다. 이미 살펴본 대로, 우리가 피임법을 사용하는 것도 작은 반역이다. 우리가 큰 규모의 반역 역시 꾀하지 못할 이유는 아무것도 없다."(597면)라고 했다.

완전한 유전자 결정론과 완전한 자유 의지 강조는 양립하기 어려울 것으로 보인다. 그러나 완전히 유전자로 결정되는 것은 아니고 어느 정도 자유 의지로 가능한 측면이 있다고 한다면 양립할 가능성이 있다고 할 수 있다. 저자도 이러한 방식으로 생각하는 것으로 보인다. 유전자의 관점에서 보면 피임하는 것부터가 유전자에 대한 반역이라고 할 수 있다. 다른 예가 있는데 2021년 1월 26일 일본에서 지하철 선로에 떨어진 취객을 구하려다 목숨을 잃은 이수현(李秀賢, 1974~2001) 20주기 추도식이 도쿄와 부산에서 열렸다. 유전자의 관점에서라면 나라가 다르고 유전자의 거리가 멀어 보이는 사람을 구하려 목숨을 걸 필요가 없다고 할 수 있을지 모른다. 하지만 저자의 관점에서 보면 순수한 이타주의로 목숨을 걸었다는 차원에서 고귀한 희생으로 기억되며 강조된다고 할 수 있다.

연습문제

『이기적 유전자』 일부를 읽고 생각해 보자.

　최근 인종 차별주의나 애국심에 반대하여 동지 의식의 대상을 인류라는 종 전체로 바꾸려는 움직임이 일고 있다. 이처럼 이타주의의 대상을 확장하고자 하는 인도주의자들은 흥미로운 면모를 지니고 있는데, 진화에서 '종의 이익'이 중요하다는 사고방식을 지지하는 것처럼 보인다. 보통 종의 윤리를 가장 확신하는 이 정치적 자유주의자들은 이타주의의 대상을 조금 더 확장하여 다른 종까지 포함시키려는 사람을 매우 경멸하는 경우가 종종 있다. 만약 내가 사람들의 주거 문제를 개선하는 것보다 대형 고래의 도살을 막는 것에 더 관심이 있다고 말한다면 몇몇 친구들은 충격을 받을 것이다.

　동종의 일원이 다른 종의 일원에 비해 특별한 도의적 배려를 받는 것이 당연하다는 생각은 아주 오래전부터 이어져 온 것이다. 전쟁 이외의 상황에서 살인하는 것은 통상 범죄 중 가장 큰 죄로 생각되어 왔다. 우리 문화에서 살인보다 더 강하게 금지되는 유일한 것은 식인 행위다(비록 이미 죽은 자일지라도). 그러나 우리는 다른 종의 일원을 먹는 것을 즐긴다. 대부분의 사람들은 잔인무도한 범인에 대해서조차 사형 집행을 꺼려하는 데 반해, 많은 피해를 주지 않는 유해 동물에 대해서는 재판도 없이 쏴 죽이는 데 기꺼이 동의한다. 그뿐인가! 우리는 수많은 무해한 동물을 오락이나 유흥을 위해 죽인다. 아메바만큼이나 인간적 감정이 없는 인간의 태아는 어른 침팬지보다도 많은 공경과 법적 보호를 받는다. 그러나 최근의 실험적 증거에 따르면 침팬지는 감정이 있고 사고할 뿐만 아니라 인간의 언어를 배울 수도 있다. 태아는 우리 종에 속하므로 그것만으로 특혜와 특권이 부여되는 것이다. 리처드 라이더Richard Ryder가 말하는 '종 차별주의'의 윤리가 '인종 차별주의'의 윤리보다 확실한 논리적 근거가 있는지 나는 모른다. 단지 내가 아는 것은 그러한 논리에는 진화생물학적으로 적절한 근거가 없다는 것이다. (58~59면)

1. 저자가 인간의 종 중심적 사고방식을 비판하는 것을 전체의 맥락에서 살펴보자.

2. 위에서 저자가 비판한 육식에 관한 인간의 모순적 인식을 정리하고 동물권, 채식주의 등의 관점에서 검토해보자.

· **도움말**

"이 책에서 나는 **유전자의 이기성**이라는 기본 법칙으로 개체의 이기주의와 이타주의 모두가 어떻게 설명될 수 있는지 보이고자 한다. 그러나 이에 앞서 이타주의에 관한 잘못된 설명을 지적하지 않을 수 없다. 왜냐하면 이와 같은 설명은 이미 널리 알려져 있고, 학교에서도 이를 널리 가르쳐 왔기 때문이다."(54면)라고 하고 생물은 종, 집단의 이익을 위해 행동하도록 진화했다는 것이 오해라고 하며 이타적 행위를 하는 개체로 이루어진 집단으로 유지된다고 하는 집단선택설은 이기적인 개체가 소수가 있더라도 잘 살아남아 여러 세대를 거쳐 결국 주류가 될 것이라는 점에서 잘못이라고 지적하고 반대로 개체선택설(저자 자신은 유전자선택설이라고 부르는 것을 더 선호한다고 했다)이 정통이라고 했다. 집단선택설이 매력을 갖는 이유로 인간의 도덕적 이상, 정치적 이상과 조화를 이루기 때문이라고 하면서 집단 내 이타주의는 집단 간 이기주의를 동반할 때가 많다고 했다. 이타성과 이기성이 반대말이지만 두 개념 관련 양상은 단순하지 않다.

아주 심오하게 생각하지 않아도 육식에 관한 인간의 태도는 모순적이라고 할 수 있다. 자신이 기르는 개에게 돼지고기를 주는 것은 아주 특별한 상상은 아니다. 이 상황에 개와 돼지는 본질적으로 어떻게 다르다고 할 수 있는가. 이러한 인식이 확대되어 갈 때 연상되는 개념이 동물권, 채식주의 등이라고 할 수 있다. 동물권 자체에 대해서도 다양한 관점의 다양한 주장이 있는데 채식주의와 관련될 수 있다. 인간의 모순적 태도를 지적하여 결국 채식주의가 타당하다는 방식의 글쓰기로 향하라는 것은 아니고 이러한 개념들의 관련 양상을 파악하여 보다 나은 태도를 찾아보자고 하는 데 이 글쓰기의 의의가 있다. 종합적으로 다루려면 긴 글쓰기가 될 수 있으니 중요한 한 가지만 뽑아서 쓸 수도 있다.

5.2. 한국고전과 자연

　전통적으로 자연에서 은거하거나 자연을 지향하고 자연에서 본받으려는 자세는 계속 있었다고 하겠다. 현실 속에서 하늘로부터 받은 순수한 마음을 잃기 쉬운데 그럴수록 그러한 순수한 마음으로 돌아가기 위해서라도 자연 속에서 즐기는 자세를 중요하게 생각하기도 했다고 하겠다. 그런데 그렇게 자연을 중시하면서도 포괄적 의미의 자연에만 관심이 집중되었는지 개별적인 자연물 자체의 관심은 그다지 크지 않았던 것으로 보인다. 각종 생물에 인간의 생각을 결부시켜 이념적으로 파악하려고 해온 측면이 있는 것 같다.

　우리나라만 그러한 것은 아니고 동아시아에서 어느 정도 볼 수 있는 현상인 것 같다. 반포지효(反哺之孝)라는 유명한 사자성어에서 볼 수 있듯이 까마귀가 다 자라면 어미를 먹여 살린다고 하여 까마귀 하면 효도를 생각하게 한다. 사군자(四君子) 하면 군자의 절개를 상징하는 네 가지 식물이라는 점은 유명한데 해당 식물들이 특별한 의도, 의지가 있는 것처럼 파악한다는 점에서 다분히 인간 중심적인 이해의 측면이 있다고 하겠다. 상식적으로 보아도 사군자에 포함되는 네 가지 식물이 다른 식물보다 절대적으로 우월하다고 볼 수 있는 객관적인 근거를 과연 확인할 수 있을까 하는 생각도 든다.

　어쨌든 각종 생물이 효, 지조 등의 이념을 담고 있다고 생각해서 수많은 문학작품의 대상이 되기는 했지만 추상적이고 이념적으로만 작품화된 측면이 많다고 하겠는데 예를 들어 윤선도(尹善道, 1587~1671)가 연시조 <오우가>(五友歌)를 지었다는 것은 널리 알려진 사실인데 자신의 벗이라고 할 만한 다섯 가지 중에 생물인 소나무와 대나무가 있다. 그런데 작품 자체를 열심히 파고든다고 해도 구체적으로 어떤 품종의 소나무, 대나무인지 알 수는 없다. 윤선도가 작품을 짓는데 정확한 생물 정보를 활용하지 못했다고 비판하자는 것이 아니라 윤선도 입장에서는 해당 작품을 짓는 데에는 소나무와 대나무의 일반적 특성 및 상징성의 정보만으로도 충분하기 때문에 구체적 생물 정보를 드러낼 필요가 없었다고 하겠다.

　그렇다고 해서 생물 자체에 대한 관심이 전혀 없었던 것은 아니다. 적어도 농사를 위해서 각종 작물의 정보를 담은 농서도 있었고 음식 조리의 방법을 모아놓은 조리서도 있었다. 그리고 식물 재배 방법을 담은 원예서도 있었다. 이러한 종류의 책들은 대체로 중국에서 먼저 만들어지고 우리나라에 전해진 후에 보완하면서 우리나라에서도 일부 문헌이 만들어졌다. 그러한 문헌의 일부를 읽으면서 생각해 보는 것이 흥미로운 경험이 될 수 있는데 먼저 강희안(姜希顔, 1418~1465)의 『양화소록』(養花小錄) 일부 해석을 들어본다.

> 서울에서 (매화) 접을 붙이는 것은 모두 여러 겹꽃잎으로 된 붉은[千葉紅] 백매(白梅)인데 열매 맺기가 쌍이 많다. 곧 『보』(譜, 범성대(范成大, 1126~1193), 『범촌매보』(范村梅譜))에서 이른바 중엽매(中葉梅)와 원앙매(鴛鴦梅)이다. 영남과 호남에서 심는 것은 모두 홑꽃잎[單葉]인 백매인데 열매가 쌍으로 맺지 않으나 맑은 향은 다른 매화에 덜하지 않다. 무릇 매화 접붙일 때 먼저 작은 복숭아나무 심은 화분을 매화나무에 매달아 걸고 복숭아나무와 매화나무의 양 끝 껍질을 벗겨 제거하고 합하여 생칡으로 굳게 얽어 묶어서 기가 통하고 껍질이 꿰매져 서로 붙기를 기다린 후 본래 매화나무로부터 끊어 제거하는데 민간에서 이르기를 의접(倚接)이라고 한다. 화분을 음양이 서로 반 되는 곳에 두고 자주 물을 주면 서로 묶은 가지 끝이 옆으로 비스듬한 늙은 매화의 모습이 된다. 꽃봉오리가 가지에 붙으면 곧 따뜻한 방에 넣어 자주 더운물로 가지와 뿌리에 뿜는다. 화로 불붙인 숯을 곁에 두고 한기를 접하게 않으면 동지 전에 봉오리가 벌어져 만개하고 맑은 향기가 방에 가득하다. 특별히 침향, 사향을 태울 필요는 없다. 만약 늙어서 가지가 나오지 않고 가지가 나와도 꽃봉오리가 피지 않으면 곧 해를 향한 곳으로 옮겨 심어 그 자라는 뿌리를 놓아두면 곧 큰 나무를 이룬다. 꽃이 시든 후에는 한기를 받지 않도록 다시 움집에 넣어두는 것이 옳다. 열매를 맺는데 만약 한기에 닿으면 다만 열매를 맺지 못할 뿐만 아니라 가지 또한 마른다. 화분으로 질그릇을 쓴다. 물을 주어 건조하지 않게 하는데 고매(古梅)를 만들려고 한다면 모름지기 홑꽃잎인 매화를 접붙여야 한다.

매화를 다룬 부분의 일부이다. 인용된 부분의 앞에 매화가 널리 사랑받았다고 하고 매화가 특별히 격조 높은 것으로 생각되어 온 일을 다루었다. 이어서 다양한 매화의 종류에 대해 다루었다. 이 부분은 강희안이 직접 연구, 조사한 것은 아니고 중국의 기존 서적을 참조 또는 인용했다고 하겠다. 매화 접붙이기에 관한 부분을 인용하였다. 서울에서는 겹꽃잎, 영호남에서는 홑꽃잎 매화를 접붙이는 데 사용한다고 하고 있는데 이러한 부분은 중국 문헌에서 인용할 수는 없을 것으로 보이고 직접 실행해 보았거나 보고 들은 것으로 보인다.

원문에서 공정이 다소 복잡해 보이는데 복숭아나무를 대목(臺木)으로 하여 매화나무를 접목하는 방식이 소개되어 있다고 하겠다. 이러한 작업의 효과는 동지 전에 만개하고 향기도 가득하게 된다는 것을 들고 있다. 추위로 인한 피해를 막기 위해 움집이 사용되었다는 것을 알 수 있다. 접목을 통해 계절적 한계를 넘어서고 가지의 모양도 더 아름다워진다고 할 수 있다. 다만 이러한 매화 접목하여 기르기도 결국 선비의 절개를 상징하는 관념과 완전히 무관하지는 않아 보인다. 추울 때 핀다는 것 자체가 어려운 시절에도 굴하지 않는 선비를 충분히 떠올릴 수 있기 때문이다. <양화해>(養花解) 전체 번역문을 들어본다.

청천자(菁川子)가 한 저녁 뜰에 꾸부정하게 숙이고 흙을 돋아 심는데 일찍이 지겨워할 줄을 몰랐다. 어떤 객이 찾아와 그에게 일러 말하기를, "그대가 꽃을 기르는 데에 기르고 낳게 하는 기술은 곧 내가 이미 말을 들었다. 만약 몸을 수고롭게 하고 힘을 부지런히 하여 그 눈을 기쁘게 하고 그 마음을 어지럽게 해서 외물로부터 부림을 당하는 바가 되었으니 무엇 때문인가. 마음의 가는 바를 뜻이라 하니 곧 그 뜻이 어찌 잃음이 있지 않은가?"라고 했다.

청천자가 말하기를, "아, 진실로 그대의 말과 같다면 마른 나무가 그 모습이고 쑥이 그 마음인 연후에야 그침이네. 내가 만물이 천지간에 가득함을 보니 많고 끊임없는데 현묘하고 또 현묘하며 각각 그 이치가 있네. 이치는 진실로 궁구하지 않으면 지식이 또한 지극하지 않네. 고로 비록 하나의 풀과 하나의 나무라는 미물이지만 또한 마땅히 각각 그 이치를 궁구하고 각각 그 근본으로 돌아가면 두루 미치지 않음이 없음을 알게 하고 그 마음이 꿰뚫어 통하지 않음이 없게 하네. 곧 내 마음은 자연히 물(物)에 부림을 당하지 않고 물의 모습에 초월하니 그 뜻이 어찌 유독 상실함이 있겠는가? 또 하물며 물을 보고 자신을 살피고 앎이 지극해지면 뜻이 성실해진다고 옛사람이 일찍이 이러한 말이 있는데. 이제 저 창관(蒼官)의 장부는 쓸쓸히 흩어지고 늦게 시드는 지조로 유독 천 가지 풀과 백 가지 나무의 위로 나오니 이미 더할 수 없네. 그 나머지 은일의 국화와 높은 품격의 매화와 저 난초와 혜초(蕙草)와 서향(瑞香) 십여 종은 각각 풍미와 운치를 갖는데 창포는 외로운 추위의 절개가 있고 괴석은 굳은 덕을 얻으니 진실로 마땅히 군자가 벗할 바이네. 항상 눈에 의지하고 마음으로 체득함과 함께 다 버리고 멀리할 수 없네. 저 있는바 모습을 나의 덕으로 삼으면 그 이로운 바가 어찌 많지 않겠고 그 뜻이 어찌 넓고 큼이 있지 않겠는가? 넓은 처마와 가는 양탄자가 있고 구슬과 비취를 지니고 생황을 끌어 노래하는 자는 마음과 눈을 기쁘게 함을 구하나 마땅히 도끼로 성명(性命)을 베기에 족하고 교만함과 인색함을 싹틔울 뿐이네. 어찌 진실로 저 뜻을 상실하고 도리어 내 몸에 해가 됨을 알겠는가?"라고 하였다.

　객이 말하기를, "그대의 말이 옳네. 나는 그대를 따르겠네."라고 했다.

　일단 옛글에서 흔히 볼 수 있는 문답의 형식이다. 꼭 실제의 대화를 기록하지 않은 것일 수 있다. 손님이 찾아와서 처음으로 건네는 말이 심고 기르는 데에 몰입한다고 할 수 있는 강희안에 대한 우려의 시각을 그대로 드러낸다고 할 수 있다. 시간과 정성을 들여서 보기는 좋게 해놓았지만 결국 마음이 그러한 일에 빼앗기게 되어 오히려 정신적 안정을 잃게 되는 것 아니겠냐고 지적하는 말을 평소에 접했을 수 있다.

　그러한 지적에 대해 정말로 도움 되는 것은 적고 몸과 마음을 피곤하게 하는 점이 많다면 몸이 마른 나무처럼 되고 마음이 쑥대밭이 되어야 끝이 날 것이라고 하여 일단 그러한 예측이 그럴듯해 보인다고 인정하는 듯한 태도를 보인다. 물론 그렇게 보이지만 사실은 그렇지 않다는 반론이 이어서 나올 것이 예상된다고 하겠다. 자신에게는 많은 식물을 접하는 것이 공부라는 취지의 반론을 시작했다.

　이어서 '물을 보고 자신을 살피고 앎이 지극해지면 뜻이 성실해진다'라는 표현은 『대학』(大學)의 격물치지(格物致知)를 연상하게 하는데 사물의 이치에 이른 이후에 지식이 지극해지고 지식이 지극해진 이후에 뜻이 성실해지고 뜻이 성실해진 이후에 마음이 바르게 되고 마음이 바르게 된 이후에 몸이 닦아진다[物格而后知至 知至而后意誠 意誠而后心正 心正而后身修]고 하는 표현이 있는데 이러한 표현을 활용하면서 약간 수정한 것으로 보인다. 원문은 연쇄적인 방식인데 여기서는 병렬적인 방식이라고 하겠다. 원문을 그대로 이용하지는 않았지만 자신의 행위를 적어도 『대학』에 준하는 행위로 볼 수 있다는 주장으로 보인다.

계속해서 소나무를 창관(蒼官)의 장부라는 비유적인 표현을 사용하는 것을 포함해서 매화 등을 들어 마땅히 군자가 가까이해야 할 것이라고 하고 있다. 절개 등의 관념이 포함되어 있는 만큼 가까이 두고 보는 것이 수양에 도움이 된다고 주장이라고 하겠다. 그런데 여전히 식물을 키우는 데에 부정적으로 보는 관점에서는 굳이 그렇게 가꿔야만 자연 속에서 배울 수 있는지, 결과에 비해 들이는 시간과 노력이 너무 많지 않은지 하는 등의 의문이 들 수 있다. 당연한 말이지만 식물을 가꾸는 것이 수양에 도움이 되는 제일 좋은 방법이라고 단정할 수는 없기 때문이다.

마지막으로 일반적인 선비들이 즐기는 유흥에 대한 비교를 들 수 있다. 큰 집에 비싼 양탄자를 두고 사치스럽게 살면서 구슬과 비취로 꾸미고 풍악을 울리며 노래하는 장면이 서술되어 있는데 기생과 악공을 불러다 술 마시며 유흥을 즐기는 장면으로 보인다. 그렇게 하는 것은 성명, 즉 천성과 천명을 상하게 하는 것이라 몸에 해가 된다고 했다. 얼핏 보면 자신의 식물 기르기와 다른 사람들의 유흥 즐기기는 직접적으로 공부 및 수양과 다소 거리가 있다는 점에서 비슷해 보이지만 유흥은 본성을 해치는 행위이고 자신의 꽃 기르기는 본성을 지키는 행위로 구별해서 차별화를 시도했다고 하겠다.

중립적 관점에서 다룬다면 식물 기르기나 유흥 즐기기나 지나치지 않다면 크게 문제가 되지는 않을 것이다. 아마도 당시에 유흥 자체에 대해서는 관대하면서 식물 기르기는 시간과 정신의 낭비가 심하지 않을까 하는 선입견이 있었을 것으로 보인다. 그러한 선입견을 불식시키기 위해 이렇게 글을 써서 해명하려 했다고 하겠다. 선비의 수양이 강조되면서 도덕적 수양 및 인격 완성 등을 강조하는 것 자체의 긍정적인 측면도 있지만 다른 방향으로 제약이 심해진 점은 당대의 한계라고 하겠다. 오로지 인격 완성만 생각하는 선비도 있을 수 있고 꽃과 나무를 기르고 보기를 즐기면서도 자신을 발전시키는 생각을 하는 선비도 있을 수 있다. 그러한 다양성이 잘 인정되지 않은 당대의 특징을 볼 수 있는 글이라고 하겠다. 이어서 목차를 살펴본다.

> 서문(序文)/ 자서(自序)
>
> 노송(老松)/ 만년송(萬年松)/ 오반죽(烏斑竹)/ 국화(菊花)/ 매화(梅花)/ 난초와 혜초[蘭蕙]/ 서향화(瑞香花)/ 연꽃[蓮花]/ 석류꽃[石榴花]/ 치자꽃[梔子花]/ 사계화(四季花)와 월계화(月季花)/ 동백꽃[山茶花]/ 장미꽃[紫微花]/ 왜철쭉[日本躑躅花]/ 귤나무[橘樹]/ 석창포(石菖蒲)/ 괴석(怪石)
>
> 화분에서 꽃나무 키우는 방법[種盆內花樹法]/ 꽃이 빨리 피게 하는 방법[催花法]/ 모든 꽃이 꺼리는 것[百花忌宜]/ 꽃을 취하는 법[取花卉法]/ 꽃을 기르는 방법[養花法]/ 화분 두는 방법[排花盆法]/ 거두어 간직하는 방법[收藏法]
>
> 꽃을 기르는 이유[養花解]

먼저 두 개의 서문이 있는데 하나는 동생 강희맹(姜希孟, 1424~1483)이 쓴 것이고 하나는 자신이 직접 쓴 것이다. 본문은 크게 두 부분으로 되어있다고 하겠는데 먼저 항목별 분류를 하고 다음으로 특별한 방법별로 분류를 했다고 하겠다. 항목별 분류에서 특이해 보이는 항목으로 '괴석'이 있는 것을 들 수 있다. 상식적으로 괴석이 기르는 대상에 들어갈 수는 없지만 관심을 갖고 돌봐야 하며 집안에 관상용 물품의 역할을 하는 점에서는 같다고 판단해 포함한 것 같다. 실제로 본문에 이끼가 끼게 하는 방법에 대한 언급도 있다. 항목별 서술 중에 노송 항목을 예를 들어보면 소나무에 대한 정보도 소개되어 있는데 화분에 노송을 자라게 하는 방법도 소개하고 있다.

특별한 관리 방법 부분은 특정한 종에 상관없이 비교적 광범위하게 적용될 수 있거나 특별한 방법을 소개하려 했다고 하겠는데 꽃이 빨리 피게 하는 방법으로는 간단한 서술로 말똥을 쓰라고 하고 있다. 꽃을 취하는 법 부분은 꽃의 취사선택에 대한 기준을 간단히 제시했다고 하겠는데 아무 꽃이나 보기 좋다고 고르는 것은 아니라는 의미가 담겨 있다고 하겠다. 운치, 격조, 절조가 없는 것은 가까이 두고 감상할 가치가 없다고 하고 있으니 교훈적 의미가 있는 것으로 여겨지는 식물만 키울 가치가 있다는 의미로 보인다. 마지막으로 꽃을 기르는 이유에 대한 글이 실려 있다. 내용상으로 보면 제일 앞에 있는 것도 가능할 것 같은데 앞에 이미 서문이 있으니 뒤에 배치한 것 같다. 서문의 내용과 서로 관련 있어 보이는데 특별히 강조해야 할 이유가 있어서 별도의 글로 밝힌 것으로 보인다. 이어서 허균, <도문대작>(屠門大嚼)의 일부를 들어본다.

    숭어[水魚]는 서해에 다 있는데 한강 것이 제일 좋다. 나주에서 잡힌 것이 가장 크다. 평양에서 바로 얼린 것이 좋다.
    붕어[鯽魚]는 팔방에 다 있는데 강릉부 경포가 바다와 통해서 고로 가장 좋고 흙냄새가 없다.
    웅어[葦魚]는 곧 준치[鰣魚]인데 한강 것이 제일 좋다. 호남에서 이월이면 있고 관서에는 오월이면 있는데 다 좋다.
    뱅어[白魚]는 얼음 어는 때 한강 것이 매우 좋다. 임한(林韓)과 임피(臨陂) 지역에 정월, 이월에 잡힌 것은 희고 가늘어 면과 같은데 먹으면 매우 좋다.
    황강달이[黃石魚]는 서해에 다 있는데 아산 것이 제일 좋다. 삶으면 비린 냄새가 없다.
    오징어[烏賊魚]는 서해에 일부 있는데 흥덕(興德)과 부안(扶安)에서 나는 것이 제일 좋다.
    해파리[海䑋]는 인천과 남양(南陽)에서 나는데 맛이 소 비장과 유사하여 상쾌한데 오직 두 지역 사람들이 능히 삶을 수 있다.
    죽합(竹蛤)은 경기와 해서(海西)에 많이 있다.
    소라(小螺)는 서해에 많이 있는데 옹진(甕津)에서 나온 것이 제일 좋다.
    청어(靑魚)는 네 종류가 있다. 북쪽 도에서 나는 것은 크고 속은 희고 경상도에서 나는 것은 겉은 검고 속은 붉다. 호남에서 (잡힌 것은) 조금 작고 해주에서 잡힌 것은 2월이 바야흐로 이르면 맛이 극히 좋다. 예전에 극히 쌌는데 전조(前朝, 즉 고려) 말에 쌀 한 되에 사십 마리를 주니 목로(牧老)가 시를 지어 한탄했는데 세상이 어지럽고 나라가 황폐해져서 만물이 쇠퇴하여 고로 청어 또한 드물어짐을 이름이다. 명종 이전에는 또한 한 말에 오십 마리였는데 지금은 전혀 없으니 가히 괴이하다.

큰 전복[大鰒魚]은 제주에서 나는 것이 제일 큰데 맛은 작은 것에 미치지 못한다. 중국 사람들이 극히 귀하게 여긴다.

꽃전복[花鰒]은 경상우도 바다 사람들이 전복을 캐서 갈라 꽃 모양을 만들어 담아낸다. 또 큰 것으로 갈라 얇은 편으로 만들어 만두를 만드는데 또한 좋다.

홍합(紅蛤)은 중국인들이 동해부인(東海夫人)이라고 한다. 동해와 남해에 다 있는데 남해 것이 조금 크다. 또 해삼(海蔘)이 있는데 예전에 이른바 이(泥)이다. 중국 사람들이 모두 좋아한다.

은어[銀口魚]는 영남의 것은 크고 강원도 것은 작다. 해주에 또한 있다.

열목어[餘項魚]는 산 지역에 다 있는데 강릉 것이 가장 크고 좋다.

쏘가리[錦鱗魚]는 산 지역에 다 있는데 양근(楊根) 것이 제일 좋다. 처음 이름은 천자어(天子魚)인데 동규봉(董圭峯)이 먹고 좋아하여 그 이름을 물었는데 역관이 갑자기 대답하여 금린어(錦鱗魚)라고 했는데 사람들이 다 좋다고 여겼다.

누치[訥魚]는 산 지역에 다 있는데 평안도 강변 것이 제일 크다.

쏘가리[鱖魚]는 서울 동서에 많이 난다. 속칭 염만어(廉鰻魚)라고 한다.

복어[河豚]는 한강 것이 제일 좋은데 사람을 많이 죽인다. 영동(嶺東)의 것은 맛이 조금 미치지 못하는데 독이 없다.

방어(魴魚)는 동해에 많이 나는데 독에 취할 수 있어서 임금께 바치지 않는다.

연어(鰱魚)는 동해에 나는데 알젓이 보기 좋다.

송어(松魚)는 함경도와 강원도에 많이 나는데 바다에서 잡힌 것은 좋지 않다. 알은 연어에 미치지 못한다.

황어(黃魚)는 동해에 이월에 난다.

가자미[鰈魚]는 동해에 많이 난다. 옛날에 이른바 비목(比目)이 이것이다.

광어(廣魚)는 동해에 많이 나는데 가을에 말린 것은 끈끈하지 않아 좋다.

대구[大口魚]는 동해와 남해와 서해에 다 나는데 북방의 것이 가장 크다. 색은 노랗고 두껍다. 동해의 것은 색이 붉고 작다. 중국인이 제일 좋아한다. 서해 것은 더욱 작다.

문어[八帶魚]는 곧 문어(文魚)인데 동해에 난다. 중국인이 좋아한다.

정어(丁魚)는 강문(江門)에서 나는데 곧 소수어(小水魚)이다.

은어(銀魚)는 동해에 난다. 처음 이름은 목어(木魚)였는데 전조에 왕이 좋아함이 있어서 고쳐서 은어라고 했는데 많이 먹어 싫증이 나자 또 고쳐서 도루묵[還木]이라 한다.

고등어[古刀魚]는 동해에 있는데 내장 젓이 가장 좋다. 또 미어(微魚)라는 것이 있는데 가늘고 짧은데 기름져서 먹을 수 있다.

바지락[齊穀]은 작은 조개로 자색 껍질이다. 경포에 있는데 흉년에 먹으면 굶주리지 않는 까닭에 이렇게 이름 지었다.

꼬막[江瑤柱]은 북청(北靑)과 홍원(洪原)에 많이 난다. 크고 달고 미끄럽다. 전조에는 원나라의 요구로 인하여 거의 나라에 없음에 이르렀다.

키조개[紫蛤]는 동해에 있는데 크고 기둥이 희고 맛이 달다.

게[蟹]는 삼척(三陟)에서 나는 것은 커서 작은 개와 같고 그 다리는 큰 대나무와 같다. 맛이 달고 포를 만들어 먹으면 또한 좋다.

얼린 게[凍蟹]는 안악(安岳)에서 나는 것이 제일 좋다.

굴[石花]은 고원(高原)과 문천(文川)에서 나는 것이 매우 크다. 맛은 서해의 작은 것에 미치지 못한다.

윤화(輪花)는 동해에 있는데 곧 석화로 큰 것인데 맛이 달다.

대하(大蝦)는 서해에 있는데 평안도산 새우는 알을 취해 젓갈을 만드는데 매우 좋다.

곤쟁이[紫蝦]는 서해에 나며 옹강(甕康)의 것은 짜고 통인(通仁)의 것은 달고 호서의 것은 맵고 크기가 크다. 의주에서 난 것은 가늘고 또한 달다.

도하(桃蝦)는 부안(扶安)과 옥구(沃溝) 등 지역에서 난다. 색이 복숭아꽃과 같은데 맛이 뛰어나게 좋다.

물고기의 흔한 것으로 민어(民魚)와 조기[石首魚]와 밴댕이[蘇魚]와 낙지[絡蹄]와 준치[眞魚] 같은 것인데 서해 곳곳에서 나는데 다 좋은 고로 싣지 않는다. 병어(瓶魚)와 변종(變宗) 등 물고기는 맛이 혹은 좋고 혹은 좋지 않아 고로 특별히 적지 않는다.

이상은 바닷물과 민물에 사는 생물의 종류이다. (수산물 종류[海水族之類], 『성소부부고』)

[주석]
- 임한(林韓): 임천(林川)과 한산(韓山)으로 추정된다.
- 쌀 한 되에 사십 마리~ 목로(牧老)가 한탄했는데: 먼저 목로는 목은(牧隱) 이색(李穡, 1328~1396)을 가리킨다. 이색의 <부청어>(賦靑魚, 청어를 읊다)에 유사한 내용을 볼 수 있다. 시는 다음과 같다.

한 말 쌀에 청어 이십여 마리인데/ 斗米靑魚二十餘
삶는 눈빛 주발이 채소 쟁반을 비추네/ 烹來雪盌照盤蔬
세상에 특별히 구하는 사물이 응당 많으니/ 人間雋求應多物
산 같은 흰 파도가 허공을 치는구나/ 白浪如山擊大虛

당시 쌀 한 말과 청어 이십여 마리가 교환되었던 것으로 보인다. 청어 끓여 담은 흰 주발이 채소 담긴 쟁반과 대비된다고 하겠다. 세상에 맛있는 음식이 바다에 얼마나 많겠냐고 하고 있다. 청어를 매우 좋아해서 이러한 시를 남겼을 것으로 추정된다. 실제로 이색이 청어를 대상으로 지은 한시는 더 있다. 다만 여기서 확인해 볼 것은 허균은 이색의 시구를 쌀 한 되에 청어 사십 마리로 기억하고 있다는 점이다. 허균의 기억이 정확하지 않았다고 해야 할 것인데 이색이 살던 시대에 실제보다 청어가 더 흔했다고 잘못 생각했을 수 있다. 위에 서술한 것처럼 쌀 한 말에 이십여 마리이니 청어의 시장 가격이 일정하지 않았던 것으로 추정해볼 수 있다.

동규봉(董圭峯): 명나라 사람 동월(董越, 1403~1502)로 규봉은 호이다. 1488년 사신으로 조선에 파견되었고 보고 들은 것을 바탕으로 『조선부』(朝鮮賦)를 지었다. 문집으로 『규봉문집』(圭峯文集)이 있다.

강문(江門): 예전 강릉 강문리(江門里)로 추정된다.
옹강(甕康): 옹진(甕津)과 강령(康翎)을 가리키는 것으로 보인다. 당시에는 모두

> 황해도 소속이었다.
> 통인(通仁): 통진(通津)과 인천(仁川)을 가리키는 것으로 보인다.
> 변종(變宗): '종'은 종어(宗魚)를 가리키는 것으로 보인다. '변'은 미상이다.

다양한 항목에 대해서 서술하고 있는 것을 볼 수 있다. 서술의 후반부를 보면 상대적으로 아주 넓은 지역에서 생산되거나 특별히 아주 맛있다고 할 만하지 않은 것은 적지 않는다고 한 것을 보면 비교적 특산물 범주에 넣을 수 있는 수산물 위주로 서술했음을 짐작하게 한다. 어느 항목이든 매우 길게 쓰지는 않았다. 허균이 강릉에서 태어나 생활한 적이 있는 만큼 상대적으로 강릉 및 주변 지역에 대한 기술도 볼 수 있다. 아주 상세하게 분류 기준을 세우고 서술한 것은 아니라고 하겠다.

수산물을 대충 분류해 본다고 하면 물고기, 조개, 새우와 문어 등으로 나눠볼 수 있겠는데 물고기 서술이 끝나고 조개 종류 서술을 하는 등의 방식이 적용되지는 않았다. 물고기 서술을 하다가 중간에 조개 종류 서술을 하다가 다시 물고기 서술을 한 것을 볼 수 있다. 이렇게 외형적으로 분류하지 않고 다른 기준으로 분류하는 것도 가능하다. 그러면 동해, 남해, 서해 등으로 구별해서 서술할 수 있었을 텐데 부분적으로는 지역적 기준이 적용된 것 같기도 하지만 전체적으로 적용되어 있다고 하기는 어렵다. 그런 만큼 물고기와 바닷고기를 구별해서 서술한 것 같지도 않다.

서술상 특별한 목적이 있었는지 모르겠지만 생물 정보 자체에 주목하지는 않았던 것으로 보이는데 우선 어떤 생물이든 크기를 구체적으로 서술한 것이 없다. 크다, 작다는 정도의 표현이 사용된 적은 있지만 수치를 사용하지는 않았다. 이러한 만큼 빛깔, 모양 등의 항목에 대해서도 역시 같다고 하겠다. 빛깔에 대한 서술이 있기는 한데 종류를 구별하기 위해 서술한 정도이지 대부분 언급도 없다. 모양도 마찬가지다. 길쭉한지 둥그스름한지, 두꺼운지 납작한지 등의 서술은 별로 보이지 않는다.

맛에 대한 표현 역시 상세하지 않다. 번역문의 한계가 있을 수 있어서 원문 표현을 거론하자면 대체로 '좋다'는 의미의 글자가 사용되었다. '好'와 '佳'와 '善'과 '甘' 등이 주로 사용되었는데 어떻게 의역해야 할지 생각해 볼 문제이기는 하지만 맛의 상세한 표현이라고 하기는 어렵다. 보다 근본적으로 한문 자체의 문제라고도 할 수 있다. 그러한 난점이 있지만 특별히 상세하게 시도한 것 같지는 않다. 상식적으로 물고기 맛과 조개 맛과 오징어 맛이 똑같이 맛있다는 표현을 쓰더라도 구체적으로는 다르게 맛있다고 할 텐데 특별히 차이가 드러나는 표현을 사용하지는 않았다. 전체적으로 세부 서술은 맛있는 대상을 간단히 소개하는 정도라고 하겠다. 목차를 통해서 다른 부분을 좀 더 확인해 본다.

떡 종류[餠餌之類]
과실 종류[果實之類]
날짐승 길짐승 종류[飛走之類]
수산물 종류[海水族之類]
채소 종류[蔬菜之類]
기타(其他)

먼저 떡 종류로는 방풍죽(防風粥) 포함해서 총 11가지 종류가 있다. 제일 먼저 방풍죽이 등장하는데 구체적으로 싹을 따는 것부터 시작해서 맛까지 상대적으로 상세하게 서술하고 있다. "달콤한 향이 입에 가득하여 3일 동안 사라지지 않는다."[甘香滿口三日不衰]라고 맛이 상세하게 표현되어 있다. 떡 종류라고 되어있기는 하지만 실제로 오늘날 기준의 떡 종류는 석용병(石茸餠) 하나밖에 없다. 석용병 항목도 약간 길게 서술되어 제조 과정도 간단히 소개되어있다. 두부, 죽, 만두도 들어있다.

과실 종류로는 하늘이 내려준 배[天賜梨] 포함해서 총 29가지 종류가 있다. 하늘이 내려준 배는 강릉의 진사 김영(金瑛)의 집에 돋아났는데 배 크기가 사발만 하다고 했다. 강릉 지역 설화를 거론했을 수 있다. 금귤(金橘)을 포함해서 제주에서만 나거나 주로 나는 것의 여섯 가지가 있다. 특이한 점으로 수박[西瓜]을 고려시대 홍다구(洪茶丘, 1244~1291)가 원나라에서 처음 들여왔다고 했는데 특별히 근거를 설명하지는 않았다.

날짐승 길짐승 종류로는 웅장(熊掌) 포함해서 총 6가지 종류가 있다. 위에 서술된 물고기 종류보다는 매우 적어 보인다고 하겠는데 6가지를 거론한 다음에 "무릇 땅에서 나는 돼지, 노루, 꿩, 닭 등 물(物)은 읍마다 있어서 반드시 번거롭게 실을 필요 없다. 오직 혹 나는 것이라도 매우 좋거나 요리한 것이 매우 좋으면 곧 적어서 구별한다."[凡地産猪麞雉鷄等物 邑邑有之者 不必煩載 而唯或産者絶好 或膳者絶佳 則書以別之]라고 했다. 식용으로 하는 길짐승의 종류가 물고기 종류보다 적을 수 있지만 지역마다 대부분 있으며 맛 차이가 별로 없는 종류는 제외하다 보니 더욱 적어졌다고 하겠다.

채소 종류로는 죽순젓갈[竹筍醢] 포함해서 총 25가지 종류가 있다. 특별히 길게 서술된 항목은 없다. 실제로 채소 종류만 있지는 않고 버섯도 있다. "고사리, 고비, 해바라기, 염교, 미나리, 배추, 삽주, 송이, 느타리버섯은 곳곳에 다 좋으니 고로 구별하여 적지 않는다."[蕨薇 葵薤 蓶芹 菝朮 松蕈 眞菌 處處皆佳 故不別書云]라고 하고 있는데 버섯 종류가 포함되어 있음을 알 수 있다. 다시마[昆布] 등의 해조류도 채소 종류에 포함되어 있다.

이어서 특별히 위의 종류에 포함되지 않은 것으로 차, 술, 꿀, 기름, 약밥의 5가지 종류가 소개되어 있다. 그 외에 서울에서 철 따라 해 먹는 떡과 전 종류, 꿀이 사용된 음식, 가는 국수 등이 소개되어 있다. 이러한 종류는 단순히 이름만 등장하거나 간단한 원료 정도만 소개되어 있다. 이어서 서문 격의 <도문대작인>(屠門大嚼引) 해석을 들어 본다.

우리집은 가난하나 깨끗했는데 선대부께서 살아계신 때에 사방에서 독특한 맛을 예로 바치는 자가 많아 어린 날에 진미를 갖추어 먹었다. 성장하여 부유한 집에 장가들어 육지와 바다의 맛을 다 보았다. 난이 벌어진 날에 북방으로 병화를 피했다가 강릉 외가에 돌아왔는데 그곳의 기이한 음식을 두루 맛볼 수 있었다. 갈옷을 벗은 후에 남북으로 벼슬하러 다니며 더 많이 먹었다. 고로 우리나라 산물에 그 고기를 먹고 그 꽃을 씹지 않은 것이 없었다. 음식과 색은 본성이다. 음식은 더욱 목숨에 구애되는 관계가 있다. 선현이 마시고 먹는 것을 천하게 여긴 것은 그 탐하고 이익을 따르는 것을 지적한 것이지 어찌 일찍이 먹는 것을 그만두고 말하지 말라는 것인가. 그렇지 않다면 여덟 가지 진미의 등급을 어찌 『예경』(禮經)에 기록했고 맹자에게 물고기와 웅장(熊掌)의 구분이 있겠는가. 내가 일찍이 하씨(何氏)의 『식경』(食經)과 순공(郇公)의 『식단』(食單)을 보았는데 두 공이 다 천하의 맛을 탐구해 그 많은 것을 다한 까닭에 종류가 심히 많아 만으로 셀 수 있다. 자세히 보면 단지 이는 서로 미명을 지을 뿐이고 현란하고 빛나는 도구일 뿐이다. 우리나라는 비록 치우쳐 있으나 큰 바다로 둘러싸여 있고 높은 산으로 막혀 있는 까닭에 물산이 또한 풍부하다. 만약 하씨와 위씨(韋氏) 둘의 예로 바꿔 구별하면 거의 또한 가히 만(萬)의 수가 될 수 있다. 내가 죄지어 바닷가로 유배되었는데 쌀겨와 쌀가루도 공급되지 않아 상에 늘어놓은 것은 다만 썩은 뱀장어와 비린내 나는 생선과 쇠비름, 들 미나리를 낮에 다 먹어도 마침내 저녁에는 배를 굶주렸다. 늘 예전에 먹은바 산해진미를 실컷 먹고 물려 막지 못한 것을 생각하면 입으로 많이 군침을 흘렸다. 비록 다시 맛보고 싶지만 아득하여 천상 서왕모 복숭아 같으니 내가 동방삭이 아니라 어찌 몰래 가질 수 있는가. 드디어 종류를 나열하고 기록하고 때로 보면서 한 점 고기에 해당한다 여겼다. (글쓰기를) 이미 마치고 이름을 붙여 이르기를 도문대작(屠門大嚼, 고깃집 문 앞에서 크게 입 벌려 입맛만 다신다는 뜻)이라고 하여 저 세상의 현달한 자들이 입에 사치함을 다하여 낭비하여 절제하지 않으니 부귀영화가 가히 항상 할 수 없음을 경계하고자 한다. 이와 같이 마친다.

신해년(1611년) 4월 21일 성성거사(惺惺居士)는 쓴다.

[주석]

- 북방으로 병화를 피했다가: 허균 부부는 임진왜란 때 함경도 단천(端川)으로 피신했었다.
- 여덟 가지 ~ 기록했고: 『예기』(禮記)에 여덟 가지 진미가 기록되어 있다.
- 맹자에게 ~ 있겠는가: 『맹자』<고자 상>(告子 上)에 해당 이야기가 나온다. 생선도 원하는 바고 곰발바닥[熊掌] 역시 원하는 바인데 둘 다 얻을 수 없으면 생선을 버리고 곰발바닥을 취하겠다고 한 것인데 이를 인용한 것으로 보인다. 다만 실제 『맹자』에서는 이것을 강조하는 것은 아니고 생선과 곰발바닥 중 하나를 고른다면 곰발바닥을 고르는 것처럼 삶과 의(義) 중 하나를 고른다면 의를 고르겠다는 주장이니 강조점이 전혀 다르다.
- 하씨(何氏)의 『식경』(食經)과 순공(郇公)의 『식단』(食單): 하씨는 하증(何曾,

199~278)으로 진(晉) 나라 시대 태부(太傅) 벼슬을 지냈다. 사치하여 음식을 쌓아 놓고 먹을 것이 없다고 한 일이 유명하다. 음식에 관한 책으로 『평안공식단』(平安公食單)을 지었다. 순공(郇公)은 서공(舒公)의 오류로 보이는데 서공은 당나라 시대 복야(僕射) 벼슬을 지낸 위거원(韋巨源, 631~710)을 가리키는 것으로 보인다. 『소미연식단』(燒尾宴食單), 일명 『식보』(食譜)를 지었다. 『식경』은 북위(北魏) 시대 최호(崔浩, 381~450)가 편찬했다. 순공(郇公)은 위척(韋陟, 697~761)으로 당나라 시대 명필이다.

허균의 아버지 허엽(許曄, 1517~1580)의 이야기가 거론되는데 동인(東人)의 영수(領袖)를 지낸 만큼 주변에서 진기한 먹을거리를 많이 보내왔던 것으로 보인다. 후에 지방관 벼슬을 하면서 다니는 곳마다 지역 특산물을 많이 먹어본 적이 있었던 것 같다. 그러한 경험을 바탕으로 이러한 글을 쓸 수 있었다고 하겠다. 물론 당시 비슷한 환경에 살았던 사람이 허균만 있는 것은 아니니 특별히 허균이 음식에 관심이 컸던 측면이 있다고 하겠다.

다음으로 허균의 주장이 보이는데 음식과 성을 좋아하는 것이 인간의 본성이라고 했다. 원래 성리학에서도 음식과 성을 인간의 본성이라는 점을 부정하지는 않으면서도 그대로 드러내는 것보다는 관리에 초점을 맞추었다고 하겠다. 그래서 음식 자체에 관한 글이 많지 않다고 할 수 있다. 맛있는 음식이 인격 수양에 도움이 된다고 할 수는 없기 때문이다. 만약 그렇다면 맛있는 음식을 많이 먹으면 더 높은 수양이 되었다고 해야 하기 때문이다. 그런데 허균은 인간의 본성이 좋아하는데 좋아하는 것을 드러내는 것이 문제가 될 수 없다는 입장을 취하는 것이 하겠다.

이 글을 쓸 당시에 유배를 와서 가난하게 살면서 많이 먹지 못하면서 옛날의 추억을 되살리면서 부귀영화가 항상 할 수 없다는 점에서 경계하려고 한다고 하는데 일단 이러한 부분은 조선시대 흔히 볼 수 있는 느낌이 든다. 인격 수양을 강조하는 시기에 감각적인 쾌락은 경계의 대상이고 글이 어떻게 진행되더라도 결국 경계하는 방향으로 마치게 되는 면이 있다고 하겠는데 일단 그러한 방식을 따랐다고 하겠다.

그렇지만 진심으로 경계하는 데 초점을 맞추었는지는 생각해 볼 필요가 있다. 위에 수산물 부분 서술만으로도 양이 결코 적지 않은데 다른 부분까지 다 합치면 양이 그것에 몇 배는 된다고 하겠는데 과연 그러한 양을 통해 경계를 삼는 것이 자연스러운가 하는 점을 생각해 볼 필요가 있다. 허균이 한때 잘나가던 시절에 맛있는 것 많이 먹었지만 세월이 지나고 보니 그렇게 맛있는 것을 즐기던 것에 후회가 되고 현재 반성하는 자세로 살고 있다는 것이 강조되어야 실제 그러한 표현이 주제를 강조했다고 평가를 받을 만하게 된다. 진정으로 회고를 통해 성찰하는 자세를 보여준다면 과연 맛있는 음식에 관한 사항을 길게 쓸 필요가 없기 때문이다.

그러므로 실제로 맛있는 음식을 많이 먹는 것이 중요한 것이 아니며 인격 수양이 중요하다는 것을 강조하려고 쓴 글이라고 보기는 어렵다. 오히려 자신이 한때 맛있는 음식을 이렇게 길게 서술할 정도로 많이 먹어봤다는 것을 은근히 강조하려고 하는 의도가 있다고 볼 수 있다. 그러한 점에서는 부정적으로 파악될 측면이 있다고 하겠으나 반대로 맛에 대한 욕망을 긍정하는 것은 긍정적으로 파악될 측면도 있다고 하겠다.

연습문제

김려(金鑢, 1766~1822)의 『우해이어보』(牛海異魚譜)의 해석 일부를 읽고 <도문대작>과 비교하여 감상을 써보자.

<진청>(眞鯖, 청어)

진청은 청어(鯖魚)이다. 길이는 한 자 다섯 마디로 맛이 달고 연하고 구워 먹으면 제일 좋으니 진실로 진귀한 품목이다. 우리나라 사람은 해주 청어를 제일로 삼는다. 한나라 시대 다섯 제후가 심히 호방하고 고귀한데 청어를 즐겨서 후대 사람이 물건의 귀한 것을 오후청(五候鯖)이라고 한다. 선대 유학자가 청어를 해석하여 자어(炙魚)라고 했고 『속본초강목』(續本草綱目) 어부(魚部)에 청어(鯖魚)가 있는데 곧 물고기 이름이다. 허준(許浚, 1539~1615)이 지은 『동의보감』(東醫寶鑑)에 실려 있는데 주석에 이르기를 우리나라 청어와 다르다고 하여 내가 항상 의심스러웠다. 지금 어부가 잡는바 진청을 보니 진실로 청어이다. 해주에서 나는 바는 곧 청어의 종류이지 청어는 아니다. 또한 관동, 관

북, 호서, 호남에서 잡은바 비의청어(飛衣鯖魚) 같은 것은 더욱 가짜 청어이다. 어부가 관가에서 세금 부과할 것을 두려워하여 감추었는데 또 이 고기는 대구를 잡을 때 종종 얻게 되고 항상 있지는 않다. 그러한즉 다섯 제후가 즐긴바 곧 이 고기는 그러한가 그렇지 않은가.

    내 <우산잡곡>(牛山雜曲)에

    황서 물가에 한 조각배/ 黃胥瀼前一扁舟

    진청은 한 자 반인데 찬 낚시바늘에 오르네/ 眞鯖尺半上寒鉤

    어부여, 나루에서 파는 것을 두려워하지 마오/ 漁郞莫怕津頭賣

    호방하고 고귀한 한나라 다섯 제후가 지금 없으니/ 豪貴今無漢五候

· **도움말**

김려는 당시 벌열층의 독점이 강화되어가던 세태에 비판적이었으며 문학에 뛰어났으나 정통으로 여겨지는 문학보다 소품문(小品文) 위주의 문학작품을 많이 지었다. 1801년 신유박해 시기에 천주교인과 교류했다는 혐의로 진해(鎭海)로 유배되었다가 1806년에 풀려났다. 이후 지방관을 하다가 함양군수 직책을 수행하던 중 세상을 떠났다. 저서로 『담정유고』(藫庭遺藁)를 남겼다. 『우해이어보』의 서술 방식은 대체로 위에 인용된 부분과 같다고 하겠다. <도문대작>의 서술 방식과 비교해서 차이를 확인해볼 수 있다. 차이점을 확인하면서 그 이유를 추측해 보는 글쓰기도 가능하다. 그 외에 정약전(丁若銓, 1758~1816)의 『자산어보』(玆山魚譜)와 비교해 보는 글쓰기도 가능하다. 정약전이 흑산도에 유배되어 있을 때 경험한 것을 바탕으로 1814년 『자산어보』를 저술했다. '청어' 항목은 『자산어보』에도 있다. 『자산어보』의 청어 항목은 다음과 같다.

    <청어>(靑魚)

    청어는 길이가 한 자 남짓이고 몸은 좁고 색은 푸르고 물을 떠난 지 오래되면 뺨이 붉어진다. 맛은 담박하다. 국과 구이에 마땅하고 절임도 마땅하다. 정월에 돌아와 물가에 들어와 해안을 돌아다니며 그 알을 낳는다. 만억이 무리가 되는데 이르

면 곧 바다를 가린다. 석 달간 (알을) 낳으면 곧 물러난다. 이후에 그 새끼 길이가 서너 치 되는 것이 그물에 들어온다. 건륭(乾隆) 경오(庚午, 1750년) 이후 십여 년에 극히 성했는데 그 후 쇠퇴했고 가경(嘉慶) 임술(壬戌, 1802년)에 극히 성했고 을축(乙丑, 1805년) 후에 쇠퇴하다 성했다. 이 물고기는 동지 전에 비로소 영남 좌도에서 나와 바다를 돌아 서쪽으로 가고 북쪽으로 가서 삼월에 해서(海西)에 나온다. 해서의 것은 남해의 것에 배나 크다. 영남과 호남은 서로 쇠퇴하고 성한 것을 바꾼다고 한다. 창대(昌大, 마을 주민 이름)가 이르기를 영남산의 등뼈는 칠십사 마디이고 호남산의 등뼈는 오십삼 마디라고 한다. 살펴보면 청어(靑魚)는 청어(鯖魚)로도 쓴다. 『본초강목』(本草綱目)에 청어는 강호 사이에 나며 머리 중에 침골(枕骨) 모양이 호박(琥珀)과 같고 때도 없이 취한다고 하는데 곧 지금의 청어가 아니다. 지금은 그 색의 푸름으로 고로 빌려 이름 지었다.

- 식청(食鯖) (원문 주석: 민간에서 묵을충(墨乙蟲)이라고 하는데 묵을(墨乙)이라는 것은 먹음이다. 알 낳기는 알지 못하고 단지 먹을 것을 구함만 안다는 것을 이름이다.) 눈은 조금 크고 몸은 조금 길다. 사오월에 잡는데 뱃속에 알이 있음이 보이지 않는다.
- 가청(假鯖) (원문 주석: 민간에서 우동필(禹東筆)이라고 한다.) 몸은 조금 둥글고 통통하며 맛은 조금 시고 달다. 청어보다 매우 좋으며 청어와 동시에 그물에 들어온다.

3장 보충 및 종합문제

예시문제

조남주(1978~)의 <82년생 김지영>(민음사, 2016)을 살펴보고 같은 제목의 영화와 비교해 보자.

· **도움말**

작가 조남주는 방송 작가 활동을 했으며 전업작가로 지은 첫 작품 <귀를 기울이면>(문학동네, 2011)으로 등단했다. <82년 김지영>은 2019년 영화로도 만들어졌다. 목차는 다음과 같다.

2015년 가을

1982년~1994년

1995년~2000년

2001년~2011년

2012년~2015년

2016년

제목만으로 보면 소단원 제목이 약간 독특하다고 하겠다. 보고서인 듯한 느낌도 들게끔 되어있다. 작품 속 주인공이 1982년생이니 출생 이후 초등학교까지, 중고등학교 시절, 대학 입학부터 결혼 전까지, 결혼 이후 정신적 문제 발생 이전까지, 현재까지로 시기를 나눌 수 있다. 담담하게 연도별로 처리했다고 할 수도 있고 관점에 따라서는 시기를 잘 나타내는 표현이 들어갔으면 하는 아쉬움도 있을 수 있다. 물론 이 작품은 주인공 김지영이 자신이 주도적으로 진행하는 방식이 아니라 정신적 문제를 치료하는 정신건강의학과 의사가 정보를 정리해 놓는 방식으로 진행되기 때문에 소제목이 독특한 느낌을 주도록 설정될 필요가 없을 수 있다.

주인공을 82년생으로 설정한 것은 작품이 출간된 2016년 현재 30대 중반의 나이로 육아, 직장 생활을 하는 일반적인 여성을 설정한 것으로 보인다. 연령대를 더 낮추면 혼인 자체를 (아직) 하지 않았을 가능성이 크고 연령대를 더 높이면 아이가 어느 정도 성장해서 육아 등의 문제에서 다소 부담이 줄어들 수도 있기 때문이라고 할 수 있다. 한창 열심히 생활할 시기에 경력이 단절되고, 누적된 고통으로 정신적 문제까지 나타냈다고 하면 주인공의 처지에 독자가 더욱 공감하게 하는 효과를 작자가 기대했을 수 있다. 주인공 이름을 김지영으로 설정한 것도 주인공의 개성을 강조하기보다 주위에서 흔히 볼 수 있는, 평범함을 강조하기 위한 것으로 보인다. 김 씨가 많고 70~80년대에 여성 이름으로(사실 '지영'은 남성 이름으로 종종 사용되었다) 비교적 흔했다고 할 수 있기 때문이다.

전체적인 진행은 정신적 문제가 나타난 시점을 기준으로 과거로 회귀했다가 다시 현재로 돌아와 담당 정신건강의학과 의사의 감상이 약간 추가되면서 마무리하는 방식이다. 개별적인 삽화들이 등장해서 서로 긴밀하게 연결되는 것 같지는 않아 보인다. 대체로 특정 시기에 겪었던 사건들이 등장해서 주인공은 태어나면서부터 현재까지 성차별적 상황에 놓여있으며 더 나아가 (적어도 같은 연령대라면) 한국의 여성들도 별로 다르지 않을 것이라는 작자의 인식, 주장을 드러내는 것으로 보인다.

주인공이 정신적 문제를 보이는 방식이 다소 특이하다고 하겠는데 빙의(憑依)라고 할 정도로 다른 여성(친정엄마, 먼저 죽은 선배)의 관점에서 주인공 삶의 고통을 말한다. 작품 속에서 주인공이 직접 말하고 시정을 요구하는 모습이 별로 드러나지 않는데 여성 차별을 당연하게 받아들이는 사회 분위기 속에서 수동적인 태도를 보여서 계속 참고 참다가 정신적 문제가 드러났다고 해서 여성 차별과 정신적 문제 사이에 어느 정도 필연성을 드러내려고 한 것이라고 할 수 있다. 담당 정신건강의학과 의사가 자기 병원 직원이 임신으로 퇴사하려고 한다고 하면서 육아 문제가 해결되지 않은 여직원은 곤란하니 후임은 미혼으로 알아봐야겠다고 마쳐서 담당 의사가 주인공 삶의 문제를 중립적으로 그려내며 적어도 일부라도 공감하는 듯했는데 실제로는 별로 공감하지 않고 있으며 고정관념을 가진 사람일 뿐이라고 하는 생각을 드러낸 것으로 보인다.

개별적 장면 중에 여성 차별이 심한 시대를 겪어왔다는 것은 어느 정도 공감이 가능한 측면이 있다고 할 수 있다. 남아선호사상이 더 강하던 시대에 가부장적인 가정 분위기가 결합하여 오늘날 기준으로 보면 분명히 문제가 있다고 할 측면이 있다. 성희롱, 성추행 등의 문제를 제기하고 있는데 아직도 한국 사회의 개선 필요성을 공감하게 하는 측면이 있다고 하겠다. 단순히 작품 속 주인공의 단순한 주관적인 '느낌'이라는 비판을 고려해서인지 신문기사 등의 자료를 구체적으로 제시하려고 하고 있다.

다만 부분적으로 과연 당시 일반적인 사회상을 그대로 재현했는지 다소 의문이 드는 측면도 있다. 작품 속에 설정되어있는 급식 장면에 남학생은 모두 앞번호라서 급식을 여유 있게 먹을 수 있고 여학생은 모두 뒷번호라서 늦게 배식을 받아 급식을 급하게 먹었다는 실정이 얼마나 일반적인지 모르겠다. 복장 검사를 여학생만 더 심하게 했다는 것도 마찬가지다. 주인공이 대학 재학 중에 남자 친구와 헤어졌다는 말을 듣고 주인공을 '씹다 버린 껌'에 비유했다는 것도 얼마나 일반적이었는지 의문의 여지가 있다. 남자 친구와 헤어진 여학생을 일반적으로 그렇게 낙인찍었다는 것은 다소 과도한 인식으로 보인다. 어떤 면으로는 착하고 좋은 사람인데 어떤 면으로는 (의도치 않게) 나쁠 수 있다는 다면적 인물 인식 가능성을 별로 인정하지 않은 것 같아 보인다.

위에 서술된 소소한 사건보다 전체적으로 지적할 만한 아쉬운 점은 현재 해당 연령대의 여성이 살면서 작품 속에 등장한 고통을 누구나 하나 이상은 겪어봤을 것이라고 하면 공감의 여지가 더 커진다고 하겠지만 특정 인물이 이 많은 고통을 하나도 남김없이 오롯이 겪었다고 하면 비판을 위한 설정이 다소 강하게 드러나서 오히려 일반적이지 않아 보일 가능성이 있다. 작품에 등장하는 생애주기별(?) 어떤 문제는 누군가에게는 약하거나 없을 수도 있고 또 다른 어떤 문제는 더 크게 느껴질 수 있다. 가정, 학교, 직장마다 모두 문제가 있을 수 있지만 균질하지는 않기 때문이다. 평범하게 보이려는 의도가 다소 과도해서 오히려 평범하지 않게 보이는 측면도 있다고 하겠다.

전체적으로 작품에 드러난 문제를 통해 개선의 필요성을 확인했다는 점을 더 크게 인식하는 독자에게는 어느 정도 만족스럽다고 할 수 있을 것이다. 그러나 성별 대결 구조로 인식하는 독자에게는 어느 정도 불편하다고도 할 수 있을 것이다. 작자는 '여성이 힘들다'라는 주제를 전달하려고 한 것 같은데 더 정확히 말하자면 독자에 따라 '여성이 더 힘들다'라고 받아들이거나 '여성만 힘들다'라고 받아들일 가능성도 있어 보인다. 이러한 반응에 대해 일부 독자의 선입견이라고 할 수도 있지만 분명히 다수가 편안히 받아들일 만한 유형은 아닌 듯하다. 이것은 이 작품만 그런 것은 아니고 비교적 주제의식을 강조하는 작품에서 종종 볼 수 있는 현상이기도 하다.

이 작품은 2019년 영화로도 개봉되었는데 실제 개봉되기 전부터 영화에 대한 찬반 논란이 일었다. 고의로 인터넷 영화 평점을 나쁘게 주는 사람도 있었다는 인터넷 기사도 있었다. 신생 영화사 기획으로 여성 영화감독 김도영의 첫 장편영화인데 전체적으로 원작에 비해 무난해졌다는 용어를 사용해서 평가할 수 있겠다.

보충문제1

유사한 경향을 보이는 노래 두 곡 이상을 뽑아 비교하는 감상문을 써보자.

- **도움말**

  예를 들어보자면 박영미, <그리스에서 온 엽서>와 양파, <My Song> 같은 노래를 선택해서 비교하는 글을 쓰는 것도 가능하다. 시작하는 사랑을 다룬 노래로 여자친구, <오늘부터 우리는>, 이원진, <시작되는 연인들을 위해>, 이유진, <눈물 한 방울로 사랑은 시작되고> 등으로 골라서 쓰는 것도 가능하다. 비슷한 주제, 경향 등 하나로 묶일 수 있는 범주에 해당한다면 어떤 노래든 가능하다.

보충문제2

2018년 노벨문학상 수상자 올가 토카르추크(Olga Tokarczuk, 1962~)의 <방랑자들> 등 작품을 하나 골라 감상문을 작성해보자.

- **도움말**

  간단하게 편안하게 읽히지는 않는다는 평가를 받기도 했다. 여러 이야기 중에 하나 골라 정리해서 쓰는 것도 가능하다.

보충문제3

자신이 직접 조사한 내용을 바탕으로 기사를 작성해 보자.

- **도움말**

  꼭 거대한 사건 위주로 접근할 필요도 없고 비전문가가 조사하는 데에 많은 어려움이 있을 수 있다. 친구, 동료, 가족 등과 함께하는 사적인 신문의 기사라고 생각하고 작성하는 것도 가능하다.

보충문제4

한국 사회 혐오에 대해 칼럼을 작성해 보자.

- **도움말**

  혐오의 현황에 대해 정리하고 대안을 모색하는 방식으로 쓰는 것이 일반적인 방법이라고 할 수 있다. 사회 전반적으로 다 거론하는 것은 많은 시간과 노력이 들어가는 만큼 꼭 그렇게 할 필요는 없고 어느 한 가지 측면만 뽑아서 쓰는 것도 가능하다.

종합문제1

아래 이규보(李奎報, 1168~1241)의 글을 읽고 감상을 적어보자. 오늘날의 삶에 어떤 의미가 있는지 생각해 보자.

<슬견설>(蝨犬說)

어떤 손[客]이 나에게 이르기를 "어제저녁 한 불량한 남자가 큰 몽둥이로 떠돌이 개를 때려죽이는 것을 보았는데 광경이 심해서 가히 슬퍼서 아픈 마음을 없앨 수 없었습니다. 이로부터 개돼지 고기를 먹지 않을 것을 맹세합니다."라고 했다.

나는 그에 응하여 이르기를 "어제 어떤 사람이 불꽃 이는 화로를 끼고 이를 잡아 태우는 것을 보았는데 나는 아픈 마음을 없앨 수 없어서 스스로 다시 이를 잡지 않을 것을 맹세합니다."라고 했다.

손은 낙심하여 말하기를 "이는 미물입니다. 나는 큰 물건이 죽는 것을 보고 가히 슬퍼할 것이 있어서 말하는데 그대는 이로써 대하니 어찌 나를 놀립니까?"라고 했다.

나는 말하기를 "무릇 혈기가 있는 것은 스스로 백성부터 소, 말, 돼지, 양, 곤충, 개미까지 그 살기를 탐하고 죽기를 싫어하는 마음은 같지 않음에 비롯하지 않았습니다. 어찌 큰 것이라고 유독 죽기를 싫어하고 작으면 곧 그렇지 않습니까? 그러므로 개와 이의 죽음은 하나입니다. 고로 들어 맞춰 대하는 것으로 삼았는데 어찌 서로 놀리겠습니까. 그대가 믿지 못하면 어찌 그대의 열 손가락을 깨물어 보지 않겠습니까? 유독 엄지손가

락만 아프고 나머지는 아닙니까? 한 몸의 중에 크고 작은 지절(支節)을 막론하고 함께 피와 살이 있습니다. 고로 그 아픔이 곧 같습니다. 하물며 각각 기와 숨을 받았는데 어찌 저것은 죽기를 싫어하고 이것은 좋아함이 있겠습니까? 그대는 물러가 고요히 생각하시오. 달팽이 뿔과 쇠뿔이 같음을 보고 메추리와 대붕(大鵬)을 같이 여기시오. 연후에 내가 바야흐로 그대와 더불어 도를 말하겠습니다."라고 했다.

· 도움말

원문에서 개와 이를 구분한 것 외에 다른 기준을 적용해서 개와 이의 관계를 다르게 파악할 수 있는지 검토해본다. 원문의 결론과 다른 결론을 내릴 수 있는지 검토한다. 오늘날의 육식 문제 등과 관련 지어 새로운 생각을 할 수 있는지 새로운 결론에 이를 수 있는지 검토한다. 저자의 의도를 발견하며 오늘날에도 여전히 의미가 있다는 취지로도 글쓰기를 할 수 있고 오늘날에는 당시 달리 새로운 관점이 필요하다는 취지의 글쓰기도 할 수 있다.

<경설>(鏡說)

거사에게 거울 하나가 있는데 먼지가 끼어 희미함이 달이 구름에 가려진 것 같았다. 그런데 아침저녁으로 보는데 흡사 용모를 꾸미는 것 같았다. 손[客]이 보고 물어 말하기를 "거울은 형체를 비추는 것이고 그렇지 않다면 군자가 대하여 그 맑음을 취하는데 지금 그대 거울은 가랑비 오는 듯하고 안개 낀 듯하여 이미 그 형체를 비출 수 없고 또 그 맑음을 취할 바가 없네. 그러나 그대는 비추고 그치지 않는데 어떤 이유가 있는가?"라고 했다.

거사가 말하기를 "거울의 밝음은 예쁜 자는 기뻐하지만 못생긴 자는 꺼리네. 그런데 예쁜 자는 적고 못생긴 자는 많네. 만약 한 번 보면 반드시 부순 뒤에야 그치니 먼지로 희미해짐과 같지 않네. 먼지의 희미함은 그 밖을 가릴지언정 그 맑음을 잃게 하지 못하니 만일 예쁜 자를 만난 이후에 갈고 닦아도 또한 늦지 않네. 아, 옛날에 거울을 대함은 그 맑음을 취하는 까닭이고 내가 거울을 대함은 그 희미함을 취하는 까닭이네. 그대는 어찌 괴이하게 여기는가?"라고 하니 손은 대답이 없었다.

· 도움말

별로 길지 않은 글이지만 여러 관점에서 생각해볼 필요가 있다. 일단 거사의 관점과

손의 관점을 각각 정리해서 비교할 필요가 있다. 다음으로 거울 자체도 살펴볼 수 있는데 거울 자체의 파손 및 보존의 표현이 보이는데 거울의 관점을 고려할 수 있다.

종합문제2

오생근 옮김, 미셸 푸코, 재판 『감시와 처벌』(나남, 2003)의 서평을 쓰거나 형벌 제도에 관한 글을 쓰시오.

- **도움말**

1975년 처음 출간 이후 관심을 받았다. 권력, 교육, 처벌 등의 본질적 속성에 논했다. 신건수 옮김, 제러미 벤담, 개정판 『파놉티콘』(책세상, 2019)과 비교해서 논하는 것도 가능하다.

종합문제3

존 스튜어트 밀(John Stuart Mill, 1806~1873)의 『자유론』, 『공리주의』 등을 읽고 오늘날의 삶에 적용하는 과제에 대해 생각해 보자.

- **도움말**

존 스튜어트 밀의 자유, 여성에 대한 태도 등은 오늘날에도 관심 있게 볼 필요가 있다. 위에 등장하지 않은 제목의 저서도 더 있으니 자유롭게 고르면 된다.

종합문제4

『이기적 유전자』를 읽고 인간 본성의 측면을 생각해 보자. 『순자』, 『맹자』 등과 관련 지어 생각해 볼 수 있다.

- 도움말

『이기적 유전자』의 관점을 성선설, 성악설 등으로 파악할 수 있는지 아니면 성선설, 성악설과 다른 제3의 주장으로 볼 수 있는지 검토해보자.

종합문제5

이범, 『문재인 이후의 교육』(메디치미디어, 2020)의 서평을 써보자.

- 도움말

이범은 유명 강사 출신이고 교육 평론가로 활동하며 다수의 교육 관련 서적을 집필했다. 대학입시 제도 개편에 대한 의견을 담았다.

종합문제6

김명남 옮김, 앤 드루얀, 『코스모스: 가능한 세계들』(사이언스북스, 2020)을 비교해 보자.

- 도움말

저자 앤 드루얀(Ann Druyan, 1949~)은 칼 세이건의 부인으로 작가이자 영화 제작자, 경영자이다. 오랜 세월 칼 세이건과 함께 일하면서 얻은 경험을 바탕으로 지은, 『코스모스』 이후의 정식 후속작이다. 『코스모스』와 마찬가지로 텔레비전 다큐멘터리로 만들어졌다. 『코스모스』와 비교해가면서 차이점을 살펴보는 것도 가능하다.

부록

단어와 표현

교양 글쓰기 과목에서는 단어와 표현에 상대적으로 더 신경을 쓰는 경향이 있는데 논술 과목에서는 시간 부족의 문제도 있고 논리에 초점을 맞추는 경향도 있어서 단어와 표현상 문제에 대해 많이 다루는 편은 아니다. 그러나 현재의 맞춤법과 띄어쓰기 기준에서 볼 때 상대적으로 많이 틀리는 사항을 뽑아 살펴보고자 한다.

- '-하다'와 '하다'

'하다'의 앞에 '-'이 있는 것처럼 앞말에 붙여 쓰는 접사로 동사와 형용사를 만든다. 예를 들어 '공부'라는 명사 뒤에 '-하다'가 붙어 '공부하다'라는 동사가 되고 '건강'이라는 명사 뒤에 '-하다'가 붙어 '건강하다'라는 형용사가 된다. 이것과 관련 있는 것으로 '하다'를 들 수 있다. '하다'는 동사로 '-을(를) 하다'의 형태로도 사용된다. 일단 '공부하다'가 있는 것처럼 '공부를 하다'를 생각해볼 수 있다. 실제 글쓰기에서 '공부 하다'도 많이 볼 수 있다. 이 중에서 '공부하다'는 현재 문법적으로 맞는 표현이다. '공부를 하다'는 일반적으로 어색한 표현이다. '공부 하다'는 띄어쓰기가 틀린 표현이다. 그렇지만 언제나 '공부하다' 방식이 맞지는 않다. '공부도 하다'와 '공부만 하다'처럼 보조사 '-도'나 '-만' 등이 사이에 들어있는 때에는 띄어 써야 한다. 또 '즐겁게 공부하다'는 띄어쓰기가 맞지만 '즐거운'이 들어간다면 '즐거운 공부 하다'가 맞는 띄어쓰기이다.

- '이다'

'이다'라는 말은 몇 가지가 있는데 여기서는 '학생이다' 등의 표현으로 사용되는 서술격조사 '이다'를 가리킨다. 이 '이다'는 현재 문법상으로 어떤 경우에도 붙여 쓴다. 학자에 따라서 다양한 문법 용어로 설명이 시도되기도 하는데 그러한 설명은 생략한다.

- '지'

여기서 '지'는 시간의 경과를 나타내는 의존 명사 '지'를 가리킨다. 의존 명사는 앞말과 띄어 쓰는 것이 원칙이다. 3월에 입학하고 4월이 되었다면 '입학한 지 한 달이 되었다.'라고 할 것이다. 그런데 '갔는지 안 갔는지 내가 어떻게 아냐?'라는 문장이나 '학점이 어떻게 나올지 모르겠다.'라는 문장에서 보이는 '지'는 앞말에 붙여 쓴 것을 확인할 수 있다. 이 두 문장에 보이는 '지'는 의존 명사 '지'가 아니라 각각 '-ㄴ지'와 '-ㄹ지'인 어미(語尾)이다. 어미는 앞말에 붙여 쓴다. 시간의 경과 의미가 있다면 띄어 쓰고 없다면 붙여 쓴다고 생각하면 될 것이다.

· '만'

위의 '지'와 유사한 측면이 있다. 여러 '만'이 있는데 서로 품사가 다르다. 품사를 기준으로 설명하자면 조사도 있고 의존명사도 있다. 조사인 '만'은 매우 익숙하지 않나 생각한다. 대개 한정, 강조 등의 의미로 사용되는데 '너만 알고 있어라.'처럼 앞말에 붙여 쓴다. 그런데 이러한 품사로 사용될 때 틀리기 쉬운데 특정한 수준, 규모 등에 이르렀음을 나타내는 의미일 때이다. 흔히 쓰는 표현으로 '집채만 한 파도'에 보이는 것처럼 앞말에 붙이고 뒤의 '하다'와는 띄어 썼다. 의존명사 '만'은 먼저 시간의 경과, 횟수를 나타낼 때 쓰인다. '삼 일 만의 귀환'이나 '세 번 만의 합격'처럼 앞말과 띄어 쓴다. 근거가 있다는 뜻으로도 사용된다. '그럴 만도 하다' 등으로 쓰이는데 역시 앞말과 띄어 쓴다. 이와 관련 있는 단어로 '만하다'가 있다. 앞에 서술한 근거가 있다는 뜻의 '만'에 '-하다'가 붙어 한 단어로 되었다. 품사로 보조형용사이고 앞에 다른 용언이 있게 된다. '그럴 만하다'가 예이다. '만하다'는 앞말과 띄어 쓰는 것이 원칙이지만 붙여 쓰는 것도 허용된다. '볼 만하다'가 원칙이지만 '볼만하다'도 가능하다.

· '로서'와 '로써'

이 둘은 모두 품사로는 격 조사이다. 문법 용어를 쓰자면 '로서'는 자격격이고 '로써'는 도구격이다. 용어 자체는 까다롭게 느껴질 수 있지만 오히려 용어를 통해 사용되는 상황을 짐작할 수 있다. '저로서는 당연히 할 일을 했을 뿐입니다.'라는 문장과 '붓으로써 서예를 한다.'라는 문장이 각각의 예가 될 수 있다. '자격'과 '도구'를 생각하면 구별이 어느 정도 잘 될 것 같은데 혹시 구별이 잘 안 된다면 '로써'가 사용되는 상황인지 생각해서 아니라면 '로서'를 사용하면 될 것이다. '로써'에는 '써'라는 음절이 있는 것처럼 '~을 사용해서/써서'의 의미인 경우가 많다. 또 오늘날에는 많이 쓰이지 않는데 '로써'에는 시간의 기준 의미가 있다. '이 일을 시작한 지 올해로써 40년이 되었습니다.'라는 문장이 가능하다. '로써'의 특징으로 일반적으로 '써'를 생략하여 '로'만으로도 의미가 통하는 경우가 많다(다만, '로서'가 사용되는 경우에도 '로'만으로도 의미가 통하는 경우가 있기 때문에 이를 통해 절대적으로 구별할 수는 없다). 보통 '말 한마디로 천 냥 빚을 갚는다.'라고 하는데 '말 한마디로써 천 냥 빚을 갚는다.'라고 해도 된다.

· '바라다'

 '바라다'는 동사로 '기원하다'와 유사한 의미로 사용된다. 종종 어색한 표현으로 '바라겠다'를 들 수 있다. 동사 '가다'에 대해 '가겠다'가 미래에 갈 것이라는 의미로 대개 사용되는 것처럼 동사 '바라다'에 대해 '바라겠다'는 미래에 바랄 것이라는 의미로 사용했다고 일단 볼 수 있는데 실제 언어생활을 보면 그렇지 않은 것 같다. '앞으로 행복한 미래 맞이하시기 바라겠습니다.'와 같은 유형의 문장을 종종 볼 수 있는데 글자 그대로 풀어보면 '앞으로 행복한 미래를 맞이하기를 (지금은 아니고) 앞으로 바라겠다.'라는 의미가 된다. 실제로 그런 의미의 표현을 아닐 것이니 '바라겠습니다'를 '바랍니다'로 바꾸는 것이 좋다.

· '에'와 '에게'

 이 두 조사는 행동의 대상을 가리키는 의미가 있다고 하겠는데 오늘날 언론에서도 틀리는 모습을 자주 볼 수 있다. 두 조사의 용법의 차이는 문법 용어를 통한 설명이 분명히 이해할 수 있다. 명사는 여러 기준으로 다양하게 분류되는데 무정명사와 유정명사가 그것인데 이 두 개념은 모순관계에 있다. 유정명사를 살펴보자면 사전마다 정의는 차이가 있는데 유정(有情)의 의미로 짐작할 수 있다. 유정은 '감정을 느끼는 동물' 정도라고 할 수 있다. 그러니 유정명사는 동물을 가리키고 무정명사는 식물 및 무생물을 가리킨다. 대상이 무정명사일 때에는 '에'를, 유정명사일 때에는 '에게'를 사용한다. '콩나물에 물을 주다.'와 '고양이에게 먹이를 주다.'가 예시 문장이다. 현재 언어생활을 보면 주로 '에게'를 사용해야 할 때 '에'를 사용하는 것을 볼 수 있다.

· '에'와 '의'

이 두 조사는 얼핏 생각하면 의미의 차이가 있기 때문에 헷갈릴 리가 있을까 생각할 수도 있다. '에'는 장소 등의 의미가 있고 '의'는 소유 등의 의미가 있기 때문이다. 그런데 '의'의 발음이 어려운 측면이 있어서 <표준발음법>에서 조사 '의'의 발음을 [에]로 하는 것을 허용하고 있다. 발음의 편리함을 위한 것이지만 결과적으로 혼란의 소지가 있다고 하겠다. 이 둘을 구별하기 위해 먼저 '에'는 뒤에 서술어가 이어지는 것이 자연스럽다는 것을 기억해 두면 될 것이다. '어디에 있다'와 같은 방식으로 흔히 사용된다.

애국가 한 소절인 '남산 위의 저 소나무'에서 '위의'의 발음은 [위에]이기 때문에, 아예 '위에'로 적어도 되는지 혼란스러울 수 있다. 여기서 '위의'가 '위에 있는'의 의미가 된다. 그러므로 '위의'가 맞는 표현이다. '~ 중의'로 표기해야 맞는 상황에 '~ 중에'로 종종 표기되는 것을 볼 수 있다. 같은 무리에서 최고라는 의미로 한 단어가 앞뒤로 사용되는 '꽃 중의 꽃' 같은 표현은 '꽃 중에 꽃' 같은 표기처럼 '중에'가 사용되면 틀리다.

· '와중'

『표준국어대사전』에 와중(渦中)의 의미에 대해 다음과 같이 두 가지로 설명되어 있다.

> 흐르는 물이 소용돌이치는 가운데.
> 일이나 사건 따위가 시끄럽고 복잡하게 벌어지는 가운데.

여기서 1은 본래적인 의미이고 2는 비유적인 의미라고 하겠는데 현대인에게 본래적인 의미로 사용되는 경우는 거의 없다. 원래의 의미는 거의 잊히고 비유적인 의미만 사용되는 단어라고 하겠다. 아마 이러한 과정을 더 거치면 금슬(琴瑟)처럼 될 수도 있을 것이다. 금슬이 더 이상 악기의 의미로 사용되지는 않고 특히 부부 애정을 나타내는 말로만 쓰이고 있다. 와중이 시끄럽고 복잡하다는 의미가 들어있기에 사용의 제약이 있다. 그런데 현재 와중의 범위가 넓게 사용되고 있는 것 같다. 일부 사전에 "이야기를 하는 와중에"라는 표현이 있는데 경우가 따라 이상 없는 표현일 수 있지만 어색한 표현일 수 있다. 다급하다, 어지럽다, 시끄럽다, 혼란스럽다 등의 표현으로 나타낼 수 있는 상황이 아니라면 이야기를 하는 와중일 수가 없을 수 있다. 특별히 그러한 의미가 들어있지 않다면 중립적인 단어 '도중'이나 '중'이 더 바람직하다고 할 수 있다.

· **가능성**

『표준국어대사전』에 '앞으로 실현될 수 있는 성질이나 정도.'로 개념이 설명되어있는데 이 단어 개념 자체가 아니라 '가능성'이 포함된 표현의 문제이다. 흔히 '가능성이 높다/낮다'의 방식으로 많이 사용되는데 '가능성'과 '높다/낮다'가 아니라 '크다/많다/적다' 등으로 사용하는 것이 정확한 표현이다.

· **'다르다'와 '틀리다'**

어느 정도 잘 알려진 문제이기는 하지만 한번 확인해볼 필요가 있다. 반대말을 통해 보다 정확하게 이해할 수 있다. '다르다'의 반대말은 '같다'이고 '틀리다'의 반대말은 '맞다'라고 하겠다. 같고 다른 문제인지, 맞고 틀린(즉 옳고 그른) 문제인지에 따라 잘 선택하면 된다. 공익광고에서 진지하게 다룬 일이 있다. 나와 생각이 같지 않은 사람을 다르다고 하고 틀리다고 하지 말라고 했다. 우리 말에는 원래 이런 문제가 없었는데 일제강점기를 거치면서 일본어 영향을 받은 결과로 보인다는 전문가의 말씀을 들은 적이 있다.

· **기타 띄어쓰기**

수많다/생각나다/필요없다/눈물짓다

· **중복 표현**

의미상 중복되는 것으로 보이는 표현은 생각보다 많이 발견될 수 있다. '천천히 서행하세요.'라는 문장의 예를 들면 '서행'을 살펴볼 필요가 있다. 서행(徐行)은 한자어로 '徐'는 느리다는 뜻이니 서행은 천천히 간다는 뜻이다. 그러므로 천천히 서행하라고 한다면 '느리다'라는 의미가 두 번 들어있게 된다. 그런 만큼 이런 종류의 문장은 해당 의미가 한 번만 등장하도록 한자어를 수정하거나 앞에서 꾸며주는 말을 수정하거나 없애야 한다. 일반적인 모범답안 성격의 문장 둘이 있다. '천천히 운행하세요.'와 그냥 '서행하세요.'이다. 이러한 중복 표현은 이렇게 한자어와 순우리말이 서로 꾸밈을 주고받는 경우에 주로 발생한다.

물론 중복되는지 여부를 조심스럽게 따져봐야 하는 경우도 있다. 예를 들어 2020년 3월 현재 코로나19로 인해 많은 환자가 발생한 상태인데 방송에서 '빠른 쾌유 기원합니다.'라는 표현을 자주 볼 수 있다. 그런데 여기서 '쾌유'를 살펴볼 필요가 있다. 쾌유(快癒)의 '快'가 '상쾌하다' '깨끗하다' '빠르다' 등의 뜻이 있다. 만약 '빠르다'의 의미라면 당연히 중복된 표현이 된다. 그런데 『표준국어대사전』에서의 의미를 보면 '쾌유하다'가 '깨끗이 낫다.'로 되어있는 것으로 보면 사전적으로는 '快'가 '깨끗하다'라는 의미로 사용되는 것 같으니 이 경우는 중복된 표현이 아니라고 하겠다.

연습문제1

자만심 갖는 것을 경계하는 내용인 '나만한사람이없다고생각하면안된다.'라는 문장을 바르게 띄어 쓰고 이유를 알아보자.

- **도움말**

  '만'과 관련된 띄어쓰기가 다른 경우가 있다. 또 '안되다'와 '안 되다'가 있으니 유의해서 띄어 쓸 필요가 있다.

연습문제2

'우리는 논술 (   ) 논술을 써야 한다.'라는 문장에 '중의'와 '중에' 중 맞는 것을 고르시오.

참고문헌

『두산백과』
『맹자』(孟子)
『순자』(荀子)
『표준국어대사전』
『한국민족문화대백과사전』
강영희 외, 개정판『생명과학대사전』(도서출판 여초, 2014)
한국고전종합db (http://db.itkc.or.kr/)
강정인·김경희 옮김, 마키아벨리, 제4판『군주론』(까치, 2015)
김윤식·오인석 옮김, 루스 베네딕트, 6판『국화와 칼』(을유문화사, 2019)
김영정,『사고와 논술』(한국교육방송공사, 2006)
박정하 외,『세상읽기와 논술』(한국방송통신대학교출판문화원, 2017)
박진환·김혜숙 옮김, 폴 리차드 외,『어떻게 글을 써야 하는가』(HOTEC, 2008)
박진환·김혜숙 옮김, 폴 리차드 외,『어떻게 글을 읽어야 하는가』(HOTEC, 2008)
박진환·김혜숙 옮김, 폴 리차드 외,『어떻게 분석적으로 생각하는가』(HOTEC, 2008)
석기용 옮김, 니컬러스 캐펄디·마일스 스미트,『창의 논리학 방패의 논리학』(교양인, 2012)
안외순 옮김, 이이,『동호문답』(책세상, 2005)
이범,『문재인 이후의 교육』(메디치미디어, 2020)
임석규,『맞춤법 따라가기』(역락, 2018)
최훈,『논리는 나의 힘』(세종서적, 2013)
정기철,『논술지도방법』(역락, 2009)
천병희 옮김, 마르쿠스 아우렐리우스,『명상록』(숲, 2016)
홍영남·이상임 옮김, 리처드 도킨스, 40주년 기념판『이기적 유전자』(을유문화사, 2018)

찾아보기

ㄱ
가설연역법(假說演繹法, hypothetical deductive method)__69
가언명제(假言命題, hypothetical proposition)__61
가추법(假推法, abduction)__70
간접논증__64
강희안(姜希顔, 1418~1465)__244
건전성(soundness)__66
공정성__95
관점__85
귀납논증__66
귀납논증(歸納論證, inductive argument)__64
김려(金鑢, 1766~1822)__258
김영랑(金永郎, 1903~1950)__52

ㄴ
논리의 한계점__42
니콜로 마키아벨리(Niccolò Machiavelli, 1469~1527)__195

ㄷ
다각성__96
대책(對策)__10
대체__50
도박사의 오류(gambler's fallacy)__76
독창성__95

동정에 호소하는 오류__79
딜레마(dilemma)__72

ㄹ
Love is a fallacy__78
루스 베네딕트(Ruth Benedict, 1887~1948)__219
리처드 도킨스(Richard Dawkins, 1941~)__229

ㅁ
마르쿠스 아우렐리우스(Marcus Aurelius Antoninus, 121~180, 재위 161~180)__182
명제(命題, proposition)__60
모순된 명제__79
모호성(vagueness)__44
목적__85
무관한 개념__54
문제__84

ㅂ
백무산(1955~)__117
봉준호(奉俊昊, 1969~)__138
비판적 사고__83

ㅅ
사실과 모순되는 가정__79
서로 겹치는 개념__54
선언명제(選言命題, disjunctive proposition)__61

성급한 일반화의 오류__79
성대중(成大中, 1732~1812)__181
성선설__169
성악설__169
세분화__48
순화__48
심층성__96

ㅇ

애매성(ambiguity)__44
애매어(equivocation)의 오류__92
양심적 병역 거부__57
연역논증(演繹論證, deductive argument)__64
오류(fallacy)__75
오컴의 면도날(Occam's razor)__108
왜소행성(矮小行星)__48
유영석(劉永碩, 1965~)__120
유추의 오류__79
유추(類推, analogy)__68
윤동주(尹東柱, 1917~1945)__113
음모론__105
이규보(李奎報, 1168~1241)__266
이익(李瀷, 1681~1763)__13
이이(李珥, 1536~1584)__195
이제현(李齊賢, 1287~1367)__28
이효석(李孝石, 1907~1942)__123
인과의 오류__79
일관성__95

ㅈ

장기하(張基河, 1982~)__118
장유(張維, 1587~1638)__97

재정의__46
정두경(鄭斗卿, 1597~1673)__10
정약용(丁若鏞, 1762~1836)__25
정언명제(定言命題, categorical proposition)__61
제목__19
조건명제(conditional proposition)__61
조남주(1978~)__262
지나친 단순화의 오류__78
직접논증__63
진술(statement, 또는 언명(言明))__61
'집현전의 반격'__20

ㅊ

책문(策問)__10
최한기(崔漢綺, 1803~1879)__32
충분성__95

ㅌ

타당성(validity)__66
특수어__46

ㅍ

팩트체크(http://factcheck.snu.ac.kr)__93
포함 개념__54
피장파장의 오류[tu quoque]__77

ㅎ

하퍼 리(Harper Lee, 1926~2016)__128
한강(韓江, 1970~)__124
함축__86
행성(行星)__48
허균(許筠, 1569~1618)__58
허목(許穆, 1595~1682)__194

허수아비 논증의 오류(straw man fallacy)__75

<82년생 김지영>__262
<경설>(鏡說)__267
<기생충>__20, 138
<기차를 기다리며>__117
<눈물나는 날에는>__120
<도문대작인>(屠門大嚼引)__255
<메밀꽃 필 무렵>__123
<무왕>(武王)__16
<방붕당점>(坊朋黨漸)__32
<복전설>(福田說)__97
<삭낭자전>(索囊子傳)__194
<서시>(序詩)__113
<성언>(醒言)__181
<슬견설>(蝨犬說)__266
<앵무새 죽이기>(To Kill A Mockingbird)__128
<역옹패설>(櫟翁稗說)__28
<원목>(原木)__25
<"유부녀, 직장에서 남편 성씨 써라" 日 법원 판결>__32
<유사과학, 혹은 거짓의 창궐>__160

<제노문>(祭奴文)__13
<채식주의자>__124
<카모메 식당>(かもめ食堂)__137
<코로나19를 겪으면서>__162
<TV를 봤네>__118
<학벌사회의 민낯>__164

『고려사』__29
『고려사절요』__29
『국화와 칼』__219
『군주론』__195
『대학』(大學)__246
『동명집』(東溟集)__10
『동호문답』(東湖問答)__195
『명상록』__182
『삼국유사』(三國遺事)__16
『성호사설』(星湖僿說)__13
'수주대토'(守株待兎)__80
『양화소록』(養花小錄)__244
『열하일기』(熱河日記)__86
『트롯 공화국에서 모두 안녕하십니까?』__153
『한비자』(韓非子)__80